安徽古籍叢書

晚清稀見史料三種之一

程文炳文集

清 程文炳 撰　李興武 整理

黄山書社

圖書在版編目(CIP)數據

程文炳文集/(清)程文炳撰;李興武整理. －合肥:黄山書社,2010.4
(安徽古籍叢書第十五輯/安徽古籍叢書編審委員會編纂)
ISBN 978－7－5461－0874－2
Ⅰ.①程… Ⅱ.①程…②李… Ⅲ.①中國－古代史－史料－清代 Ⅳ.①K249.06

中國版本圖書館 CIP 數據核字(2010)第 054685 號

本書出版得到 國家古籍出版專項經費 安徽省古籍整理出版辦公室 資助

程文炳文集
(清)程文炳 撰 李興武 整理
*
責任編輯 李霜琴
責任校對 李霜琴 封面設計 國 亮
黄山書社出版發行 合肥中德印刷培訓中心印刷廠印刷
開本 850×1168 1/32 印張 13 插頁 4 字數 245 千字 印數 2500
2010 年 4 月第 1 版 2010 年 4 月第 1 次印刷

ISBN 978－7－5461－0874－2
定價 (平)38.60 圓 (精)43.60 圓

安徽古籍叢書編印緣起

我國歷史悠久，典籍豐富。我省地處南北之交，學術尤擅其盛。數千年來，哲學、史學、文學、藝術、語言、科技，作者輩出，著述如林，或自名一家，或蔚然成派，多爲中華民族文化之菁華，有裨於社會主義文化之建設。允宜及時整理，以廣流傳。

粤自明清，以至近世，南北郡邑已有《涇川叢書》、《龍眠叢書》、《貴池先哲遺書》、《南陵先哲遺書》諸刻。一九三一年，復有《安徽叢書》之編刊，所收皆皖人著作，分期影印。出至第六期，以抗戰軍興而中止。盛業未竟，論者惜之。

今者，中央倡導整理古籍，我省領導對此尤爲關心。省古籍整理出版規劃委員會幾經商討，決定編纂《安徽古籍叢書》。編纂宗旨是在歷史唯物主義指導下，批判繼承，古爲今用，弘揚民族優秀傳統文化，爲建設中國特色社會主義服務。最其體例，約有數端：一、所收皆爲歷代皖人著作，時間一般以辛亥革命之前爲限，根據内容，分類成輯。注意稿本、稀見本之搜輯與傳布。二、整理方式包括輯、校、標點和注釋、今譯。校勘，力求採用善本爲底本，校以他書，或加補輯、編次。標點，採用新式標點。注釋，務求精確，但不作煩瑣考證。整理中，盡量吸收國内外研究的新成果。三、鑒於古籍之特點，所出各書多用繁體字；且版皆竪排，以期一律。四、凡熱心於本叢書編印及捐貲助刊者，得於書内題名。

安徽古籍叢書編審委員會

二〇〇四年十一月修訂

程文炳肖像（程氏家藏）

清江南長江水師提督之印（蚌埠市博物館藏）

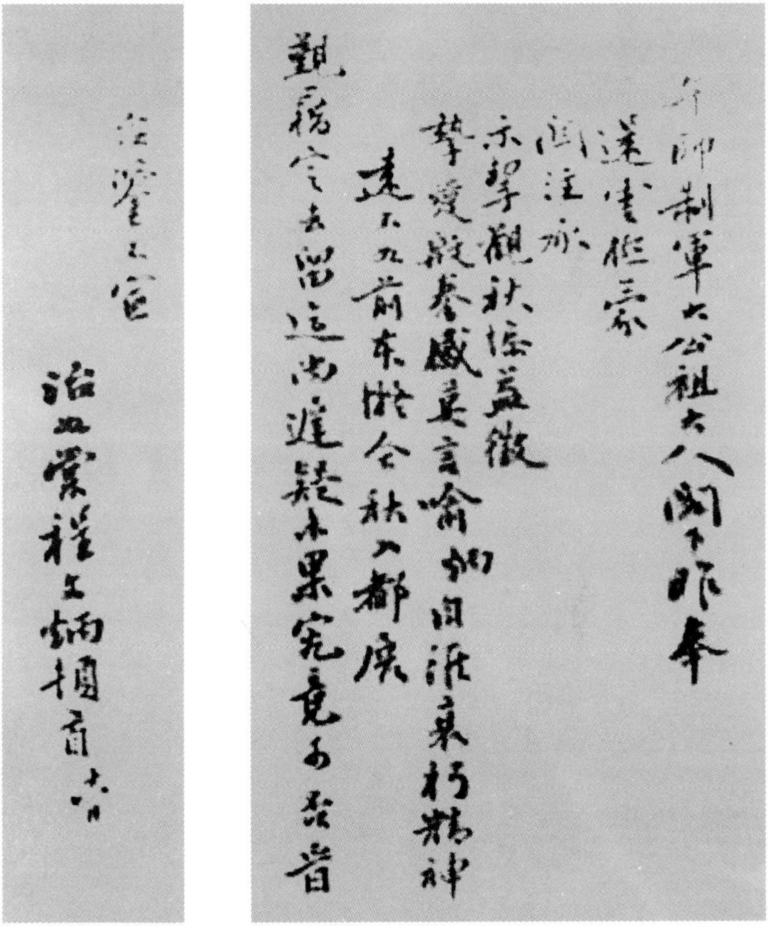

程文炳手跡

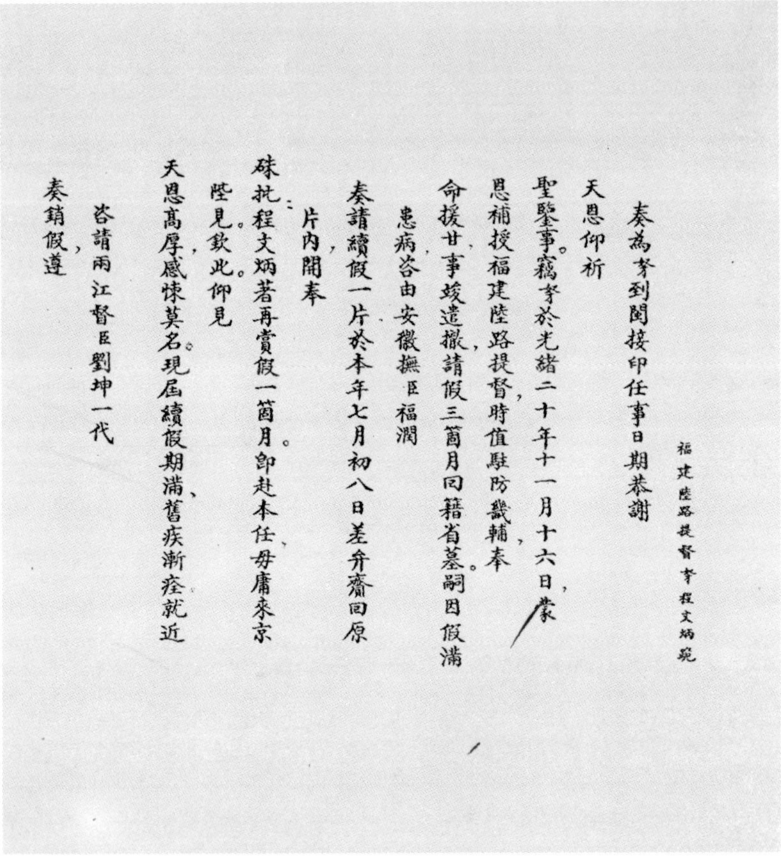
福建陸路提督臣程文炳跪
奏為臣到閩接印任事日期恭謝
天恩仰祈
聖鑒事竊臣於光緒二十年十一月十六日蒙
恩補授福建陸路提督時值駐防畿輔奉
命援甘事竣遣撤請假三箇月回籍省墓嗣因假滿
患病咨由安徽撫臣福潤
奏請續假一片於本年七月初八日差弁齎回原
片內開奉
硃批程文炳著再賞假一箇月即赴本任毋庸來京
陛見欽此仰見
天恩高厚感悚莫名現屆續假期滿舊疾漸痊就近
咨請兩江督臣劉坤一代
奏銷假遵

光緒朝朱批奏折（故宫博物院藏）

程文炳文集目次

序一

馬勇

説起來很慚愧，二〇〇九年盛夏，老同學李興武來京公干，晚上與幾位在京同學雅聚時，我問了一句最近在忙什麽，興武説忙着研究程文炳，且正要找我幫忙，看看本所藏書中是否有相關資料。聽了興武的話，我尷尬極了，因為盡管我在這個行當裏忙乎了三十年，盡管始終没有改過行，但是我確實不知道程文炳，而且是一點點印象都没有。

儒者以一事不知以為耻，何況這是我的專業呢。回到家，我隨即google，結果跳出來的頁面都是這位老同學的研究成果，什麽《清末大吏程文炳》、《程文炳墓地尋訪記》、《程文炳家世》、《程文炳生活的時代》等，李興武幾乎壟斷了所有程文炳研究，所有的程文炳研究話語幾乎都是我的這位同學在發聲。這一方面使我很高興，想不到老同學在時忙時閑的官場生涯中還有這樣的雅興，還没有忘記自己曾經學過的專業，還是那樣執著地為鄉邦文化貢獻力量；另一方面，我由此想到我們的歷史研究，想到我們的專業布局。

從專業視角説，過去若干年，許多學生真的不知道怎樣選題了，大而化之的題目充斥着年年的畢業論文。即便以近代人物研究為例，看看每年《近代史研究》第五期收集的前一年研究目録，就知道年年還是那些老面孔，很少出現像程文炳這樣的新人物。這種現象之所以如此，大概有這樣幾個方面的原因：一是人們真的不知道除了那些我們熟知的近代人物外，還有哪些人的活動有價值；二是研究未曾被研究過的人物確實很難，至少没有多少憑借，需要從基礎資料爬梳，需要下更大功夫；三是即便下了大功夫，我們可能還會一無所獲，因為我們也不知道要研究的這個『小人物』在歷史發展長河中究竟是否有價值。與其無法預估巨大投入後是否能够有産出，不如選擇更保險的老題目。這就是近代史領域多年來陳陳相因很難創新的大致原因。

其實，從專業視角看，歷史人物無大小。大有大的意思，大有大的價值。小人物，或者説二流、三流乃至不入流的人物，也未嘗没有意思没有價值。歷史學的目的，在於弄清歷史真相，在於豐富歷史表達，我們一直停留在那些一流人物身上，結果就是我們的歷史表達越來越教條越來越僵化越來越没有意思。我們不知道在慈禧太后、光緒帝、李鴻章之下，淮軍的狀況、湘軍的狀態；我們即便知道淮軍的狀況、湘軍的狀況，但我們還是不知道在曾國藩、李鴻章之下，湘淮軍人的生存狀態和中下級軍官的生活情形和心理狀態，因為我們始終没有仔細研究過那些『小人物』。所以，從這個意義上説，李興武關於程文炳的研究就是一個比較成功的範例，這個研究告訴我們，近代中國研究，除那些人們熟知的人物外，值得注意的人物、係統還比較多，類似於程文炳這個級別且值得注意的人物肯定不在少數。

相對説來，研究小人物，真的要比研究那些大人物更容易出成果出新意。一個曾國藩，一個李鴻章，被人們反復述説，要想能够替他們説出一句新話真的很難，這除資料出新外，更重要的還有學識見識也就是傳統史學説的史識的不一般。而實證研究，特别是『小人物』實證研究則不然。這樣的『小人物』基本上不入大學者的法眼，基本上是塊不曾開墾的處女地，隨便耕耘，可能就有意想不到的收獲。這是研究『小人物』、『小事件』的好處。當然，研究從來不曾被研究者關注的『小人物』、『小事件』也有其大難處，就是資料究竟向哪裏找，怎樣才能選擇一個評估的坐標。這都是研究者必然要遇到的難處。在盛夏酷暑中，我看到興武不辭辛苦在圖書館爬梳，汗流浹背，不以為苦，反以為樂。這一方面是因為他找到了研究的方法，知道怎樣進行自己的課題，另一方面他真的達到了一種全新的境界，至少他的這個研究不是『為稻粱謀』，而是興致使然，責任使然。

歲月如梭，原本衹是一句説辭，可是這句話在今天的我們却有新的理解和新的頓悟。轉眼間，我們這批同學畢業竟然快三十年了。三十年來，大家在各自的崗位上兢兢業業，各自做出自己的奉獻和貢獻，大家平安無事，是我們大家的幸運和最大安慰。現在看到老同學辛辛苦苦整理出來的《程文炳文集》將要出版，禁不住寫下自己的感受，一是欽佩老同學的勤奮，一是以老同學為鏡子勉勵自己。至於這部書本身，其價值和編輯體例上的創新還有許多話可說，我會在這部書出版後專門介紹。

序二

翁　飛

在清末安徽籍的統兵大員中，程文炳是一位特立獨行的人物。年甫弱冠，即在烽火擾攘的家鄉帶練守圩，隨又投奔袁甲三臨淮軍，并於『剿捻』戰爭後期一度充當皖軍總統；他以軍功卓著，人品孚望，屢受袁甲三、喬松年、英翰、官文、曾國藩、李鴻章、彭玉麟等督撫重臣保舉，先後出任九江鎮總兵、湖北提督、福建陸路提督、長江水師提督，成為朝廷倚畀的國之干城。

晚清官場，世風日下而又派係林立，湘係、淮係，清流、洋務，維新、保守……明争暗鬥，傾軋激烈。劉銘傳就曾感慨：『武夫如犬馬，驅使總由人。』再加上重文輕武的積習，鳥盡弓藏，在内戰中因軍功起家的武將紛紛解甲歸田。武職出身、文化程度不高的程文炳能够在這樣一種惡劣的環境中，獲得各派係大佬的青睞和器重，一路扶摇，順利陞遷，自有其過人之處。我認為，除了傑出的軍事才干是其為將立身之本以外，不偏不倚、超然物外的為官之道，以國家大局為重、赤誠報國的忠肝義膽，是他的政治生命得以延伸、最終得以清史留名的基礎和根源。

程文炳雖出身潁州農家，其家世却與北宋二程的河南太康程氏一脉相傳，史傳記載他『少賦奇氣，膽略過人，篤好詩書』，應不是虛話，從他的表字『從周』也可看出：『鬱鬱乎文哉，吾從周』——在他的骨子裏充滿着對中華傳統文化的崇敬。可以想見，『君子群而不黨』的觀念自然也浸潤在他的言行中。正由此，皖撫英翰從與其『不相能』到奉母命『拜床下，誓捐前隙共生死』（《清史稿·程文炳傳》）。曾國藩也稱贊他『有古仁將之風』。湖北為九省通衢，軍事戰略地位極為重要，他擔任湖北提督十年，先後與兩任督撫、分別來自滿、漢、湘、淮各陣營的代表人物裕禄、張之洞、奎斌、譚繼洵共事，均能做到任事勤能，和衷共濟。長江水師提督係第二次鴉片戰争後新設，為江防要職，歷來需要湘淮兩係首腦的共同認可才能擔當，如首任提督黄翼陞是湘軍宿將，但他在同治初年統帶淮揚水師就歸入淮軍建制，後又與李鴻章結為姻親，與湘、淮兩係均有着很深的淵源。程文炳出任此職，也是因為他在湘、淮兩係頭面人物的心目中都能够得到認可，長江水師創建者之一的湘軍元老彭玉麟就對他褒奬有加，極力推薦。如此種種，正像本書作者所下的論斷：『其實，程文炳并非淮軍大將，而是皖軍的主要創始人。觀其一生，在長達六十年的軍事生涯中，他以弱小皖軍之首領，游離於湘、淮兩大軍事陣營之間，很少受派係之争影響，又深受曾國藩、李鴻章等人之信賴；多次臨危受命，為朝廷所倚重；完成了由「仁將」（曾國藩語）到「儒將」（彭玉麟語）的轉型過渡，這在同時期程文炳同僚中，是十分罕見的。」

不介入派係糾葛，但在國家面臨外敵入侵的危難時刻，他却能奉詔而起，臨危受命，體現出一位愛國軍人熾熱的愛國情懷和奮發勇往的大無畏氣概。在本書中，有關他三次參與中法、甲午和反抗八國聯軍戰争的史料，已有詳細的收録，兹不贅述。但值得注意和需要指出的是，正是這樣一種以國家安危為重的大局意識，使他能够努力開眼看世界，跟上時代前進的步伐。如他在長江水師任上的臨終遺折，洞見新軍症結，分為『編兵籍、節餉需、增額缺、造器械、變操法』五事，足見其憂國憂民、力圖自强的進步思想。他的思想和主張還直接影響到他的子女，早在甲午戰争前夕，他即命三子恩培東渡日本考察，收集對方情報；後來又有二子相繼赴日留學，其中六子恩普結識孫中山，加入同盟會，成為在安徽皖北發動辛亥首義的元老。程氏父子，在中國近代史上可謂舉足輕重，功莫大焉。

然而長期以來，對程氏父子尤其是程文炳的研究，却一直付諸闕如。阜陽地方史籍記載語焉未詳，鄉間口碑傳聞雖然把程文炳與馬玉崑崑、姜桂題并稱為『淮軍後期皖北三傑』，又説阜陽有『程門三提督』，也都是浮光掠影，不盡科學嚴謹。馬玉崑、姜桂題出自毅軍，但内戰平息後，先後歸入李鴻章北洋國防係統，從廣義上稱之為淮軍（實際應稱為淮係）統將是可以的；而程文炳則始終未與李鴻章有過上下級的隸屬關係，他所統領的軍隊也從未編入淮軍或擴充後的北洋國防建制，有些史料上稱他為『淮軍宿將』僅僅是因為他的籍貫原因，所以，稱之為『清末大吏』或『清末愛國名將』倒是恰如其分的。再如『程門三提督』，作為家族史研究，是值得提倡的，但就此三位在歷史上真正的貢獻來看，程允和與程之偉，無論戰功、才干、膽識、作為，都是遠不能和程文炳相比肩的。

阜陽李興武君，係高考制度改革後安徽大學歷史係首屆畢業生，在校時即好學深思，成績優秀，畢業後返鄉工作并很快走上領導崗位。然而他在工作之餘始終念念不忘他所學的專業知識，并努力將這門知識和家鄉的歷史人文資源相結合，十數年如一日，孜孜不倦，辛勤爬梳，多方搜集，嚴謹考訂，終於編成此部二十餘萬字的集學術考訂和文獻征集於一體的著作，填補了清史研究中的一項重要空白。他做這項工作完全是利用業餘時間并且没有任何功利目的（不需要評職稱，也不存在計算工作量）的一種自覺的行動，也可以説是出於對家鄉、對於文化事業極其熱愛的一種衝動。用費孝通先生的話來説，這就是一種『文化自覺』。出於這種『文化自覺』，他在此前還先後編研過《歐陽修與潁州》、《劉锜與順昌大捷》、《潁州歷史與風俗》等相關資料與成果，在他的身邊，還有如亓龍、王秋生、胡天生等一批供職於黨政機關却熱衷於研究和傳播地方歷史文化的『發燒友』。常言道：一方水土一方人，在强調大力發掘地方歷史文化資源，增强文化軟實力的今天，李興武君和他的這幫『文化發燒友』群體，在外間看來官場地震不斷的阜陽市，實在是一道難得的亮麗風景。它對於我們這樣一個文化大省在向文化强省邁進、崛起過程中的積極意義是不言而喻的：一個人，無論何時何地何種職業和崗位，祇要他熱愛家鄉、關注文化并付諸實際行動，他的努力就會結出豐碩的成果。在祝賀與武兄新著出版之際，我也衷心祝願他和他的同仁能為阜陽的歷史文化建設更上一層樓而再立新功。是為序。

一位值得研究的晚清人物——代前言

李興武

程文炳（一八三四—一九一〇），字從周，清末安徽阜陽潁州東柳溝村人。行伍出身，戰功卓著，累官至總統皖省軍務、九江鎮總兵、湖北提督、福建陸路提督、長江水師提督，授資政大夫、建威將軍，一品武官。程文炳治軍嚴明，不濫殺無辜，曾公然拒絕曾國藩『殺俘』命令，被贊爲『有古仁將之風』。在光緒十年（一八八四）和光緒二十年（一八九四）中法、中日戰爭期間出兵臺海與護衛京畿，皆爲中流砥柱。特别是中日甲午之戰中，他力主抗敵，并提出『持久』作戰思想，堅決反對議和。曾先後派三個兒子赴日考察。在督鄂、官閩、水師提督任上，他曾爲百姓做過不少善事，多次放賑救災。臨終有遺折專奏，論陸海軍應行事宜，提出嚴拒『賠款』，重建教育與軍事，以經濟與市場之力抑制外敵的主張，堪稱老成謀國，遠覽卓見，爲朝野所欽敬。清宣統二年（一九一〇），程文炳因病殉職於安徽太平府（今當塗縣）水師提督任所。

一、總統皖軍，犯顔抗章曾國藩

同治四年（一八六五），捻軍首領任柱、賴文光、張宗禹等率軍北上，在攻打山東的軍事活動失敗後，退兵安徽渦陽，以雉河集爲中心，聯絡各圩寨，號稱四十萬，抗擊清軍，聲勢浩大。兩江總督曾國藩指揮清兵與捻軍展開了長達七十餘天的雉河集争奪戰。最終，捻軍戰敗，分東西兩路撤離安徽，進行戰略大轉移。至此，皖省境内的剿捻戰事告一段落。程文炳以功領總統皖省軍務兼辦善後事，清廷將戰後安徽的恢復與發展，特别是對戰俘的生殺奪予處理之大權，交給了程文炳。

然而，曾國藩却以爲：『渦、蒙爲捻逆老巢之所在，民情尤極狡悍。自苗沛霖、李兆受等叛服無常，開其風氣而從逆，諸圍寨勢張則叛，勢蹙則降；官兵屢受其愚計，非掃蕩廓清，不足以撥亂本。』於是，調李炳濤、劉傳楨兩位將軍來皖，協助程文炳處理善後事宜。而另文告誡程文炳曰：『除惡務盡，不可姑息。凡從賊而未反正者，悉捕治之，無使漏網。即已降者，亦當鑒於苗、李之故習，苟有反復，悉予駢誅。如諸將中有感於果報之説，以殺降爲戒者，本部堂一身當之。』要求程文炳以苗、李爲鑒，對捻軍衆俘除惡務盡，態度十分堅決。

程文炳接到曾國藩的檄文後，連夜與李、劉二人商量對策，稟復曾國藩説：『張、任餘黨，已全數北竄。所存者，皆無知之鄉愚。昔雖從賊，固迫於賊勢暴横，苟圖身家安全。某統兵討賊，終始其事，愧不能早日撲滅，以救災黎。今賊去，又從而戮之，心實有所未忍。且自粤逆交横以來，亘十餘年。皖北丁壯，非從賊而死，即殺賊而死，消磨幾盡，人心久厭亂矣！顧此孑遺之民，斷不至再有苗、李之禍。某願以身家性命保之。』文炳此復，言之鑿鑿，愛民保民之心，令人感佩。『願以身家性命保之』之語，擲地有聲。曾國藩當年處理太平天國善後時曾以鐵血手段著稱，而此刻看到程文炳反其道而行之，又取得良好的結果，不得不由衷地稱贊程文炳：『語語推誠，有古仁將風。尚望相機縝密，本部堂無西顧憂矣！』於是，避免了一場可能殃及無辜的血腥殺戮，使得戰後皖北元氣稍存，得以逐步恢復。

《清史稿·程文炳傳》另有一則紀實與此事相關：東捻敗滅，任柱犧牲，『其黨四散，大呼文炳名求降』。李鴻章不知因由，『便逮卒問故』，都説：『昔皖北善後，程公以身家性命保鄉人。今我輩窮途無路而求乞憐，相信程公一定能拯救我。』由此可見，程文炳『不殺俘』的影響是很深遠的。

程文炳對戰争的反思同樣深刻。他遇戰無數，身先士卒，敗不氣餒，勝不言功。他經常對部下説：『戰爭結束了，是一大幸事！爲何非得邀功請賞不可？』『況戰爲凶事，不得已而殺人，必欲博爲己榮，非余志也。且曾公（國藩）勉余爲仁將，雖不能至，心竊慕焉！』戰爭是血腥的、殘酷的。作爲這場戰爭的參與者、勝利者，戰後能如此反思，實屬罕見，難能可貴。

二、愛國將領，洋人面前不低頭

程文炳一生曾多次與洋人打交道，他參加了著名的中法戰爭和中日甲午戰爭，其堅韌不屈的鮮明個性、抵禦外侮的頑强鬥志以及深思熟慮的救國方略，集中體現了一代先驅們自强不息的民族精神，值得大書特書。

同治十二年（一八七三），程文炳出任江西九江鎮總兵，是鎮守一方的地方重要軍事主官。九江鎮是長江下游地區一個重要商埠，早在咸豐八年（一八五八）清政府與英、法簽訂的《天津條約》中，就規定與南京、鎮江、漢口等十處同爲對外通商口岸。外國人可以到這些地方傳教、游歷和經商，外國軍艦可以在長江各口岸往來；十處口岸都設有領事館，外國人挾洋自重，在中國土地上横行霸道，無惡不作。

九江開埠十餘年來，華洋雜處，十分復雜。地方當局懾於天津之約，遇事優容；地方官與外國領事『遇諸途，且避讓』；洋人狐假虎威，地方官則敢怒而不敢言。這一切，讓初來乍到的程文炳看在眼裏，記在心裏。他既痛恨外國洋人的横行霸道，又痛心一些地方官員的軟弱無能，思忖着如何改變這種局面。他經常對部下説：『睦鄰，禮也。而乃自貶若此，如國體何！』不久，他便把自己的想法付諸實施，并以書面形式，『與領事約，不相侵犯』。

巧的是，當時有程文炳故舊某，閑來無事，乘程文炳的坐騎赴江濱游玩。途經法租界時，被洋人阻攔，并以種種理由連人帶馬强行扭送給法國領事，『羈留之，不放歸』。消息傳到程文炳那裏，他即命左右傳呼，將往領事署詰問。九江關道沈公膽小怕事，勸程文炳大事化小，小事化了。而法國領事此時却『懾公威，自知理屈，親至鎮署道歉』。程文炳傳令部下，將總兵署閣門大開，將校帶刀侍立，領事免冠入見。程文炳正言申明條約，領事唯唯而退。消息傳出去，全鎮叫好，『華洋讋服』。

這時，長江水師提督彭玉麟正好巡江至此，聞知此事，謂爲得體，深歎賞之。後又在密折中，薦舉程文炳『光明磊落，文武兼資』，『儒將可大用矣！』

光緒十年（一八八五），中法戰事起。法以海軍襲擊臺灣基隆，局勢緊迫。此時劉銘傳撫臺，我海軍未立，海道爲梗。朝廷命程文炳統楚軍、楊岳斌統湘軍，相繼渡臺。接到命令後，程文炳以湖北提督之職，率楚軍六營一萬餘人，日夜兼程，趕赴臺海前綫。秋抵厦門，覓船不得。又值法軍偷襲馬尾，福建海軍全軍覆没，馬尾造船廠也被法艦擊毁。『馬尾失利，臺圍益急』。程文炳情急之下，决定使用漁船暗渡。厦門道奎俊深知海疆風雲變幻莫測，若以漁船載軍暗渡，萬一遭遇風浪，後果不堪設想，便説：『大軍不可涉險。』極力勸阻，并想方設法，急代籌措輪船，載兵渡臺。後來，法軍進攻定海，浙江戒嚴。朝廷又命令程文炳往援。欽差大臣左宗棠以閩防正在吃緊爲由，奏留程文炳鎮守福建，暫緩援浙，得旨允可。

中法戰争，以我勝而不勝、法敗而不敗的結局草草收場，引起國人的憤慨和不滿。然而，程文炳作爲職業軍人，以冒死渡臺之精神勇往直前，雖未成行，但其壯舉却依然赢來朝野一片贊譽之聲。

光緒二十年（一八九四），中日甲午戰争爆發。這時程文炳在潁州爲母守孝，詔趣赴京，『至則命統皖軍駐守張家灣，拱衛京畿』，旋授福建陸路提督。光緒二十一年（一八九五）四月初八日，即《馬關條約》簽訂後的公曆五月二日，程文炳痛心疾首向朝廷上《請重訂和議折》。折中首先陳述了《馬關條約》的苛刻，接着提出戰有可轉折之機會，并指出了條約的危害：『此約一成，不但京師無以立足，遼瀋不能庇根』，而且各國效尤，國將四分五裂。懇請皇帝不要批准該條約，還建議繼續與日軍作戰，并提出『持久』作戰設想，表示寧『粉身碎骨，一死以報國家』。最後重申：仿中俄改約之例，『另遣使臣重訂和議，如其不從，惟有一戰，一意堅持，始終不衰，國事庶終有轉圜之日』。程文炳在中日甲午戰爭期間給朝廷的奏折中提出的『第多儲備攻具，曠日持久，即戰不勝，猶足敝敵』的思想，是同時代抗日主戰將士的共同心聲，也是近代中國戰爭思想史的一筆寶貴遺産和財富。

三、開放先驅，送子出國看世界

十九世紀四十年代以後，帝國主義列强入侵，中國被逐漸淪爲半殖民地半封建社會，一大批有識之士開始覺醒，他們睁開眼睛看世界，向西方尋找富國强兵之路，程文炳就是其中之一。

經過中法戰争、中日甲午戰争的洗禮，特别是日俄從東、北兩個方向對中國的覬覦和蠶食，使程文炳敏鋭地洞察到日俄企圖吞并中國的野心。光緒二十五年（一八九九），乘任滿赴京覲見之機，程文炳面奏『救急之策』。略曰：『日俄密邇，利我土地。』『務遠交歐美，牽制日俄，薦食疆土之禍』；『不遠交不足以樹聲威，不自立不足以絶覬覦』；而『自强之道，莫如開礦通商，裕餉源，以練兵』。諤諤數千言，令慈禧皇太后亦爲之動容。這次廷對長達三小時之久，『天語褒奬』，并下懿旨：『汝言皆切實可行，惜予不能盡記，速具折以聞。』第二天，程文炳就將折子遞上去，因與當朝執政大臣的『排外』之議相左，廷議遂罷。爲避其禍，程文炳無奈之下，乞假三月，出京返鄉，回潁州修祖塋。

作爲清朝的高級軍事將領，程文炳有心看世界，却無力邁出國門，他衹好把希望寄托在自己的兒子身上。

早在中日甲午戰争爆發以前，程文炳駐軍張家灣時，就發現天津、滄州一帶，常有日本偵探活動，并屢有捕獲。對此他十分警覺，繼而認爲：軍事偵探，必須選派精干之人，否則，『偵不得實，貽誤滋大』。既然日本人可做如此手脚，我等又何必束手待斃！恰在此時，朝廷上諭准其次子程恩培隨營差遣委用，便秘密派其偵探日本，臨行叮囑再三：『不得確耗，勿遽歸。』此後三四年間，程恩培數度往來於中國和日本，所偵實情，與程文炳上奏朝廷《請重訂和議折》内容不謀而合。

光緒二十二年（一八九六），清政府開始向日本派遣留學生。二十七年（一九〇一）程文炳派三子程堉章隨中國第三批留學生赴日本陸軍士官學校進行爲期四年的留學。三十一年（一九〇五）又派四子程恩普東渡日本，學習政治和軍事。

程文炳一生共養育六個兒子，其中三個被派到日本，或留學，或偵探，或考察，其良苦用心，絶非僅出於光耀門庭的一己之私，而是那個時期我國開放先驅者的共同選擇。而且，三個赴日歸來的兒子中，程恩培因創辦實業有功，被清廷賜予二品封典，長期擔任杭州、温州海關關長，爲晚清對外貿易作出了貢獻；他考察日本回國後所著的《東瀛觀兵紀事》、《日本變法次第類考》兩部專著，對近代中國的軍事及社會變革産生過重要的影響；他還是太谷學派的重要代表人物之一；同時還因創辦蕪湖發電廠，成爲安徽近代電力工業的主要創始人。

程恩普更是安徽近代史上一位重要的歷史人物。他早年追隨孫中山，加入同盟會。宣統二年（一九一〇），孫中山向他親授圖記，囑回國後組織革命團體，准備武裝起義；辛亥革命爆發後，他在潁州宣布獨立，就任淮北國民軍司令，駐防阜陽。袁世凱復辟，他憤然賣地討袁，爲此蕩盡家産；日本人侵占東北三省，他力主抗日，收得失地；因憂憤患病，於民國三十二年（一九三四）病逝於上海，蔣介石親書『耆德舊勳』四個大字予以褒獎。

四、慷慨解囊，放賑救災解民懸

近代中國，國勢不舉，民力孱弱。正可謂内憂外患，天災人禍，民不聊生，哀怨四起。恰在此時，一場罕見的自然災害又漫延全國，時間長達兩年之久。

這場由水、旱、蝗、風、雹、地震、疾疫流行等七種自然災害組成的衝擊波，從光緒三年（一八七七）冬發生在秦、晉、豫三省的旱災發飈，到光緒四年（一八七八）九十月份發生在山東部分州縣的水旱、風雹災害結束，從不同側面、不同程度地襲擊了全國大部分地區。

當此之時，袁甲三之子袁保恒以户部侍郎負責全國賑災之事。程文炳在江西九江鎮總兵任上，傳來兄程文尉卒的消息，文炳『素篤親友，聞噩悲泣，遂患目疾，乃疏請開缺，回籍養痾』。年底，祖父程廷序病逝，程文炳爲之送葬并刻石立碑。在潁州期間，程文炳親眼目睹饑民困苦流離、道殣相望、餓殍遍野，倒斃日衆之慘狀，一時觸目傷心，率錢聚米，仗義疏財，號呼相救，『捐巨貲佐袁保恒辦賑濟，民獲甦』（《清史稿·程文炳傳》）。有史料詳細記載説：程文炳首捐巨貲，設粥廠十三處，饑民就食者約數萬人。自秋至夏，全活無算。公猶恐任事者不力，炊飲先宜，乃巡歷各粥廠，飯熟先食。

針對此事，時任安徽巡撫的裕禄十月二十日奏報云：『自上年入冬以後，豫省災民率相南趨……臣伏查上年十二月起，至本年八月止，先後在潁州府、六安州、亳州、壽州、宿州及潁上、蒙城、渦陽等縣設廠放賑，收養鄰省災民五萬六千餘口。阜陽縣在籍紳士、前任九江鎮總兵程文炳於官廠首先倡捐，又自赴鄉間洄溜等處倡設粥廠十三處之多，分養災民二萬七千餘口。自七月起，在潁州、太和、界首集、亳州四處設立支遣局，將收養災民陸續資送回籍。其逃亡東南各路者，聞信亦相率由皖北行走，徑往蘭生。又飭於渦陽、蒙城、懷遠添設三處，又經資送過境災民三萬餘口。』裕禄的報告，使朝廷更加信任和欣賞程文炳。程文炳的義舉，在當地百姓和外來流民中亦引起强烈反響，一致認爲：豫省『災民北歸，野無餓殍，公之力也』。

朝廷也因此對程文炳褒獎有加。光緒四年（一八七八）十一月皇帝詔曰：以皖北收養鄰省饑民，資遣完竣，予倡辦賑捐紳士前江西九江鎮總兵程文炳一品封典；以辦賑出力，予安徽潁州府知府續慶等陞叙有差。結果，凡是對賑災濟民作出貢獻的人，都受到了嘉獎。

五、為官清正，治軍嚴明不徇私

程文炳生於清末，長於戰亂，四海爲家，居無定所。他已習慣於疆場奔波，風餐露宿，而不屑衣必錦綉、食必粱肉的朱門生活；平時節衣縮食，惜糧如金，從不靡費一銀一銅。危情時刻，他可以首捐巨資，布廠設局，粥賑災民數以萬計；需要之時，亦不惜代價，散盡家産，資遣流民返鄉回籍。而於己於私、於家人、於部屬，則堂堂正正，光明磊落，諄諄告誡，循循善誘，『平居不事家人生産』；不損公、不扣餉、不肥私、不斂財，是其人生之信條，出污泥而不染，在清末那種特定的歷史條件下，的確是中興武將群星中難得之楷模。

在内戰平息，外憂稍緩，相對穩定的和平年代，程文炳在淮軍宿將中，以治軍嚴明而著稱。光緒七年（一八八一），程文炳奉命署壽春鎮總兵，尋授江西贛南鎮總兵。未及上任，經左宗棠奏請留辦江防。是時兩淮盜熾，明火搶劫者日有所聞，京餉過境，屢被截劫，官民苦之。程文炳上任伊始，嚴飭下屬，日守夜候，緝拿大小頭目百餘人，并採取寬嚴相濟之策，『誅渠魁，抄窩頓，餘則輕懲之，予以自新』。僅用一年時間，『盜絶跡，閭閻安堵』，江防無恙。

光緒九年（一八八三），程文炳擢湖北提督。楚軍爲緑營舊制，兵將相牾，紀律松弛，士氣日殆，軍威不振，『兵但食餉，應卯而已』。程文炳到任伊始，便借用皖軍章程，着手整頓軍紀，實行『加餉抽練』之法，申軍律，定課程，兵官宿營，次習勞苦，『驕惰者不能堪』。便有人造言惑衆，煽動軍心，『因謀爲變』；還有人諫公稍寬，請提督大人手下留情。面對變局，程文炳沉着應對，并義正辭嚴申明自己的觀點：『治亂國，用重典；不如此，無以振軍威。』次日，程文炳在演武場舉行盛大閱兵式，斧鉞列陳，旌旗蔽空，軍號齊鳴，戰鼓震天，威風凛凛，豪氣衝霄。程文炳對衆將士説：『汝輩皆有身家，豈能叛耶！莠言我不信也。』此言一出，軍心大慰。遂將首謀者二人當衆斬首，『將士皆股慄，莫敢枝梧』。程文炳接着説，冤有頭，債有主。大家不要害怕，祇斬爲首者二人，其餘皆寬待。復下令：『限百日操成。否則，革責無恕。』從此，楚軍上下將士一心，令行禁止，操演有序，『軍容一振』。

光緒二十二年（一八九六），程文炳調任福建陸路提督，負責内陸軍務及地方治安。當時，泉州僻處海隅，民素强悍，崇尚械鬥。地方官吏及土著勢力，有的對此半昏半醒，不聞不問；有的不僅不思『消弭』，反從而『激煽』之；官場上下『恒視陋規之厚薄，定發兵之多寡，倖禍利災習以爲常』。程文炳了解情況後，嚴加整頓，規定從今以後，凡州縣請兵者，必查實而後遣兵，不准絲毫擾民，『得賕者立懲之』。數月，械鬥之風漸息。

按當時官場潛規則，官兵都守以下時有饋贈，提督辦公費名曰『汛費』，相當於現在臺灣地區通行的可供首長個人支配的公務機要費。而程文炳對此不屑一顧，笑而『却之，一無所受』。并迅即行文通告全軍『著爲厲禁』，一概取消。故程文炳在閩，官民服其威惠。離任之日，送者塞途。上諭嘉許其『忠勇性成，治軍廉正』。

六、功勳卓著，重臣保薦至封疆

程文炳一生從軍，歷戰無數，功勳卓著，名震朝野；由布衣而專閫，從偏裨至提督，在六十年漫漫征程中得到四位朝廷重臣的得力扶佐。

第一位是河南人給事中袁甲三。據史書記載：『文炳少孤貧，質重寡言笑，常爲鄉里惡少所劫持。文炳欲殺惡少，邑有巨室某兩解之，得免。知其才，當用功名顯。令以書謁給事中袁甲三軍於亳，不次擢用，統精騎爲先鋒，用善戰獲首虜多。』『戰輒冠其曹，薦陞至守備。』在袁甲三麾下，程文炳的作戰才能得到充分發揮，官陞守備、千總，咸豐十年（一八六七），授都司銜，朝廷賞花翎。咸豐十一年（一八六二）授游擊銜。同治元年（一八六二）授副將銜，同治三年（一八六四）授總兵銜。次年，程文炳大戰雉河集，左臂中矛傷，裹創力戰。論功，擢總兵。

第二位是安徽巡撫英翰。同治五年（一八六六），朝命英翰撫皖。初，文炳以軍事與英翰不相能，由於兩人在軍事路綫和剿匪策略上觀點不合，程文炳回避英翰，『稱疾不出』。而英翰慧眼識才，并不計較，并勸老母出面，以德招撫。史稱『英翰之母賢』，諸將自史念祖以下均以母事之。英翰以母命召文炳，文炳深爲感佩，『至則拜床下，誓捐前隙共生死』。文炳出山應命，英翰即委任其爲前敵總指揮，一切軍事指揮大權交由掌控，用之不疑，信任有加。東捻勢蹙，英翰上其功，擢記名提督。西捻平，英翰又奏請將程文炳開副將底缺，上諭『著照所請行，程文炳仍著記名以提督遇缺儘先提奏』。賞黄馬褂，駐亳州，鎮皖北。

第三位是淮軍統帥李鴻章。在平定捻軍的戰鬥中，李鴻章早就聞知程文炳是一員英勇善戰的驍將，但對曾國藩誇贊程文炳拒不殺俘『有古仁將風』之説半信半疑。李鴻章既定圈河之策，程文炳統皖軍一萬五千人與總兵張得勝等進擊，在一次戰鬥中，李鴻章親耳聽到衆捻俘大呼程文炳的名字求降，一問方知當年在處理皖北善後時，程文炳的確保全了衆多捻軍降俘，可謂是戰場内外，威名遠揚。從此，李鴻章對程文炳刮目相看，多次保舉，上奏朝廷予以重用。光緒二年（一八七六）六月的一道上諭中寫道：『李鴻章保舉總兵程文炳等名員，堪勝統領。該員等才具若何，李鴻章自必周知。著該督酌度具奏，原片著鈔給閲看。』李鴻章的保舉，爲程文炳日後封疆鋪平了道路。

第四位是前任長江水師提督、兵部尚書彭玉麟。如前所述，彭玉麟初識程文炳是在光緒初年江西九江鎮，程文炳任總兵，因處理涉外事務迫使洋人領事登門道歉大長了中國人的志氣，深受彭玉麟賞識。此後彭玉麟專折上奏，保舉程文炳『儒將可大用』。光緒五年（一八七九），中俄分界事起，邊疆告急，程文炳奉召由潁州十日行二千里急抵京師。慈禧皇太后面諭：『召赴迅速，忠勇可嘉。』光緒六年（一八八〇）正月，朝廷下詔曰：『前江西九江鎮總兵程文炳，著裕禄傳旨飭令來京陛見。該前總兵曾經辦理軍務，尚屬得力。現在時事艱難，需才孔亟，務當懔遵諭旨，迅速來京，不准推諉遲延。將此諭令知之。』三月，便將程文炳『發往江南交兩江總督劉坤一差遣委用』。光緒七年（一八八一）六月，奉命署壽春鎮總兵，尋授江西贛南鎮總兵。未及上任，又經左宗棠奏請留辦江防，委以重任，而一年之間江防鞏固，程文炳的治軍才能再一次得到體現。光緒九年（一八八三），程文炳擢湖北提督。光緒二十年（一八九四）中日甲午戰争爆發，程文炳仍詔趣赴京，至則命統皖軍駐守張家灣，拱衛京畿。尋授福建陸路提督。光緒二十六年（一九〇〇），義和團事起，八國聯軍進攻北京，光緒、慈禧西逃，程文炳奉命節制三江閩浙五省援軍赴彰、衛、懷備守禦。光緒二十七年（一九〇一）四月，簡放程文炳爲長江水師提督。此後十年，程文炳巡視於沿江湖南、湖北、江西、安徽、江蘇五省，直至卒於太平府長江水師提督任所。

然而，程文炳的帶兵生涯并非一路坦途，他曾三次被人參劾。光緒二十一年（一八九五）十月，甘肅回民暴動，朝廷命他帶兵前去彈壓，『遇有要緊事著准其專折具奏。』程文炳行抵衛輝暫駐候旨，即有人參劾『程文炳所部各營，駐扎張家灣時，縱兵擾害。及將赴甘肅，兵士迫於饑寒，搶奪務本錢鋪，因而潰散者甚多等等』。朝廷聞奏即著孫家鼐等『就近確切查明，據實具奏』。孫家鼐奉旨確查後，上奏『程文炳被參各節，查無其事』。光緒朱批了事。光緒三十一年（一九〇五）十二月，又有人參劾『長江水師提督程文炳因鐵路築造有期，私集洋股，攬買洲地，請飭徹底清查等等』。這一次，朝廷著兩江總督周馥『按所參各節，確查具奏，毋稍徇隱』。而且將『原折抄給閲看，將此諭令知之』。周馥接旨後不敢怠慢，速查具辦，尋奏『程文炳并無私集洋股，攬買洲地情事』，再一次爲程文炳澄清了是非，朝廷『報聞』結案。光緒三十三年（一九〇七）二月，上海《申報》一九〇七年三月十二日消息：

『長江水師提督程文炳軍門，近被某言官參劾。謂其任用私人，不次超擢。甚至有不習駕駛、不諳操法之人，亦擢至都守等官。出巡營伍，尤以供應之豐，設定人才之優劣，是非顛倒，黑白混淆。若不迅簡大員，認真淘汰，則疲弛情形，必不堪設想云云。現聞已交鄂兩督查覆矣。』朝廷對此雖不盡信其實，亦不能不查。於是，遂交鄂督張之洞確查具奏。如同前兩次一樣，此案查無實據，朝廷亦不了了之。

在劇烈的明爭暗鬥、參劾不息的官場裏，程文炳緣何一次又一次逢凶化吉？或問：其背後是否有人暗中相佑？回答是肯定的。這個人就是兵部尚書彭玉麟。史載：『先是，彭剛直玉麟嘗疏薦文炳「儒將可大用」。會義和團亂作，兩宮西狩，太后思玉麟前奏，詔起督五省兵，北上勤王，行抵河上而和約成，即簡長江水師提督。兩宮始終以玉麟薦舉故，甚眷畀文炳。有摭細故彈文炳者，輒詔勿劾。』（《皖志列傳稿·程文炳》）

當然，除了彭玉麟的極力舉薦，使程文炳深得兩宮信任外，關鍵之處還在於程文炳光明磊落、器局宏深、治軍廉正、任事精干、處世公明。所謂『打鐵還需自身硬』，程文炳正是以自身深厚的內功戰勝了外力的侵擾和詆毀，在當時的確是難能可貴的。

七、老成謀國，瀕危猶不忘軍事

有清一代，朝廷對漢官的任用一直有嚴格限制。然中興之後，隨着曾國藩、李鴻章及湘軍、淮軍的先後崛起，八旗衰落，緑營廢弛，湘淮之軍逐步成爲清廷賴以生存延續的國防軍隊。盡管如此，清廷對軍事將領的約束依然嚴格，掌握着各省軍事大權的提督，受巡撫節制，一般都没有直接報告朝廷的權力。

程文炳從軍六十年，同治四年（一八六五）三十二歲時即以功賞加提督銜，光緒四年（一八七八）四十五歲授一品封典，光緒九年（一八八三）五十歲擢湖北提督，此後經歷中法、中日戰争及中俄邊境争端、義和團運動和八國聯軍進攻北京等重大事件，無不作爲股肱之臣深得朝廷信賴和重用。因此，程文炳曾多次召赴覲見，面奏慈禧，上諭例外施恩，賜程文炳享有『專折具奏』，直通朝廷之特權。

據《清史稿·程文炳傳》記載：先是，召疆闔諸臣條陳時政，文炳洞見新軍症結，具疏未上。『俄病篤，命繕入遺折中，分編兵籍，節餉糈、增額缺、造器械、變操法五事』，上嘉其『老成謀國，瀕危猶不忘軍事，著該衙門隨時酌核辦理』。程文炳以六十年治軍之經驗，『條陳陸海軍應行事宜』，具體内容是：

一、修定兵籍與官制。程文炳認爲：溯自咸豐年間，曾國藩練湘鄉之人以充勇，號曰湘軍；李鴻章續之，選募兩淮之人，號曰淮軍；由是而粵將練粵勇，楚將練楚勇；上自統將，下逮兵卒，非其父兄子弟，即其鄉黨鄰里，故各軍之號皆以籍冠之。而新軍則不然，『以易團體之兵卒，臨之以無甚感情之長官，勢必兵與官不相習，將與士難一心。融洽既難，猜疑易起，皖粵新軍之變故，未始不由此階之』。由此程文炳諫奏：『各軍軍官，除應由特簡之大員外，一律以本省人員補充。一面速定續備、後備軍制，毋令退伍之兵，一散而不能合。徒使養兵每年費餉鉅萬，一旦按籍，曾無可征調之兵。』

二、撙節軍餉開支。過去，程文炳統兵多則數萬，少則萬數幾千，每年軍餉，最費之時亦不過百萬。而新軍新章規定，一鎮一萬一千餘員名，每年即需銀百數十萬，而軍械、軍裝、車輛、馬匹、醫藥、操演、獎賞，每年又需數十萬兩，因一鎮而設之督練公所，及大操之費，戰時之費，均不在內。造成浪費的原因，程文炳以爲一是『非戰鬥員及相當文官』配置過濫，如陸軍之中，音樂、醫士、工藝諸員，『制惟求備，雖無其才，而必備其官』。二是各省之督練公所規模太大，『費益不貲』，實無必要。三是士卒衣履、帳棚諸費，制仿日本而高於日本四倍之多。此雖『固朝廷汪濊之恩，然而過厚之施，後難爲繼也』。對此，程文炳奏明：『事須核實，毋徒鶩名，揚厲鋪張無當也。』

三、量力以增額强兵。程文炳在奏折中分析到：東西各强國，兵力至偉大。而其兵額之配置，必合國家經濟力與國民生活力衡量而定之。『誠以兵必需餉，餉出於民。兵多而餉力不給，則兵必變；餉多而民力不堪，則民亦必變。中外古今無二理也。』對此，程文炳歎道：『臣在兵間六十年，所見兵變之禍，無不因欠餉而起。以曾國藩之威信夙著，鮑超之能得軍心，而不能禁饑軍之作亂』，教訓十分深刻。如果是一軍一地偏師之嘩，危害有限；若省省如是，其爲禍何堪設想！而目前的情況是：全國定額三十六鎮，除近畿六鎮和湖北、江南、四川、雲南、奉天各成一鎮外，其餘或僅成一協一標，是所缺尚不止一半。又聞各省之未成鎮者，皆克期限令成鎮。而各省明年預算不敷，再令增此出納，『無米何炊？非欠餉而致兵變，即派餉而激民變』。如此下去，『恐敵兵未至我先已自相踐踏，爲敵人鷸蚌之資；使敵人不欲我亡，其如我已不能成立何！』如何解決這一難題，程文炳出此三策：一由陸軍、度支兩部根據現有餉源共商抽餉大計，各地不可『恃練兵之事』隨意派餉；二是畿輔左右、南北兩洋、邊疆要塞，何處應駐重兵，由陸軍部直接派遣駐扎，督撫不必預聞；三是次要及腹地省份，暫時緩練緩派。總之，練兵必先籌餉，『必先籌有一鎮之餉，乃可開練一鎮之兵』。

四、造軍械，變操法。近代中國，外國人仰仗堅艦利炮陷我領土，程文炳親身經歷而無力回天，深感『有精練之兵而無精良之械，與無兵同；器械仰給於人，製造不能由我，則有械與無械同』。爲此，程文炳提出國家要建『大製造廠』的設想，多出軍械以滿足國防兵備之需要。并將中、日軍備加以對比：『聞日本所蓄軍械，可以供四十師團二十年射擊之用』；而『中國全國所存軍械，前年曾有統計，大都不堪臨戰者居多。其稍精良者，皆係購自外國，我不能自行製造。則中國添練一軍，徒爲外人增一利孔』。程文炳在奏折中無情揭露了朝廷和軍隊的腐敗無能，讀之令人扼腕。接着，程文炳又激將朝廷，聞知五年以前已決定建『槍炮大廠二所以積儲』，『今者五年之期已屆，尚不聞有此設施』，强烈呼籲『玆事萬不容緩』，『但使大廠早一日觀成，則漏卮即可早一日堵塞』。除此之外，程文炳還吸取英脱之戰、日俄之戰的經驗教訓，從短兵相接之實戰需要出發，提出中國士兵要宏揚『我固有之武風』，熟悉刀矛鞭鐧諸技術，演習布陣操練之戰法，『以備衝鋒陷陣之上選』。

五、改革江防以固海防。程文炳任長江水師提督長達十年，深知水師弊端，因此『非大加改革』，『不足以固門户』。否則，『水師但能抵江面警察之用，保汛地之治安而已』。如何改革？他奏道：『編制大枝，艦隊設立，要塞炮臺，相輔相依。』同時他對如何鞏固海防也有自己的見解：『臣之愚見，辦理海防，宜先自江防辦起，即創辦海軍，亦當先從内江著手，使威揚海外者，頗多鐵甲之師船。』在當時特定的歷史條件下，尤其是中日甲午海戰北洋水師全軍覆没之教訓殷鑒不遠，程文炳再次提出『海軍强國』之遠景設想，其勇氣與識見是值得欽佩的。

縱觀程文炳的治軍思想，誠如他自己所説：『軍人宜耐勞習苦，不宜養尊處優；治軍之道，宜信賞必罰，不宜姑息優容；軍人之精神，宜文明，軍人之體魄，則宜野蠻。外人謂中國人富裕當兵之資格，爲其體魄强也。今若優而柔之，事事襲文明之皮毛，是先自棄其長，未知其可也。』程文炳『痛時艱之孔棘，念軍政之前途』，提出『振奮精神，文明治軍』的帶兵方略，雖於清末軍隊的振興已難濟於事，但從個人的政治品質而言，仍是其『忠君愛兵』思想最閃光也是最後一次的集中顯現。

程文炳文集

奏折

揀員請補守備員缺折

光緒十三年三月初一日

頭品頂戴湖廣總督臣裕禄跪奏爲揀員請補守備員缺，恭折仰祈聖鑒事。竊准兵部咨湖北鄖陽鎮標右營中軍守備戴金彪，准其開除守備底缺，以參將歸湖北補用。所遺守備員缺，按照插補章程，係第二輪第二缺應用盡先人員。行令照章揀員請補等因，移咨到臣。遵即在於湖北省盡先守備班内逐加遴選，查有花翎、盡先守備、鄖陽鎮標左營右哨三司把總胡道源，年五十四歲，湖北南漳縣人。由行伍出師，著績拔補把總，歷保以守備盡先補用。該員才具明白，辦事穩練。以之擬補斯缺，洵堪勝任。伏查部章，請補員缺，應按到標人員盡先名次先後爲斷。如人地不宜，以名次在後之員請補。仍將在前之員按名指實。兹查湖北省已經到標盡先守備名次，在胡道源之前者，止有張保成、汪汝釗二員。經臣詳加察看，均歷練尚淺，與此缺人地不宜，未便遷就。擬補胡道源，雖盡先名次稍後，而在鄖年久，情形熟悉。飭查前在本省及他省均無參革朦保情弊與例，亦屬相符。合無仰懇天恩俯准，以胡道源補授湖北鄖陽鎮標右營中軍守備，實於營伍有裨。如蒙俞允，俟部覆至日，給咨送部引見，以符定制。除飭取該員履歷咨部外，謹會同湖北巡撫臣奎斌、湖北提督臣程文炳恭折具奏。伏乞皇太后、皇上聖鑒訓示。謹奏。

朱批：兵部議奏。

查明光緒十二年七月起至十二月底止湖北各州縣應行承襲接襲發標學習并改作文生應試各世職開列清單折

光緒十三年三月十九日

頭品頂戴湖廣總督臣裕祿跪奏爲查明光緒十二年七月至十二月底止湖北各州縣應行承襲接襲發標學習并改作文生應試各世職開列清單，恭折仰祈聖鑒事。竊照前准部咨同治元年二月十六日奉上諭：軍興以來，各省官紳士庶，凡臨陣捐軀、守義殉難者，一經統兵將帥及各該地方督撫奏請旌恤，無不立予褒揚。嗣後，著該督撫轉飭各州縣，將應襲職名，迅速查取，徑報督撫，毋庸由府司轉詳。予限半年，匯案具奏，以免煩擾。欽此。欽遵在案。兹查光緒十一年七月起至十二月底止，又届半年之期，據湖北江夏等州縣先後查詳，前來所有請承襲雲騎尉世職，發標學習之杜進榜、吴長松，又請接襲雲騎尉世職，發標學習之劉承基、王光烈，又已襲雲騎尉世職，請改作文生應試之楊宣霈共五員，均年已及歲。經臣先後驗看，俱屬年力青壯，堪以承襲、接襲，發標學習，并改作文生應試。又請接襲騎都尉世職浦生樹，又請接襲雲騎尉世職郭振武、王章憲，又請接襲恩騎尉世職吴行彪共四名，均年未及歲。亦經查明，與例相符，應請准其接襲。統俟接准部覆，分别辦理。除循例匯案具題，并辭退世職楊輝遠、病故世職郭逢鈞，原領勅書暨各宗圖册結分别咨送吏、户、兵各部辦理外，謹會同湖北巡撫臣奎斌、湖北提督臣程文炳恭折具奏。并繕具各世職姓名年貫清單恭呈御覽。伏乞皇太后、皇上聖鑒訓示。謹奏。

朱批：兵部議奏，單并發。

揀員請補守備員缺以實營伍折

光緒十三年閏四月初八日

頭品頂戴湖廣總督臣裕禄跪奏爲揀員請補守備員缺以實營伍，恭折仰祈聖鑒事。竊准兵部咨湖北荆門營中軍守備郭加修休致遺缺，係部推之缺。按照插補章程，應用盡先人員，行令照章揀員請補等因，移咨到臣。遵即在於湖北省盡先守備班内，逐加遴選。查有花翎、盡先補用守備張保成，年五十三歲，湖北江夏縣人，由武童投效軍營，在安徽、江蘇等省打仗出力，歷保以守備盡先補用，遣撤回籍，收入湖北撫標左營差遣。該員才具明晰，辦事勤慎。以之請補湖北荆門營中軍守備，洵堪勝任。查部定章程，請補員缺應按到標人員盡先名次先後。今張保成盡先名次在前，輪值頂補，且係隔府别營，與例亦屬符合。飭查前在本省及他省，均無參革朦保情弊。合無仰懇天恩俯准，以張保成補授湖北荆門營中軍守備，實於營伍有裨。如蒙俞允，俟部覆至日，給咨送部引見，以符定制。除飭取該員履歷咨部外，謹會同湖北撫臣奎斌、湖北提臣程文炳恭折具陳。伏乞皇太后、皇上聖鑒訓示。謹奏。

朱批：兵部議奏。

查明光緒十三年正月起至六月底止湖北各縣應行承襲接襲發標學習各世職開列清單折

光緒十三年九月十八日

頭品頂戴兼屬湖廣總督湖北巡撫臣奎斌跪奏爲查明光緒十三年正月起至六月底止，湖北各縣應行承襲、接襲發標學習各世職開列清單，恭折仰祈聖鑒事。竊照前准部咨，同治元年二月十六日奉上諭：軍興以來，各省官紳士庶，凡臨陣捐軀、守義殉難者，一經統兵將帥及各該地方督撫奏請旌恤，無不立予褒揚。嗣後，著該督撫轉飭各州縣，將應襲職名，迅速查取，徑報督撫，毋庸由府司轉詳。予限半年，匯案具奏，以免煩擾。欽此。欽遵在案。茲查光緒十三年正月起至六月底止，又屆半年之期。據湖北江夏等縣先後查詳，前來所有請承襲雲騎尉世職、發標學習之周良貴、易士勳、岳三朋、石陞寶、徐光金、徐道明，又請接襲雲騎尉世職、發標學習之李明保，又請接襲恩騎尉世職、發標學習之胡華庚共八員，均年已及歲。經本任督臣裕禄暨臣先後驗看，俱屬年力精壯，堪以承襲、接襲、發標學習。又請承襲雲騎尉世職孫功猷、蒲之恩，又請接襲雲騎尉世職殷貞禕、金海源、劉上植共五名，均年未及歲。亦經臣查明與例相符，應請准其承襲、接襲。統俟接准部覆，分別辦理。除循例匯案具題，并已故世職李星庚，原領敕書暨各宗圖册結，分别咨送吏、户、兵各部辦理外，謹會同湖北提督臣程文炳恭折具奏。并繕具各世職姓名年貫清單，恭呈御覽。伏乞皇太后、皇上聖鑒訓示。再，湖北巡撫係臣本任，毋庸會銜，合并陳明。謹奏。

朱批：兵部議奏，單并發。

三省會哨事竣邊界静謐折

光緒十三年十二月初四日

頭品頂戴湖廣總督臣裕禄跪奏爲三省會哨事竣邊界静謐，恭折仰祈聖鑒事。竊照湖北，界連川、陜，山深林密，最易藏奸。向係責成鄖陽、宜昌二鎮，於每年農隙時，酌帶兵丁，各赴邊界，與川、陜各鎮協總兵、副將，會同巡哨，年底專折奏報。歷經遵辦在案。今届丁亥年會哨之際，經臣照案咨會川、陜兩省督撫，并分飭湖北鄖陽、宜昌二鎮總兵，各赴邊界地方，認真會哨去後。兹據署湖北鄖陽鎮總兵馬朝龍呈報，於本年十月二十日，行抵陜、楚交界之蓮花寺，與陜西陜安鎮總兵姚文廣覿面會哨。又據宜昌鎮總兵羅縉紳呈報，於十月二十五日，行抵川、楚交界之火峰界嶺，與四川重慶鎮總兵田在田覿面會哨。并據該鎮等聲稱，查看沿途地方及邊界鄉村，均極静謐，并無匪徒混跡等情前來。臣查湖北鄖陽、宜昌、施南等郡，邊界層巒叠嶂，道路紛歧，深恐匪徒潛匿爲害。且值冬令，宵小易生。尤當嚴密巡緝，防患未然。以仰副聖主綏靖邊陲之至意。除仍嚴飭各該鎮暨地方文武隨時督率兵役，認真巡防外，所有本年三省會哨事竣，邊界静謐情形，謹會同湖北提督臣程文炳，循例恭折具奏，仰慰宸懷。伏乞皇太后、皇上聖鑒。謹奏。

朱批：知道了。

湖北各營損失軍械尚未一律補製足額請將年例盤查仍行展緩題報以昭核實折

光緒十三年十二月二十日

頭品頂戴湖廣總督臣裕禄跪奏爲湖北各營損失軍械，尚未一律補製足額，請將年例盤查仍行展緩題報，以昭核實，仰祈聖鑒事。竊照湖北各標鎮協營軍火、器械、戰船、馬匹等項，例應每年十月委員盤查，造具册結，於封印前具題。惟自軍興以來，武漢等府前次屢被賊擾，各營軍械毁失居多。即未被擾之處，先後征調出師，遺失損壞，所存無幾。已責成各營，於補領積欠俸餉内，督飭該兵丁自行陸續賠補，曾經奏明。俟各營補足原額，再行循例，具題在案。兹查各營軍械，毁失動缺者多。衹以鄂省近年奉撥協餉，以及海防經費、工賑等項，需用浩繁。庫款益形支絀，而緑營積欠俸餉，又准部咨停給。以致原失軍械，難以補製齊全。現屆光緒十三年盤查具題之期，經臣委員逐一查驗，現存軍械，均屬堅利合用。其未經補製各件，應俟庫款充裕，補發欠餉，添製齊全，再行循例造册具題，以昭核實。據湖北布政使蒯德標詳情具奏前來。臣覆核無異，除咨部外，謹會同湖北巡撫臣奎斌、湖北提督臣程文炳恭折具陳。伏乞皇太后、皇上聖鑒訓示。謹奏。

朱批：著照所請，該部知道。

湖北省各標鎮協營原額增添裁汰缺額兵丁馬匹戰船各數目仍暫照案改題爲奏折

光緒十三年十二月二十日

頭品頂戴湖廣總督臣裕禄跪奏爲湖北省各標鎮協營原額增添，裁汰缺額，兵丁、馬匹、戰船各數目，仍暫照案，改題爲奏，恭折仰祈聖鑒事。竊前准部咨各省經制原額調撥裁汰，安塘駐防缺額實在，兵丁、馬匹數目應每年造册送部查核，匯題并酌定簡明册式，頒發照造等因。湖北自兵燹後，各營馬匹年額倒斃，例由朋銀買補者，因餉干積欠未發，尚未添補足額，其額設戰船，亦均被毁無存。歷將前項數目，暫請改題爲奏。俟庫款充裕，籌補齊全，再行循例題報在案。兹據湖北布政使蒯德標詳稱，湖北督標、撫標、提標，鄖陽鎮、宜昌鎮，漢陽、黄州、竹山、施南各協，武昌、荆州、襄陽、鄖陽各城守，興國、德安、均光、荆門、遠安、衛昌、蘄州、安陸、宜都、荆州堤坊二十三標鎮協營，自道光二十二年酌辦崇陽善後事宜，及咸豐八年酌議裁馬改步之後，舊設經制，原額調撥。裁汰安塘駐防缺額兵丁二萬五百五名，營馬二千二百二十三匹，船九十七隻内。咸豐九年抽撤陸營兵丁備撥，長江水師暨同治八、九年先後裁撤，漢陽、荆州水師，武昌城守，黄州協道士洑等營兵二千二百五十七名，馬二百一十八匹。又於光緒十一年奉文裁兵節餉案内，裁兵二千九百二十一名，馬二百八十一匹。現在實存營兵一萬五千四百二十七名内，馬戰兵一千四百八十七名，步兵四千二百九十八名，守兵九千六百四十二名。又馬步額外外委二百四十九員，共計一萬五千六百七十六員名，騎操馬一千七百二十四匹内，經制外委馬一百三十匹，額外外委馬一百七匹，兵丁馬一千四百八十七匹。據各該營遵照部頒册式，分晰造具，光緒十三年清册，由司匯造總册，聲明年額倒斃馬匹，仍因餉干積欠未發，尚未添補足額，以及被毁戰船應俟庫款充裕，分别籌補齊全，方可循例題報。請仍照案，改題爲奏等情前來。臣覆核無異，除將各册送部外，謹會同湖北巡撫臣奎斌、湖北提督臣程文炳恭折具陳。伏乞皇太后、皇上聖鑒訓示。謹奏。

朱批：該部知道。

揀員請補守備員缺折

光緒十四年三月二十六日

頭品頂戴湖廣總督臣裕禄跪奏爲揀員請補守備員缺，恭折仰祈聖鑒事。竊准兵部咨湖北施南協左營守備雷洪亮革職遺缺，係題補第二輪第二缺，應用盡先人員，行令揀選合例之員，請補等因移咨到臣。遵即在於湖北盡先守備班内，逐加遴選。查有盡先即補守備李友富，年四十七歲，湖北江夏縣人。由武童於咸豐九年投效軍營，歷在湖北、安徽等省打仗出力，薦保以守備盡先即補。軍務肅清，遣撤回籍，收入武昌城守營差遣。該員心地明白，辦事勤慎。以之請補施南協左營守備，洵堪勝任。查部定章程，請補員缺，應按到標盡先名次先後。今李友富盡先名次在前，輪值頂補，且係隔府别營，與例亦屬符合。飭查該員前在本省及他省均無參革朦保情弊，合無仰懇天恩俯准，以李友富補授湖北施南協左營守備，實於營伍有裨。如蒙俞允，俟部覆至日，給咨送部引見，以符定制。除飭取該員履歷咨部外，謹會同湖北巡撫臣奎斌、湖北提督臣程文炳恭折具陳。伏乞皇太后、皇上聖鑒訓示。謹奏。

朱批：兵部議奏。

查明光緒十三年七月起至十二月底止湖北各州縣應行承襲接襲兼襲并發標學習暨改作文生應試各世職開列清單折

光緒十四年三月二十六日

頭品頂戴湖廣總督臣裕祿跪奏爲查明光緒十三年七月起至十二月底止，湖北各州縣應行承襲、接襲兼襲并發標學習暨改作文生應試各世職開列清單，恭折仰祈聖鑒事。竊照前准部咨，同治元年二月十六日奉上諭：軍興以來，各省官紳士庶，凡臨陣捐軀、守義殉難者，一經統兵將帥及各該地方督撫奏請旌恤，無不立予褒揚。嗣後，著該督撫轉飭各州縣，將應襲職名迅速查取，徑報督撫，毋庸由府司轉詳。予限半年，匯案具奏，以免煩擾。欽此。欽遵在案。兹查光緒十三年七月起至十二月底止，又届半年之期。據湖北黄陂等州縣先後查詳，前來所有請承襲雲騎尉世職、發標學習之胡錦鵬、韓成元，又請接襲雲騎尉世職、發標學習之蕭錦文、樊作模、孫朝選，又請接襲恩騎尉世職、發標學習之李致鈞、戴毓麟、張登雲，又請兼襲雲騎尉世職之舒兆棠、陳崇禮，又已襲雲騎尉世職，現請發標學習之汪家源、王汝英，又已接襲雲騎尉世職，現請發標學習之蔡明濬，又請承襲雲騎尉世職、改作文生應試之張芳俊共十四員，均年已及歲。經前兼署督臣奎斌暨臣先後驗看，俱屬年力青壯，堪以承襲、接襲兼襲并發標學習暨改作文生應試。又請承襲雲騎尉世職周運昭、黄承烈、陳耀前，又請接襲雲騎尉世職陳德恩，又請接襲恩騎尉世職周瑞芝共五名，均年未及歲。亦經查明，與例相符。應請准其承襲、接襲，統俟接准部覆，分别辦理。除循例匯案具題，并已故世職樊驤、陳詩頌、周宗選原領勅書暨各宗圖册結，分别咨送吏、户、兵各部辦理外，謹會同湖北巡撫臣奎斌、湖北提督臣程文炳恭折具陳，并繕具各世職姓名年貫清單，恭呈御覽。伏乞皇太后、皇上聖鑒訓示。謹奏。

朱批：該部議奏，單并發。

揀員陞補游擊要缺以實營伍折

光緒十四年六月二十四日

頭品頂戴湖廣總督臣裕禄跪奏爲揀員陞補游擊要缺以實營伍，恭折仰祈聖鑒事。竊准兵部咨湖北鄖陽鎮標中軍游擊特蘇布病故遺缺，係陸路題調之缺。行令照例揀員陞調等因，移咨到臣。遵即在於湖北省實任游擊内逐加遴選，或缺居緊要，或人地未宜，實無合例堪調之員，自應照例在於應陞之都司内揀員陞補。兹查有游擊銜、湖北漢陽協漢鎮陸路專汛都司胡永發，年五十一歲，四川劍州人。由行伍出師著績，薦保游擊銜，盡先補用都司。同治八年奏補湖北衛昌營中軍守備，調補提標右營中軍守備。光緒三年，軍政保薦卓異。五年，領咨赴部引見。經欽派王大臣驗放，奉旨准其卓異加一級。八年，補授漢陽協漢鎮陸路專汛都司，祗領札付，於九年二月二十四日到任。該員才具明干，勤奮耐勞。以之陞補湖北鄖陽鎮標中軍游擊，洵堪勝任。歷俸已滿三年，亦核與陞補之例相符。合無仰懇天恩俯念員缺緊要，准以游擊銜、湖北漢陽協漢鎮陸路專汛都司胡永發陞補鄖陽鎮標中軍游擊，實於營伍有裨。如蒙俞允，俟部覆至日，給咨送部引見，以符定制。除飭取該員履歷咨部外，理合會同湖北巡撫臣奎斌、湖北提督臣程文炳恭折具陳。伏乞皇太后、皇上聖再，所遺湖北漢陽協漢鎮陸路專汛都司員缺，係題調之缺。湖北省現有應補人員，容臣另行揀員請補。合并陳明，謹奏。

朱批：兵部議奏。

查明光緒十四年正月起至六月底止湖北各州縣應行承襲接襲世職暨應承蔭人員開列清單折 光緒十四年九月初一日

頭品頂戴湖廣總督臣裕禄跪奏爲查明光緒十四年正月起至六月底止，湖北各州縣應行承襲、接襲世職暨應承蔭人員開列清單，恭折具陳仰祈聖鑒事。竊照前准部咨，同治元年二月十六日奉上諭：軍興以來，各省官紳士庶，凡臨陣捐軀、守義殉難者，一經統兵將帥及該地方督撫奏請旌恤，無不立予褒揚。嗣後，著該督撫轉飭各州縣，將應襲職名迅速查取，徑報督撫，毋庸由府司轉詳。予限半年，匯案具奏，以免煩擾。欽此。歷經欽遵，匯奏在案。茲自光緒十四年正月起至六月底止，據湖北應山等州縣先後查詳，前來所有請接襲雲騎尉世職、發標學習之秦永森、葉文喜，又請接襲恩騎尉世職、發標學習之劉國恩，又已襲雲騎尉世職、現請發標學習之彭恩愷，又請承蔭八品監生、情願應試之彭文炳，均年已及歲。經臣先後驗看，俱屬年力青壯。秦永森、葉文喜、劉國恩、彭恩愷四員，堪以接襲并發標學習，彭文炳堪以承蔭應試。又請承襲雲騎尉世職楊肇鈞，又請接襲雲騎尉世職王紹宗，又請接襲恩騎尉世職張肇昌共三名，均年未及歲。亦查明與例相符，應請准其承襲、接襲。統俟接准部覆，分別辦理。除抄録清單，同宗圖册結，一并咨送吏、户、兵各部核辦外，理合會同湖北巡撫臣奎斌、湖北提督臣程文炳恭折具陳，并繕具各姓名年貫清單，恭呈御覽。伏乞皇太后、皇上聖鑒訓示。

再，已襲雲騎尉世職、現請發標學習之彭恩愷，又革退另襲世職秦永錫病故，世職葉國梁、劉文煥、王松、張公洵均未奉頒勅書，應請一并補頒結領。合并陳明，謹奏。

朱批：該部議奏，單并發。

揀員陞補參將員缺以實營伍折

光緒十四年十一月十七日

頭品頂戴湖廣總督臣裕祿跪奏爲揀員陞補參將員缺以實營伍，恭折仰祈聖鑒事。竊准兵部咨湖北撫標中軍參將蔣澤斌陞任遺缺，係題調之缺。行令照例揀員陞調等因，移咨到臣。遵即在於湖北各營實任參將内逐加遴選，或缺居緊要，或人地未宜，實無合例堪調之員。自應照例在於應陞之實任游擊内揀員陞補。查有花翎副將銜、湖廣督標右營游擊璞玉，年五十歲，係廂藍旗滿洲廣廉佐領下人。由官學生承襲騎都尉世職，遵例報捐游擊，指分湖北試用。咸豐十一年，補授湖廣督標右營游擊。同治六年、十一年及光緒三年、八年，四次軍政案内，均保薦卓異，奉部覆准在案。該員才練資深，曉暢營務。以之陞補湖北撫標中軍參將，洵堪勝任。且歷俸已滿二年，核與陞補之例相符。合無仰懇天恩俯准，以花翎、副將銜湖廣督標右營游擊璞玉，陞補湖北撫標中軍參將，實於營伍有裨。如蒙俞允，俟接准部覆，給咨送部引見。除飭取該員履歷咨部外，理合會同湖北巡撫臣奎斌、湖北提督臣程文炳恭折具陳。伏乞皇太后、皇上聖鑒訓示。

再，所遺湖廣督標右營游擊員缺，係部推之缺。湖北省現有應補人員，容臣另行揀員請補。合并陳明，謹奏。

朱批：兵部議奏。

湖廣總督裕禄湖北提督程文炳片二

其一　光緒十四年

再，湖北施南協營所轄汛地，毗連川省，山深林密，最爲楚中邊遠之區，營伍極關緊要。查現任施南協副將張言和，辦事顢頇，頗染習氣。於營務未能認真整頓，應請開缺，撤省察看。所遺施南協副將員缺，另行揀員請補，以重地方。除先委員前往署理外，謹會同湖北巡撫臣奎斌、湖北提督臣程文炳附片具陳。伏乞聖鑒訓示。謹奏。

朱批：兵部知道。

其二　光緒十四年

再，盡先補用都司任效文，安徽宿州人。同治六年，投效皖軍，隨剿捻匪出力，薦保以都司歸兩江督標盡先補用。光緒十年，隨同湖北提督程文炳帶隊赴閩應援，撤防回鄂後，委帶駐扎襄陽馬隊操防，深資得力。又，補用都司陸忠上，湖南清泉縣人；都司銜補用守備梅晉榮，陝西長安縣人，均由武童投效楚軍，隨同剿賊出力，薦保今職。歷在楚軍水師充當哨弁，熟悉地方情形，巡緝甚爲勤奮。該員等年力富强，久經行陣，皆屬有用之材。合無仰懇天恩俯准，將盡先補用都司任效文，改留湖北仍以都司盡先補用。補用都司陸忠上，留於湖北，仍歸都司原班補用。都司銜補用守備梅晉榮，留於湖北，仍歸守備原班補用。出自鴻慈，謹附片具陳。伏乞聖鑒訓示。謹奏。

朱批：著照所請，兵部知道。

湖北省各標鎮協營原額增添裁汰缺額兵丁馬匹戰船各數目仍暫照案改題爲奏折

光緒十四年十二月初七日

頭品頂戴湖廣總督臣裕禄跪奏爲湖北省各標鎮協營原額增添、裁汰缺額，兵丁、馬匹、戰船各數目仍暫照案，改題爲奏，恭折仰祈聖鑒事。竊前准部咨各省經制，原額調撥裁汰，安塘駐防缺額實在兵丁馬匹數目，應每年造册送部查核匯題，并酌定簡明册式，頒發照造等因。湖北自兵燹後，各營馬匹年額倒斃，例由朋銀買補者，因餉干積欠未發，尚未添補足額，其額設戰船，亦均被毁無存。歷將前項數目，暫請改題爲奏，俟庫款充裕，籌補齊全，再行循例題報在案。兹據湖北布政使蒯德標詳稱，湖北督標、撫標、提標，鄖陽鎮、宜昌鎮，漢陽、黄州、竹山、施南各協，武昌、荆州、襄陽、鄖陽各城守，興國、德安、均光、荆門、遠安、衛昌、蘄州、安陸、宜都、荆州堤防二十三標鎮協營，自道光二十二年酌辦崇陽善後事宜，及咸豐八年酌議裁馬改步之後，舊設經制，原額調撥裁汰，安塘駐防缺額兵丁二萬五百五名，營馬二千二百二十三匹，船九十七隻内，咸豐九年，抽撤陸營兵丁，備撥長江水師，暨同治八、九年先後裁撤漢陽、荆州水師，武昌城守，黄州協道士洑等營兵二千一百五十七名，馬二百一十八匹；又於光緒十一年奉文裁兵節餉案内，裁兵二千九百二十一名，馬二百八十一匹，現在實存營兵一萬五千四百二十七名，内馬戰兵一千四百八十七名，步兵四千二百九十八名，守兵九千六百四十二名；又馬步額外外委二百四十九員，共計一萬五千六百七十六員名，騎操馬一千七百二十四匹，内經制外委馬一百三十匹，額外外委馬一百七匹，兵丁馬一千四百八十七匹。據各該營遵照部頒册式分晰造具，光緒十四年清册，由司匯造總册，聲明年額。倒斃馬匹，仍因餉干積欠未發，尚未添補足額，以及被毁戰船，應俟庫款充裕，分别籌補齊全，方可循例題報。請仍照案，改題爲奏等情前來。臣覆核無異，除將各册送部外，謹會同湖北巡撫臣奎斌、湖北提督臣程文炳恭折具陳。伏乞皇太后、皇上聖鑒訓示。謹奏。

朱批： 該部知道。

湖北各營損失軍械尚未一律補製足額請將年例盤查仍行展緩題報以昭核實折

光緒十四年十二月初七日

頭品頂戴湖廣總督臣裕禄跪奏爲湖北各營損失軍械尚未一律補製足額，請將年例盤查仍行展緩題報以昭核實，仰祈聖鑒事。竊照湖北各標鎮協營軍火、器械、戰船、馬匹等項，例應每年十月委員盤查造具册結，於封印前具題。惟自軍興以來，武漢等府前次屢被賊擾，各營軍械毀失居多，即未被擾之處，先後征調出師，遺失損壞，所存無幾。已責成各營，於補領積欠俸餉内，督飭該兵丁自行陸續賠補，曾經奏明。俟各營補足原額，再行循例具題在案。兹查各營軍械毀失動缺者，多隻以鄂省近年奉撥協餉以及鄭工、海防等費，需用浩繁，庫款益形支絀，而緑營積欠俸餉，又准部咨停給，以致原失軍械，難以補製齊全。

現屆光緒十四年盤查具題之期，經臣委員逐一查驗現存軍械，均屬堅利合用，其未經補製各件，應俟庫款充裕，補發欠餉，添製齊全，再行循例造册具題，以昭核實。據湖北布政使蒯德標詳情具奏前來。臣覆核無異，除咨部外，謹會同湖北巡撫臣奎斌、湖北提督臣程文炳恭折具陳。伏乞皇太后、皇上聖鑒訓示。謹奏。

朱批：該部知道。

三省會哨事竣邊界静謐折 附片

光緒十四年十二月十九日

頭品頂戴湖廣總督臣裕禄跪奏爲三省會哨事竣，邊界静謐，恭折仰祈聖鑒事。竊照湖北，界連川、陝，山深林密，最易藏奸，向係責成鄖陽、宜昌二鎮，於每年農隙時，酌帶兵丁，各赴邊界，與川、陝各鎮協總兵、副將會同巡哨，年底專折奏報。歷經遵辦在案。今屆戊子年會哨之際，經臣照案咨會川、陝兩省督撫，并分飭湖北鄖陽、宜昌二鎮總兵，各赴邊界地方，認真會哨去後。兹據湖北鄖陽鎮總兵龔繼昌呈報，於本年十一月初十日，行抵陝、楚交界之蓮花寺，與陝西陝安鎮總兵姚文廣覿面會哨。又據宜昌鎮總兵羅縉紳呈報，於十月二十五日，行抵川、楚交界之火峰界嶺，與四川川北鎮總兵鄧榮陞覿面會哨。并據該鎮等聲稱，查看沿途地方及邊界鄉村，均極静謐，并無匪徒混跡等情前來。臣查湖北鄖陽、宜昌、施南等郡，邊界層巒叠嶂，道路紛歧，深恐匪徒潛匿爲害。且值冬令，宵小易生，尤當嚴密巡緝，防患未然，以仰副聖主綏靖邊陲之至意。除仍嚴飭各該鎮暨地方文武，隨時督率兵役，認真巡防外，所有本年三省會哨事竣，邊界静謐情形，謹會同湖北提督臣程文炳循例恭折具奏，仰慰宸懷。伏乞皇太后、皇上聖鑒。謹奏。

朱批：知道了。

再，臣等欽奉上諭：有人奏請將湖北提督仍駐谷城，并抽撥省城防軍，分扎楚、豫交界一折。著裕禄、奎斌體察情形，妥籌具奏。另，片奏光化縣老河口鎮文武各衙門，每交冬令，勒令合鎮致送銀錢等語。地方各官藉端科斂民財，大干例禁。著該督撫確切查明，嚴行禁止。原折片均著抄給閲看等因。欽此。除體察地方情形，湖北提督應仍駐扎襄陽，并現駐襄樊防營，尚敷巡緝，無須另行調撥各緣由，另折據實覆陳外，伏查原片所稱，光化縣老河口鎮文武各衙門，每交冬令，勒令合鎮致送銀錢各節，事關藉端科斂，亟應確切查明，嚴行禁止。當即行司，嚴密確查，據實詳覆去後。兹據湖北藩司蒯德標詳稱，奉經詳加察訪，并委員前往密查。該縣文武各官，尚查無如原奏所稱，每交冬令，無不藉做生日，勒令鄉鎮，致送銀錢實據。惟老河口鎮附近光化縣城，地當秦、豫通楚衝途，商賈輻輳，人煙稠密，客商在彼貿易，向分八幫，立有會館。咸豐年間，該鎮曾被賊擾，事後募勇籌防經費，悉資商力。迨地方平定，而五方雜處之區，刀痞游勇，難免混跡。歷年編查保甲防夜巡街等事，仍不敢稍形松懈。故自兵燹以後，相沿至今，每届冬令，各幫商民，仍由會館公項內酌出錢文爲津貼。該處清查保甲及查街巡夜，一切油燭、紙張、薪炭，并夫馬、飯食等項公用之需，訪查該鎮商民所出，實衹此項，每歲亦共不過數百千文，尚屬以公濟公，并非出於地方文武官勒索科派，亦無藉端肥己情事等情前來。臣等覆查該處，自兵燹後，歷年以來，商民醵資助公津貼，保甲巡防之需，藉圖保衛。雖據查係相沿舊規，行之有年，并無需索抑勒情弊，惟地方安靖日久，究非從前募勇籌防時情形可比。臣等現已嚴飭禁革，以後該處一切保甲巡防經費，應皆由官自籌，不得再借民力，以杜煩擾。謹合詞附片具陳。伏乞聖鑒。謹奏。

朱批：知道了。

奏爲甄別庸劣不職及年力衰弱之游擊守備各員請旨分別革職勒休折

附片　光緒十五年二月十七日

頭品頂戴湖廣總督臣裕禄跪奏爲甄別庸劣不職及年力衰弱之游擊守備各員請旨分別革職勒休，恭折仰祈聖鑒事。竊查緑營將備各官，或職領專營，或分防汛地，均有管轄弁兵、操防巡緝之責，必須才守廉明，營務方資整飭。如有庸劣不職、年力衰弱之員，亟應隨時甄劾，以肅軍政。兹查有湖南提標左營游擊方振鵬，性情鄙陋，聲名甚劣，辦理營務，習氣太深。湖南長沙協右營守備黄倬雲，行爲謬妄，不洽兵心。湖北衛昌營中軍守備楊新發，年力衰庸，難期振作，均未便稍事姑容。據各該管營官稟揭前來，相應據實奏參，請旨將湖南提標左營游擊方振鵬、湖南長沙協右營守備黄倬雲，均即行革職。湖北衛昌營中軍守備楊新發，勒令休致，以示懲儆。謹會同湖南巡撫臣王文韶、湖北巡撫臣奎斌、署湖南提督臣周瑞龍、湖北提督臣程文炳恭折具陳。伏乞皇上聖鑒訓示。

再，湖南提標左營游擊、湖北衛昌營中軍守備，均係題補之缺。湖南長沙協右營守備，係陸路部推之缺。現在兩省均有應補人員，容臣另行揀員請補，合并陳明。謹奏。

朱批：著照所請，該部知道。

再，據湖北提督程文炳咨稱，駐防襄樊各營所用馬匹，遇有疲弱，不堪馳騁，應行隨時更换，以利操防。歷次委員赴張家口外採買，均經咨由督臣咨請兵部給票，并奏准免税在案。兹查襄防各營内，口老疲弱馬匹，亟應採購挑换。現派盡先守備王廷珍，前往張家口外，購買膘壯戰馬二百匹，回營换用。請奏咨給票免税前來。奴才覆核無異，除分咨兵部、察哈爾都統并經過各省地方督撫臣查照外，相應請旨，飭部給票，行知張家口監督，照數查驗，免税放行。理合附片具陳。伏乞聖鑒。謹奏。

朱批：該部知道。

查明光緒十四年七月起至十二月底止湖北各縣應行承襲接襲兼襲并發標學習各世職開列清單折 光緒十五年三月十六日

頭品頂戴湖廣總督臣裕禄跪奏爲查明光緒十四年七月起至十二月底止，湖北各縣應行承襲、接襲、兼襲并發標學習各世職開列清單，恭折具陳仰祈聖鑒事。竊照前准部咨，同治元年二月十六日奉上諭：軍興以來，各省官紳士庶，凡臨陣捐軀、守義殉難者，一經統兵將帥及該地方督撫奏請旌恤，無不立予褒揚。嗣後，著該督撫轉飭各州縣，將應襲職名迅速查取，徑報督撫，毋庸由府司轉詳。予限半年，匯案具奏，以免煩擾。欽此。歷經欽遵匯奏在案。茲自光緒十四年七月起至十二月底止，據湖北黄陂等縣先後查詳，前來所有請承襲雲騎尉世職，發標學習之劉位治、黄步瀛、張心典，又請接襲雲騎尉世職，發標學習之吴純厚，又請接襲恩騎尉世職，發標學習之劉家垣、向元烺，又請兼襲雲騎世職之方宗坪，又已襲雲騎尉世職，現請發標學習之車念祖、朱朝愷，又已襲恩騎尉世職，現請發標學習之程宗棠共十員，均年已及歲。經臣先後驗看，俱屬年力青壯，堪以承襲、接襲、兼襲并發標學習。又請接襲雲騎尉世職劉福麒、韓桂斌、李鴻斌，又請接襲恩騎尉世職張孝全共四名，均年未及歲，亦經查明，與例相符，應請准其接襲。統俟接准部覆，分别辦理，除抄録清單同宗圖册結，及已故世職吴善慶、劉瑞興、向澤膏、朱士林、韓宏勳、張遠翊，各原領敕書一并咨送吏、户、兵各部辦理外，理合會同湖北巡撫臣奎斌、湖北提督臣程文炳恭折具陳，并繕具各世職姓名年貫清單，恭呈御覽。伏乞皇上聖鑒訓示。

再，病故雲騎尉世職劉嘉樾、李定鈞，均未奉頒敕書，應請一并補頒給領。合并陳明。

謹奏。

朱批：該部議奏，單并發。

揀員陞補都司要缺以實營伍折

光緒十五年五月十七日

頭品頂戴湖廣總督臣裕祿跪奏爲揀員陞補都司要缺以實營伍，恭折仰祈聖鑒事。竊准兵部咨湖北漢陽協漢鎮陸路專汛都司胡永發陞任遺缺，係題調之缺，應令照例揀員陞調等因前來。查漢鎮陸路專汛都司一缺，駐扎漢口，地當水陸要衝，巡緝彈壓，極關緊要，非才具干練、情形熟悉之員，難期勝任。臣於湖北省實任都司内，逐加遴選，或缺居緊要，或人地不宜，實無堪調之員，自應照例在於應陞人員内，揀員陞補。查有補用游擊、兩湖盡先補用都司、湖廣督標左營中軍守備高長洪，年四十六歲，湖南善化縣人。由行伍出師軍營，剿賊出力，薦保今職。同治八年，補授湖北襄陽城守營守備。光緒八年，調補湖廣督標左營中軍守備。該員勤明干練，任事實心。現經委署斯缺，巡防深資得力。以之奏請陞補，洵堪勝任。且歷俸已滿三年，核與陞補之例相符。合無仰懇天恩，准以湖廣督標左營中軍守備高長洪，陞補漢陽協漢鎮陸路專汛都司，實於營伍有裨。如蒙俞允，俟部覆至日，給咨送部引見，以符定制。除飭取履歷送部外，謹會同湖北巡撫臣奎斌、湖北提督臣程文炳恭折具陳，伏乞皇上聖鑒訓示。

再，所遺湖廣督標左營中軍守備員缺，係部推之缺。湖北省現有應補人員，容臣另行揀員請補，合并陳明。謹奏。

朱批：兵部議奏。

揀員請補守備員缺以重營伍折

光緒十五年五月十七日

頭品頂戴湖廣總督臣裕禄跪奏爲揀員請補守備員缺以重營伍，恭折仰祈聖鑒事。竊准兵部咨湖北衛昌營中軍守備楊新發勒休遺缺，係題補第二輪第三缺，輪用揀發班内人員，行令照章揀員請補等因，移咨到臣。遵即在於湖北省揀發守備班内，詳加遴選。查有候補守備張開鏞，年四十八歲，湖北沔陽州人。由武舉揀發三等，發回本省，以把總用於同治五年。在京遵籌餉例，報捐營守備，分發湖北試用。蒙兵部帶赴内閣，經欽派王大臣驗放，請旨照例發往。五年七月二十一日覆奏，奉旨：依議。欽此。祇領驗票到省，飭發湖廣督標中營差委。同治六年正月二十四日，到標試用一年期滿，考驗咨部注册，准以守備候補。該員才具明白，辦事穩練。以之擬補斯缺，洵堪勝任。查湖北省揀發補用守備現時在標名次，在張開鏞之前者，尚有王林華、扎拉芬二員，均與此缺人地不宜，未便遷就。擬補張開鏞，雖歸班名次稍後，而在營歷練有年，於該處地方情形甚爲熟悉，且係隔府別營，與例亦屬相符。飭查該員從前并無參革朦捐情弊，合無仰懇天恩俯准，以張開鏞補授湖北衛昌營中軍守備員缺，實於營伍有裨。如蒙俞允，該員係驗放奉旨發往之員，應請邀免送部引見，并懇勅部頒給扎付，以昭遵守。除飭取履歷送部外，謹會同湖北巡撫臣奎斌、湖北提督臣程文炳恭折具陳。伏乞皇上聖鑒訓示。謹奏。

朱批：兵部議奏。

揀員請補守備員缺折

光緒十五年六月十九日

頭品頂戴湖廣總督臣裕禄跪奏爲揀員請補守備員缺，恭折仰祈聖鑒事。竊准兵部咨湖北撫標左營中軍守備伍昺南，病故遺缺，係陸路部推之缺。查上次已用過盡先三人，此次應用期滿武進士，行令照章揀員請補等因，移咨到臣。遵即在於湖北省期滿武進士候補守備班内逐加遴選，查有都司銜湖廣督標中營期滿武進士候補營守備徐思達，年四十歲，江西臨川縣人。由監生中式武舉，同治十年辛未科會試，中式第四十五名武進士。奉旨：以營守備用。欽此。經兵部掣發湖北，收入湖廣督標中營效力。光緒元年六月十二日到標，四年在湖北滇捐局遵例報捐都司銜。六年四月十二日試用五年期滿，造册考驗咨部，經兵部覆准以營守備候補。該員年力强盛，營務熟悉。以之擬補斯缺，洵堪勝任。查現在湖北到標效力期滿武進士名次，在徐思達之前者，祇張國柱一員，丁憂尚未服闋。徐思達現無事，故輪值頂補。且籍隸隔省，與例亦屬相符。合無仰懇天恩俯准，以徐思達補授湖北撫標左營中軍守備，實於營伍有裨。如蒙俞允，該員係由武進士奉旨以營守備分發録用之員，邀免送部引見。除飭取履歷咨部外，謹會同湖北巡撫臣奎斌、湖北提督臣程文炳恭折具陳。伏乞皇上聖鑒。敕部核覆施行。謹奏。

朱批：兵部議奏。

查明光緒十五年正月起至六月底止湖北各縣應行承襲接襲并發標學習各世職開列清單折

光緒十五年九月十五日

頭品頂戴新授盛京將軍湖廣總督臣裕祿跪奏爲查明光緒十五年正月起至六月底止，湖北各縣應行承襲、接襲并發標學習各世職開列清單，恭折具陳仰祈聖鑒事。竊照前准部咨，同治元年二月十六日奉上諭：軍興以來，各省官紳士庶，凡臨陣捐軀、守義殉難者，一經統兵將帥及該地方督撫奏請旌恤，無不立予褒揚。嗣後，著該督撫轉飭各州縣，將應襲職名迅速查取，徑報督撫，毋庸由府司轉詳。予限半年，匯案具奏，以免煩擾。欽此。歷經欽遵匯奏在案。兹自光緒十五年正月起至六月底止，據湖北武昌等縣先後查詳，前來所有請承襲雲騎尉世職、發標學習之駱鳳墀，又請接襲雲騎尉世職、發標學習之邵正啓、易崇儒，又已襲雲騎尉世職、現請發標學習之趙慶元、曾昭敬、謝得玉共六員，均年已及歲。經臣先後驗看，俱屬年力青壯，堪以承襲、接襲并發標學習。又請接襲雲騎尉世職王典謨、邊家齊二名，均年未及歲，亦經查明，與例相符，應請准其接襲。統俟接准部覆，分別辦理。除抄録清單同宗圖册結，及已故世職邊國霖原領敕書一并咨送吏、户、兵各部辦理外，理合會同湖北巡撫臣奎斌、湖北提督臣程文炳恭折具陳，并繕具各世職姓名年貫清單，恭呈御覽。伏乞皇上聖鑒訓示。

再，病故雲騎尉世職易崇熹、王國華，均據聲明并未奉頒勅書，應請一并補頒給領。合并陳明。謹奏。

朱批：該部知道，單并發。

揀員請補游擊員缺以實營伍折

光緒十五年十月二十六日

頭品頂戴新授盛京將軍湖廣總督臣裕禄跪奏爲揀員請補游擊員缺以實營伍，恭折仰祈聖鑒事。竊准兵部咨湖廣督標右營游擊璞玉，陞補湖北撫標中軍參將，遺缺係陸路部推之缺。行令迅揀盡先合例人員請補等因，移咨到臣。查湖廣督標右營游擊員缺，駐扎省城，事務較繁，非精明干練、熟悉營務之員，難期勝任。遵即在於湖北省盡先游擊班内，逐加遴選。查有湖廣督標盡先補用游擊楊龍章，年四十七歲，湖南善化縣人，寄籍湖北襄陽縣，由武童投效軍營，疊次打仗出力，薦保以游擊盡先補用。凱撤回籍，飭發湖廣督標左營差遣，歷署提標宜昌鎮標各營游擊事務，整飭營伍，悉臻妥善。該員年富才明，辦事穩練。以之擬補斯缺，洵堪勝任。伏查部章，請補員缺應以到標人員盡先名次先後爲斷，如人地不宜，以名次在後之員請補。仍將在前之員按名指實。兹按部行官册，湖北省盡先游擊班内，除未經到標人員無從指實外，其已經到標、盡先名次在楊龍章之前者，尚有張有功、汪杏林、李枝宏、鄧啓發、丁體元五員，均距籍在五百里以内，與例不符。穆德明、周義慶二員，與此缺人地不甚相宜，未便遷就。擬補楊龍章，雖盡先名次稍後，而在營歷練有年，且距籍在五百里以外，與例相符。飭查該員前在本省及他省均無參革朦保情弊。合無仰懇天恩俯准，以盡先補用游擊楊龍章，補授湖廣督標右營游擊員缺，實與營伍有裨。如蒙俞允，俟部覆至日，給咨送部引見，以符定制。除飭取履歷咨部外，謹會同湖北巡撫臣奎斌、湖北提督臣程文炳恭折具陳。伏乞皇上聖鑒訓示。謹奏。

朱批：兵部議奏。

都司因瘋自戕查明并無别故折

光緒十五年十一月初二日

頭品頂戴新授盛京將軍湖廣總督臣裕禄、頭品頂戴湖北巡撫臣奎斌跪奏爲都司因瘋自戕查明并無别故，恭折奏祈聖鑒事。竊據湖北黄州協副將陳樹勳禀，據蘄州營把總熊光福報稱，該營都司鄭承第，於光緒十五年八月二十三日早，陡發瘋狂病症，用刀砍傷其妻女，并自戕咽喉，在營弁兵趕救不及，報經蘄州知州查驗醫調，詎鄭承第傷重，即於是夜身死。并據代理蘄州知州畢大琛，將查驗緣由填格録供，禀報前來。臣等以案關職官自戕，據稱因瘋所致，是否屬實，有無别故，當即批司委員前往確查。經湖北按察使覺羅成允派委候補知府韓鑒馳赴蘄州，會同該代理知州畢大琛，提集該都司丁屬，及在營當差弁兵人等，逐一研訊，據供該都司鄭承第，由藍翎侍衛選補蘄州營都司，於光緒七年六月初九日到任。其妻王氏及幼女小壽均隨任所，該都司因素習勞苦，本年六月間偶患痰厥，病症隨即醫痊，照常辦公。詎於八月二十日精神恍惚，語言失措，似有痰迷形狀。正擬勸其請假延醫診治，不料是月二十三日早，痰迷轉甚，陡發瘋狂，持刀亂舞，砍傷其女小壽發際、其妻王氏左頷頦、左右手背等處，并用刀自戕咽喉，倒地。在營弁兵聞聲趕救無及，該都司傷重，延至是夜身死。經代理蘄州知州畢大琛查驗訊供稟報，現復提集該都司丁屬及在營弁兵人等，逐加研訊，僉供該都司自戕身死，實由一時瘋發所致。該委員明察暗訪，所言情形均屬相同，委無別故。取具該丁屬人等供結，稟由臬司核轉到臣。查例載武職守備以上，如有自盡之案，該督撫專折奏聞等語。此案蘄州營都司鄭承第自戕身死，現據委員確查，并提集丁屬弁兵，逐加研訊，僉供實由一時瘋發所致，并無別故。該丁屬弁兵人等因值倉猝之間，不及防範，尚無不合，均應毋庸置議。屍棺飭領埋葬，丁屬省釋。所有查明蘄州營都司鄭承第因瘋自戕緣由，理合會同湖北提督臣程文炳恭折具奏。伏乞皇上聖鑒。再，湖北蘄州營都司係陸路部推之缺，湖北現有應補人員，應請留外揀補。合并陳明。謹奏。

朱批：該部知道。

湖北省各標鎮協營原額增添裁汰缺額兵丁馬匹戰船各數目仍暫照案改題爲奏折

光緒十五年十二月初九日

湖廣總督臣張之洞跪奏爲湖北省各標鎮協營原額增添，裁汰缺額，兵丁、馬匹、戰船各數目仍暫照案改題爲奏，恭折仰祈聖鑒事。竊查接管卷内，前准部咨，各省經制原額調撥，裁汰安塘駐防缺額，實在兵丁、馬匹數目，應每年造册送部查核匯題，并酌定簡明册式頒發照造等因。湖北自兵燹後，各營馬匹，年額倒斃，例由朋銀買補者，因餉干積欠未發，尚未添補足額。其額設戰船亦均被毁無存，歷經具奏，將前項數目，暫請改題爲奏在案。兹據湖北布政使調補臺灣布政使蒯德標詳稱，湖北督標、撫標、提標，鄖陽鎮、宜昌鎮，漢陽、黄州、竹山、施南各協，武昌、荆州、襄陽、鄖陽各城守，興國、德安、均光、荆門、遠安、衛昌、蘄州、安陸、宜都、荆州堤防二十三標鎮協營，自道光二十二年酌辦崇陽善後事宜，及咸豐八年酌議裁馬改步之後，舊設經制原額調撥，裁汰安塘駐防缺額，兵丁二萬五百五名，營馬二千二百二十三匹，船九十七隻，内咸豐九年抽撤陸營兵丁備撥長江水師暨同治八、九年先後裁撤漢陽、荆州水師，武昌城守黄州協道士洑等營兵二千一百五十七名，馬二百一十八匹。又於光緒十一年奉文裁兵節餉案，内裁兵二千九百二十一名，馬二百八十一匹，現在實存營兵一萬五千四百二十七名，内馬戰兵一千四百八十七名，步兵四千二百九十八名，守兵九千六百四十二名，又馬步額外外委二百四十九員，共計一萬五千六百七十六員名，騎操馬一千七百二十四匹，内經制外委馬一百三十匹，額外外委馬一百七匹，兵丁馬一千四百八十七匹。據各該營遵照部頒册式，分晰造具，光緒十五年清册由司匯造總册聲明，年額倒斃馬匹，仍因餉干積欠未發，尚未添補足額，以及被毁戰船，應俟庫款充裕，分别籌補齊全，方可循例題報。請仍照案改題爲奏等情前來，前任督臣裕禄未及核辦，旋即卸事，移交到臣。覆核無異，除將各册送部外，謹會同湖北巡撫臣奎斌、湖北提督臣程文炳恭折具奏。伏祈皇上聖鑒。謹奏。

朱批：該部知道。

湖北各營損失軍械尚未一律補製足額請將年例盤查仍行展緩題報以昭核實折

光緒十五年十二月初十日

湖廣總督臣張之洞跪奏爲湖北各營損失軍械尚未一律補製足額，請將年例盤查仍行展緩題報以昭核實，仰祈聖鑒事。竊照湖北各標鎮協營軍火、器械、戰船、馬匹等項，例應每年十月委員盤查造具册結，於封印前具題。惟自軍興以來，武漢等府前次屢被賊擾，各營軍械毁失居多，即未被擾之處，先後征調出師，遺失損壞，所存無幾。已責成各營於補領積欠俸餉内，督飭該兵丁自行陸續賠補，曾經奏明。俟各營補足原額，再行循例具題在案。兹查各營軍械，毁失動缺者多，祇以鄂省近年奉撥協餉，以及工賑經費等項，需用浩繁，庫款益形支絀。而緑營積欠俸餉，又准部咨停給，以致原失軍械，難以補製齊全。現届光緒十五年盤查具題之期，經前督臣裕禄委員逐一查驗，現存軍械均屬堅利合用。其未經補製各件，應俟庫款充裕，補發欠餉，添製齊全，再行循例造册具題，以昭核實。據湖北布政使調補福建、臺灣布政使蒯德標詳情具奏前來。臣覆核無異，除咨部外，謹會同湖北巡撫臣奎斌、湖北提督臣程文炳恭折具陳。伏祈皇上聖鑒。謹奏。

朱批：兵部知道。

總兵丁憂開缺請旨迅賜簡放以重職守折

光緒十五年十二月十八日

湖廣總督臣張之洞跪奏爲總兵丁憂開缺請旨迅賜簡放以重職守，恭折仰祈聖鑒事。

竊據湖北宜昌鎮總兵羅縉紳呈報，親母周氏於光緒十五年十一月二十六日在宜昌鎮任所病故，該總兵係屬親子，例應丁憂，呈請題報開缺前來。查該鎮界連四川，爲全楚上游門户，兼係通商口岸，控制巡防員缺緊要，相應請旨，迅賜簡放，以重職守。謹會同湖北巡撫臣奎斌、湖北提督臣程文炳恭折具陳。伏祈皇上聖鑒。謹奏。

朱批：另有旨。

總兵因病出缺請旨迅賜簡放并先行揀員接署折

光緒十六年正月初四日

湖廣總督臣張之洞跪奏爲總兵因病出缺請旨迅賜簡放并先行揀員接署，恭折仰祈聖鑒事。竊據湖北鄖陽鎮標中軍游擊胡永發呈報，鄖陽鎮總兵龔繼昌，前在軍營打仗，屢受重傷，時發時愈。兹因感冒風寒，觸發傷疾甚重，醫藥罔效，於光緒十五年十二月十九日，因病出缺。該游擊謹將總兵關防封固收存，禀請奏報開缺，并委員接署等情前來。臣查鄖陽地方界連秦、豫，山川險要，俗悍民强，彈壓巡防，責任綦重，自應先行委員接署。查有漢陽協副將樊國泰，營務老練，辦事明爽，堪以署理。除檄飭遵照外，所遺湖北鄖陽鎮總兵員缺緊要，相應請旨，迅賜簡放，以重職守。謹會同湖北巡撫臣奎斌、湖北提督臣程文炳恭折具奏。伏祈皇上聖鑒。謹奏。

朱批：另有旨。

再，恭查乾隆六十年二月十三日，内閣奉上諭：　各省甄别千總儻實無可劾之員，准其聲明緣由，據實具奏。欽此。經部議奏，嗣後各省年終匯咨報部時，如該省果無衰庸戀棧，應行甄别之處，令該督撫等將無可劾參緣由具奏等因。奉旨：　依議。欽此。欽遵在案。兹屆光緒十五年年終匯咨報部之期，查湖北省每年應甄别千總二員。經前督臣裕禄咨行撫提暨鎮協各營，查覆現任實缺千總，均堪供職，尚無應劾之弁。除仍由臣隨時訪查，如有庸劣不職，即行參革，并湖南省應行甄别千總循例咨報外，所有光緒十五年湖北省各標營查無應劾千總緣由。謹會同湖北提督臣程文炳附片具陳。伏祈聖鑒。敕部查照施行。謹奏。

朱批：　兵部知道。

查明光緒十五年七月起至十二月底止湖北各縣應行承襲接襲并發標學習及改作文生應試各世職開列清單折

光緒十六年閏二月初四日

湖廣總督臣張之洞跪奏爲查明光緒十五年七月起至十二月底止，湖北各縣應行承襲、接襲并發標學習及改作文生應試各世職開列清單，恭折具陳仰祈聖鑒事。竊照前准部咨，同治元年二月十六日奉上諭：軍興以來，各省官紳士庶，凡臨陣捐軀、守義殉難者，一經統兵將帥及該地方督撫奏請旌恤，無不立予褒揚。嗣後，著該督撫轉飭各州縣，將應襲職名迅速查取，徑報督撫，毋庸由府司轉詳，予限半年，匯案具奏，以免煩擾。欽此。歷經欽遵，匯奏在案。兹自光緒十五年七月起至十二月底止，據湖北黄岡等縣先後查詳前來，所有請承襲雲騎尉世職、發標學習之胡孚顯、王澤遠、邢建烈、黄鴻陞，又請接襲雲騎尉世職、發標學習之蕭會章、胡傳先，又已襲雲騎尉世職、現請發標學習之葉鳳鳴、黄秉鈞，又已襲雲騎尉世職、請改作文生應試之舒直亨共九員，均年已及歲。經前督臣裕禄暨臣先後驗看，俱屬年力精壯，堪以承襲、接襲并發標學習，及改作文生應試。又請承襲雲騎尉世職邢建潢，又請接襲雲騎尉世職趙炳林、周炳文、陳有慶共四名，均年未及歲。亦經查明，與例相符，應請准其承襲、接襲，統俟接准部覆，分别辦理。除抄録清單同宗圖册結，及已故世職蕭修文、胡獻瑞，各原領敕書一并咨送吏、户、兵各部辦理外，理合會同新授察哈爾都統、湖北巡撫臣奎斌、湖北提督臣程文炳恭折具奏，并繕具各世職姓名年貫清單，恭呈御覽。

再，已故世職趙揚春、周恩澍、陳壽鵬均據聲明并未奉頒敕書，應請一并補頒給領。合并陳明，伏祈皇上聖鑒訓示。謹奏。

朱批：兵部議奏，單并發。

揀員陞補副將要缺以實營伍折

光緒十六年五月十五日

湖廣總督臣張之洞跪奏爲揀員陞補副將要缺以實營伍，恭折仰祈聖鑒事。竊查前准兵部咨，湖北施南協副將張言和開缺撤省察看遺缺，係題調之缺，應令照例於湖北省現任人員内揀員陞調，以符定制等因。臣查湖北省現任副將四員，督標中軍副將蔣澤斌、漢陽協副將樊國泰、黄州協副將陳樹勳、竹山協副將文漢章，或缺居緊要，或人地不宜，實無可調之員。自應照例在於應陞人員内揀員陞補。查有湖北興國營參將熊朝鑒，年五十九歲，湖南鳳凰直隸廳人。由行伍奉調出師，叠著戰功，歷保盡先參將。同治七年，補授湖南保靖營參將。九年四月二十五日到任，因籍隸本省，例應回避，調補湖北興國營參將。光緒元年七月初二日任事，嗣届俸滿於三年，二月内赴部引見。奉旨：照例回任。該員老成諳練，勇干樸誠。以之陞補斯缺，洵堪勝任。且歷俸早滿二年，核與陞補之例相符。合無仰懇天恩，俯念員缺緊要，准以興國營參將熊朝鑒陞補湖北施南協副將，實於地方營伍有裨。如蒙俞允，俟部覆至日，給咨送部引見，以符定制。除飭取該員履歷咨部外，其所遺湖北興國營參將員缺，係部推之缺，湖北省現有應補人員，容俟接准部覆，由臣另行揀員請補。謹會同湖北巡撫臣譚繼洵、湖北提督臣程文炳恭折具陳。伏祈皇上聖鑒。謹奏。

朱批：兵部議奏。

湖廣總督張之洞湖北提督程文炳片

光緒十六年十二月初十日

再，恭查乾隆六十年二月十三日，内閣奉上諭：各省甄别千總儻實無可劾之員，准其聲明緣由，據實具奏。欽此。經部議奏，嗣後各省年終匯咨報部時，如該省果無衰庸戀棧、應行甄別之處，令該督撫等將無可劾參緣由具奏等因。奉旨：依議。欽此。欽遵在案。兹届光緒十六年，應行匯咨報部之期，查湖北省每年應甄別千總二員。經臣咨行撫提暨鎮協各營，查覆現任實缺千總，均堪供職，尚無應劾之弁。除仍由臣隨時訪查，如有庸劣不職，即行參革。并湖南省應行甄別千總循例咨報外，所有光緒十六年，湖北省各標營查無應劾千總緣由。謹會同湖北提督臣程文炳附片具陳。伏祈聖鑒。飭部查照施行。謹奏。

朱批：兵部知道。

湖北各營損失軍械尚未一律補製足額請將年例盤查仍行展緩題報以昭核實折

光緒十六年十二月初十日

湖廣總督臣張之洞跪奏爲湖北各營損失軍械尚未一律補製足額，請將年例盤查仍行展緩題報以昭核實，仰祈聖鑒事。竊照湖北各標鎮協營軍火、器械、戰船、馬匹等項，例應每年十月委員盤查，造具册結，於封印前具題。惟自軍興以來，武漢等府前次屢被賊擾，各營軍械毁失居多，即未被擾之處，先後征調出師，遺失損壞，所存無幾。已責成各營於補領積欠俸餉内，督飭該兵丁自行陸續賠補，曾經奏明。俟各營補足原額，再行循例，具題在案。兹查各營軍械，毁失動缺者，多祇以鄂省近年奉撥協餉以及工賑經費等項，需用浩繁，庫款益形支絀。而緑營積欠俸餉，又准部咨停給，以致原失軍械，難以補製齊全。現届光緒十六年盤查具題之期，經臣委員逐一查驗，現存軍械尚屬堅利合用。其未經補製各件，應俟庫款充裕，補發欠餉，添製齊全，再行循例造册具題，以昭核實。據署湖北布政使陳寶箴詳請具奏前來。臣覆核無異。除咨部外，謹會同湖北巡撫臣譚繼洵、湖北提督臣程文炳恭折具陳，伏祈皇上聖鑒。謹奏。

朱批：兵部知道。

三省會哨事竣邊界静謐折

光緒十六年十二月初十日

湖廣總督臣張之洞跪奏爲三省會哨事竣邊界静謐，恭折仰祈聖鑒事。竊照湖北鄖陽、宜昌、施南等府，界連四川、陝西兩省，山深林密，最易藏奸。向係責成鄖陽、宜昌二鎮，於每年農隙時，酌帶兵丁，各赴邊界地方，與四川、陝西各鎮協總兵、副將會同巡哨，年底專折奏報，歷經遵辦在案。今届光緒十六年會哨之際，經臣照案咨會四川、陝西兩省督撫，并分飭湖北鄖陽、宜昌二鎮總兵，各赴邊界地方認真會哨去後。兹據署湖北鄖陽鎮總兵樊國泰呈報，於本年十月初十日行抵陝西、湖北交界之蓮花寺，與陝西陝安鎮總兵姚文廣覿面會哨。又據署湖北宜昌鎮總兵羅縉紳呈報，於本年十月二十五日行抵四川、湖北交界之火峰界嶺，與四川夔州協副將志山覿面會哨。并據該鎮等聲稱，查看沿途地方及邊界鄉村，均極静謐，并無匪徒混跡等情前來。臣查湖北鄖陽、宜昌、施南等府邊界，層巒叠嶂，道路紛歧，匪徒出没無常，禁暴詰奸，不容稍懈。且時在冬防，巡緝尤當嚴密。除仍飭各該鎮暨地方文武員弁隨時督率兵役，認真巡防外，所有本年三省會哨事竣，邊界静謐情形，謹會同湖北提督臣程文炳循例恭折具奏，仰慰宸廑。伏祈皇上聖鑒。謹奏。

朱批：知道了。

湖北提督程文炳片

光緒十六年十二月

再，據統領鄂防淮軍武毅營記名提督宋德鴻呈稱，同治元年委帶松字後營，隨剿蘇、皖、閩、浙等省發髮逆。六年，改爲武毅後軍中營并統中、左、右三營，追剿直、東、豫等省捻逆，前後七年，隨克數十城，大小數百戰。歷次陣亡、傷亡員弁勇丁甚多。其尤慘者三年四月，圍攻常州府，於南門外搶搭浮橋，炮彈如雨，前者僵僕，後者繼進。橋成而渡，遂克堅城。七年正月，在直隸南鎮塘遇賊接仗，晝夜窮追，裹創血戰。此二役論功最偉，死事亦最烈。事定以後，擬爲該故員等呈請奏恤，而營中文卷不全，無從造具履歷清册，未敢瀆請。光緒六年，接統湖北省防武毅軍，該軍自同治九年由直調鄂，先駐河口，繼移襄樊，再調省防。十年以來，各弁勇等或因傷發，或因積勞病故，現查前後陣亡、傷亡各員，自總兵吴恒勝、楊祺明、紹才，副將陳錦標、劉明端，以及將備弁勇共計一千四百餘名，均未經呈懇奏恤。既未邀恩奬之榮，并莫爲馨香之報，國殤毅魄，無所憑依。兹擬自行捐資，在湖北漢陽府西門外購基建祠，以申報享。懇爲奏請敕部列入祀典等情前來。臣維原任直隸提督郭松林先募松字營，後改武毅軍，隨臣轉戰南北。於剿辦髮、捻各逆，無役不從，號爲精鋭。

其時江東諸郡，髪酋城守之固；　畿南各省，捻股竄突之悍；　將士攻堅逐北，其最稱敢戰者，傷亡亦最多。宋德鴻係郭松林所部驍將，所陳情形，實爲臣當時身親目驗者。軍務方急，未及一一詳核。奏乞恩施，事過時平，彌足憫念。查蘇州各處俱有淮軍昭忠祠，臺灣有銘武軍祠，均經先後奏奉諭旨，列入祀典，由地方官春秋致祭在案。武毅一軍從征最久，調防湖北亦二十年。如郭松林、李長樂，并以該軍統領歷任湖北提督，卓著勳績，爲時名將。至今所部無多，猶爲鄂防勁旅。宋德鴻擬於該省建祠列祀，不惟追慰逝者，尤足激勵方來。合無仰懇天恩，俯准該提督自行建祠，以祀歷次陣亡、傷亡員弁兵丁。并照臺灣銘武軍建祠之例，由地方官春秋致祭，以彰義烈。出自逾格慈施，如蒙俞允，再由臣咨行湖北督撫臣知照。理合附片陳請。伏乞聖鑒訓示。謹奏。

朱批：著照所請，該部知道。

再，前准兵部咨湖北漢陽協中軍守備任學乾病故，遺缺係陸路部推之缺。該省已用過盡先三人、武進士一人。此次應用期滿差官人員，行令照章揀員請補等因。臣當即在分發湖北省期滿差官盡先守備班内詳加遴選。查有湖北撫標左營期滿差官、盡先守備史佐清，年四十四歲，山東壽光縣人。由武舉會試未第，在部掣定正用差官。光緒二年三月初八日，充補差官，丙子、丁丑兩科會試不告假，免差六個月。三年期滿，經兵部帶領引見，奉旨：以營守備用。續經留差一年，呈請指分湖北，免其試用，以營守備盡先即補，收入湖北撫標左營差遣，於光緒七年四月初二日到營，歷經委署遠安、宜昌等營守備，各事務均無貽誤。該員年壯才明，操防勤奮。以之擬補斯缺，洵堪勝任。查部定章程，期滿差官請補員缺應按到標先後爲序。今史佐清分發到標名次在前，現無事故，且籍隸隔省，與例相符。合無仰懇天恩俯准，以史佐清補授湖北漢陽協中軍守備，實於營伍有裨。如蒙俞允，該員係期滿差官分發之員，邀免送部引見。除飭取履歷咨部外，謹會同湖北巡撫臣譚繼洵、湖北提督臣程文炳附片具陳。伏祈聖鑒。敕部核覆施行。謹奏。

朱批：兵部議奏。

查明光緒十六年七月起至十二月底止湖北各州縣應行承襲接襲兼襲并發標學習及改作文生應試各世職折 光緒十七年五月十一日

湖廣總督臣張之洞跪奏爲查明光緒十六年七月起至十二月底止，湖北各州縣應行承襲、接襲、兼襲并發標學習及改作文生應試各世職，恭折奏陳仰祈聖鑒事。竊照前准部咨，同治元年二月十六日奉上諭：軍興以來，各省官紳士庶，凡臨陣捐軀、守義殉難者，一經統兵將帥及該地方督撫奏請旌恤，無不立予褒揚。嗣後，著該督撫轉飭各州縣，將應襲職名迅速查取，徑報督撫，毋庸由府司轉詳。予限半年，匯案具奏，以免煩擾。欽此。歷經欽遵，匯奏在案。兹自光緒十六年七月起至十二月底止，據湖北黄岡等州縣先後查詳，前來所有請承襲雲騎尉世職、發標學習之周鵬翥、吴士豐、孫玉珩、姚錦湘，又請接襲雲騎尉世職賀承恩、陳敬熙、羅進賢、王慶槐、彭占元，又請兼襲雲騎尉世職劉清安、梅植，又已襲雲騎尉世職、現請發標學習之洪良貞，又請承襲雲騎尉世職、改作文生應試之舒承恩，共十三員，均年已及歲。經臣先後驗看，俱屬年力精壯，堪以承襲、接襲、兼襲并發標學習及改作文生應試。又請承襲雲騎尉世職傅景榮、又請接襲雲騎尉世職張邦富、劉振鐸、郁學源、黄積厚共五名，均年未及歲。亦經查明，與例相符。應請准其承襲、接襲，統俟接准部覆，分別辦理。除抄録清單同宗圖册結，及已故世職羅繼緒、張安福、郁有惠各原領敕書一并咨送吏、户、兵各部辦理外，查已故雲騎尉世職賀家忠、陳慶清、王家瑛、彭國棟、梅雄飛、劉玉喜均未奉頒敕書，應請一并補頒給領。合并陳明。理合會同湖北巡撫臣譚繼洵、湖北提督臣程文炳恭折具陳，并繕具各世職姓名年貫清單，恭呈御覽。伏祈皇上聖鑒。謹奏。

朱批：該部議奏，單并發。

再，前准兵部咨湖北施南協中軍都司德亮病故，遺缺係陸路題補第一輪第四缺，應用盡先人員，行令照章揀員請補等因。查施南協中軍都司駐扎施南府城，地處邊陲，巡防彈壓，均關緊要，非精明强干之員，難期勝任。臣在於湖北省盡先都司班内逐加遴選，查有游擊銜盡先補用都司趙金棠，年五十七歲，湖北鄖縣人。由行伍出師軍營，剿賊著績，歷保盡先守備。嗣於克復安徽霍邱縣案内，經前兩江督臣曾國藩保奏，以都司盡先補用，加游擊銜。同治元年十二月十九日，奉旨允准在案。嗣經遣撤回籍，收入鄖陽鎮標中營差遣。該員老練勤能，勞績久著。以之擬補斯缺，洵堪勝任。且距籍在五百里以外，與例相符。飭查本省及他省均無參革朦保情弊。查部行章程，請補盡先班次，如聲叙人地不宜，至多不得過二十員。茲按部册確查，盡先名次在趙金棠之前者，僅有高洪陞一員，與此缺人地不甚相宜，未便遷就。擬補趙金棠，雖名次稍後，而在營歷練有年，於邊境情形尤爲熟悉。合無仰懇天恩，俯念員缺緊要，准以盡先都司趙金棠補授湖北施南協中軍都司，實於營伍有裨。如蒙俞允，俟部覆到日，給咨送部引見，以符定制。除飭取該員履歷咨部外，謹會同湖北巡撫臣譚繼洵、湖北提督臣程文炳附片具陳。伏祈聖鑒，敕部核覆施行。謹奏。

朱批：兵部議奏。

再，查湖北施南協中軍都司德亮，係由施南協右營守備陞補都司，因未赴部引見，尚未開除守備底缺，旋即病故。所遺施南協右營守備員缺，前准兵部咨，係陸路題補第二輪第四缺，應用盡先人員，行令揀員請補等因。查施南協右營守備，駐扎利川縣，屬忠路汛，界連川省，萬山叢雜，最易藏奸，非精明干練之員，難期勝任。臣在於湖北盡先守備班内，詳加遴選，查有都司銜、盡先補用守備李國明，年四十九歲，湖北漢陽縣人。由武童投效軍營，在湖北、安徽等省打仗出力，歷保千總。嗣於克復雲夢、應城案内，經前署湖廣督臣李瀚章奏保，以守備盡先補用，加都司銜。同治六年十月初三日，奉旨允准在案。嗣經遣撤回籍，收入漢陽協營差遣。該員明白干練，久歷戎行。以之擬補斯缺，洵堪勝任。飭查本省及他省，均無參革朦保情弊。查部行章程，請補盡先班次，如聲叙人地不宜，至多不得過二十員。兹按部册確查，在李國明之前者，尚有劉春發、何如龍、徐才楚、馬福、張廷偉、徐明仁、王佐賢、高永錫、孟飛熊、段福田、胡得勝、易發家、閔文成、鄭家成、張文貴等十五員，除何如龍因案刻降，易發家已改湖南撫標候補外，其餘各員均屬人地不宜，未便遷就擬補，致滋貽誤。李國明雖盡先名次在後，而營務諳練，熟悉邊情，實在人地相需。合無仰懇天恩，俯念員缺緊要，准以盡先守備李國明補授湖北施南協右營守備，實於營伍有裨。如蒙俞允，俟部覆到日，給咨送部引見，以符定制。除飭取該員履歷咨部外，謹會同湖北巡撫臣譚繼洵、湖北提督臣程文炳附片具陳。伏祈聖鑒，敕部核覆施行。謹奏。

朱批：兵部議奏。

揀員請補游擊員缺以實營伍折

光緒十七年八月二十一日

湖廣總督臣張之洞跪奏爲揀員請補游擊員缺以實營伍，恭折仰祈聖鑒事。竊准兵部咨湖北撫標右營游擊赫成額病故，遺缺係陸路部推之缺，應用盡先人員，行令迅即照章揀員請補等因。查湖北撫標右營游擊員缺，駐扎省垣，事務較繁，非精明干練、熟悉營務之員，難期勝任。臣即在於湖北省盡先游擊班内逐加遴選，查有湖廣督標盡先補用游擊汪杏林，年五十二歲，湖北羅田縣人，由武童投效本省軍營，迭次在楚、皖邊界打仗出力，歷保花翎、都司銜盡先守備，嗣於肅清皖境案内，經前安徽撫臣喬松年保奏，以游擊盡先補用。同治四年五月初四日，奉旨允准在案。嗣經遣撤回籍，收入湖廣督標中營差遣。該員老成干練，勞績素優。以之擬補斯缺，洵堪勝任。查部定章程，請補盡先班次，如係聲叙人地不宜，至多不得過二十員。兹按部册確查，盡先名次在汪杏林之前者，僅有張有功一員，與此缺實不相宜，未便遷就擬補，致滋貽誤。汪杏林雖名次稍後，而在營歷練有年，情形熟悉。合無仰懇天恩，俯念員缺緊要，准以盡先游擊汪杏林補授湖北撫標右營游擊，實於營伍有裨。如蒙俞允，俟部覆到日，給咨赴部引見。

再，撫標右營距該員羅田原籍在五百里以内，惟查盡先册前二十名内，籍隸五百里外者僅有三人，皆在該員之後，其人材勞績，亦遠遜於該員，未便遷就請補。應俟准補後再行奏明對調，以符定制。除飭取該員履歷送部外，謹會同湖北巡撫臣譚繼洵、湖北提督臣程文炳恭折具陳。伏祈皇上聖鑒，敕部核覆施行。謹奏。

朱批：兵部議奏。

揀員借補守備要缺以重營伍折

光緒十七年十一月初三日

湖廣總督臣張之洞跪奏爲揀員借補守備要缺以重營伍，恭折仰祈聖鑒事。竊准兵部咨湖廣督標左營中軍守備高長洪陞任，遺缺係陸路部推之缺，應用盡先人員，行令照章請補等因。查斯缺駐扎省垣，事務殷繁，操防緊要，非精明干練、熟悉地方情形之員難期勝任。臣當即在湖北省盡先守備班内詳加遴選，或於地方情形不熟，或人地不甚相宜，或營務尚待練習，均未便遷就擬補，致滋貽誤。伏查部定章程，武職借補，即在盡先班次之内等語。嗣於光緒十三年十二月内，准兵部咨奏，請展各省借補限期章程内，開擬請展緩五年。凡提鎮以下人員，准其通融借補，五年之後再行奏請停止各等語。茲盡先守備既不得其人，自應照章揀員借補，以期得力。查有花翎、盡先都司督標左營左哨千總陳士恒，年四十六歲，湖北江夏縣人。由行伍遞拔千總，嗣因新疆南路一舉蕩平，在事出力，經前大學士、陝甘總督臣左宗棠保奏，光緒六年正月三十日，奉上諭：千總陳士恒著以守備補用。欽此。旋因伊犂委員在鄂採辦寒衣軍裝等件，委令解赴新疆大營，於收還伊犂勦辦竄匪案内出力，經前幫辦新疆軍務、伊犂將軍金順保奏補用守備，陳士恒請免補守備，以都司盡先即補并賞戴花翎。光緒十一年二月初一日，奉旨：著照所請獎勵。欽此。又准兵部咨，於光緒十二年六月初七日核准覆奏，奉旨允准在案。光緒十三年俸滿，初次甄别并案引見，回任候陞。該員材力精壯，任事勤能。現署該營守備，經理錢糧，訓練操防，極爲認真。以之借補守備，洵堪勝任。核與借補限制亦屬相符，飭查前在本省及他省，均無參革朦保情弊。合無仰懇天恩，俯念員缺緊要，准以陳士恒借補湖廣督標左營中軍守備，實與地方營伍均有裨益。如蒙俞允，俟部覆到日，給咨送部引見。

再，查定例，守備遇陞補時，係本府、本營，仍行陞補，於現任合例人員，揀選對調。該員籍隸本府，應俟准補後再行奏明對調，以符定制。除飭取該員履歷咨部外，謹會同湖北巡撫臣譚繼洵、湖北提督臣程文炳恭折具陳。伏祈皇上聖鑒，敕部核覆施行。謹奏。

朱批：兵部議奏。

再，臣於上年春間附片奏請將記名提督陶定陞、熊鐵生二員調赴湖北差委。奉朱批：該省現無軍務，著毋庸調往。欽此。欽遵在案。伏查湖北爲南北水陸要衝，兹當教案、會匪巡防吃重之際，業經臣奏請添募勇丁兩營，共一千人。奉旨允准在案。查此項新增營勇，非得知兵宿將，不足以任統率而資控馭。查湖北省差委之記名提鎮，本屬無多，其材器威望，卓然出色者，尤爲罕見，統將之選，實難其人。再四思維，查記名提督熊鐵生，謀勇兼優，威望素著。上年六月丁憂在湖南原籍，現已在一年之外，惟有籲懇天恩，俯念鄂省地方緊要，統將需人，准將該提督調赴湖北差委，實於地方營務大有裨益。如蒙俞允，出自逾格鴻慈。謹附片具奏。伏祈聖鑒。謹奏。

朱批：著照所請，該部知道。

三省會哨事竣邊界静謐折

光緒十七年十二月初七日

湖廣總督臣張之洞跪奏爲三省會哨事竣邊界静謐，恭折仰祈聖鑒事。竊照湖北鄖陽、宜昌、施南等府，界連四川、陝西兩省，山深林密，最易藏奸。向係責成鄖陽、宜昌二鎮，於每年農隙時，酌帶兵丁，各赴邊界地方與四川、陝西各鎮協總兵、副將，會同巡哨，年底專折奏報。歷經遵辦在案，今届光緒十七年會哨之際，經臣照案咨會四川、陝西兩省督撫，并分飭湖北鄖陽、宜昌二鎮總兵，各赴邊界地方，認真會哨去後。兹據署湖北鄖陽鎮總兵文漢章呈報，於本年十月十二日行抵陝、楚交界之蓮花寺，與陝西陝安鎮總兵姚文廣見面會哨。又據署湖北宜昌鎮總兵羅縉紳呈報，於本年十月二十五日行抵川、楚交界之火峰界嶺，與四川川北鎮總兵鄧全勝見面會哨。并據該鎮等聲稱，所過地方及沿邊一帶，均極静謐，并無匪徒混跡等情前來。臣查湖北鄖陽、宜昌、施南等府，邊界層巒叠嶂，道路紛歧，匪徒出没靡常，禁暴詰奸，不容稍懈。且時在冬防，巡緝尤當嚴密。除仍飭各該鎮暨地方文武員弁，隨時督率兵役，認真巡防外，所有本年三省會哨事竣、邊界静謐情形，謹會同湖北提督臣程文炳循例恭折具奏，仰慰宸廑。伏乞皇上聖鑒。謹奏。

朱批：知道了。

湖北各營損失軍械尚未一律補製足額請將年例盤查仍行展緩題報以昭核實折

光緒十七年十二月初九日

湖廣總督臣張之洞跪奏爲湖北各營損失軍械尚未一律補製足額，請將年例盤查仍行展緩題報以昭核實，仰祈聖鑒事。竊照湖北各標鎮協營軍火、器械、戰船、馬匹等項，例應每年十月委員盤查，造具册結，於封印前具題。惟自軍興以來，武漢等府前次屢被賊擾，各營軍械毁失居多。即未被擾之處，先後征調出師，遺失損壞，所存無幾。已責成各營於補領積欠俸餉内，督飭該兵丁自行陸續賠補，曾經奏明。俟各營補足原額，再行循例具題在案。兹查各營軍械毁失動缺者多，尚未能補足。秖以鄂省近年協濟外省軍餉，需用浩繁，庫款益形支絀，而緑營積欠俸餉，又准部咨停給。以致原失軍械難以補製齊全。現届光緒十七年盤查具題之期，經臣委員逐一查驗，現存軍械尚屬堅利合用。其未經補製各件，應俟庫款充裕，補發欠餉，添製齊全，再行循例造册具題，以昭核實。據湖北布政使王之春詳請具奏前來。臣覆核無異，除咨部外，謹會同湖北巡撫臣譚繼洵、湖北提督臣程文炳恭折具陳。伏乞皇上聖鑒。謹奏。

朱批：著照所請，該部知道。

湖北省各標鎮協營原額增添裁汰缺額兵丁馬匹戰船各數目仍暫照案改題爲奏折

光緒十七年十二月初九日

湖廣總督臣張之洞跪奏爲湖北省各標鎮協營原額增添裁汰缺額兵丁、馬匹、戰船各數目仍暫照案改題爲奏，恭折仰祈聖鑒事。竊查前准部咨，各省經制原額調撥裁汰，安塘駐防缺額，實在兵丁、馬匹數目，應每年造册送部查核匯題，并酌定簡明册式頒發照造等因。湖北自兵燹後，各營馬匹年額倒斃，例由朋銀買補者，因餉干積欠未發，尚未添補足額，其額設戰船亦均被毁無存。歷經具奏，將前項數目暫請改題爲奏在案。兹據湖北布政使王之春詳稱，湖北督標、撫標、提標，鄖陽鎮、宜昌鎮、漢陽、黄州、竹山、施南各協，武昌、荆州、襄陽、鄖陽各城守，興國、德安、均光、荆門、遠安、衛昌、蘄州、安陸、宜都、荆州堤坊二十三標鎮協營，自道光二十二年酌辦崇陽善後事宜，及咸豐八年酌議裁馬改步之後，舊設經制原額調撥裁汰，安塘駐防缺額兵丁二萬五百五名，營馬二千二百二十三匹，船九十七隻，内咸豐九年抽撤陸營兵丁，備撥長江水師暨同治八、九年先後裁撤漢陽、荆州水師，武昌城守，黄州協道士洑等營兵二千一百五十七名，馬二百一十八匹。又於光緒十一年奉文裁兵節餉案内，裁兵二千九百二十一名，馬二百八十一匹。現在實存營兵一萬五千四百二十七名，内馬戰兵一千四百八十七名，步兵四千二百九十八名，守兵九千六百四十二名。又馬步額外外委二百四十九員，共計一萬五千六百七十六員名，騎操馬一千七百二十四匹，内經制外委馬一百三十四匹，額外外委馬一百七匹，兵丁馬一千四百八十七匹。據各該營遵照部頒册式分晰造具，光緒十七年清册由司滙造總册聲明，年額倒斃馬匹，仍因餉干積欠未發，尚未添補足額以及被毁戰船，應俟庫款充裕，分别籌補齊全，方可循例題報，請仍照案改題爲奏等情前來。臣覆核無異，除將各册送部外，理合會同湖北巡撫臣譚繼洵、湖北提督臣程文炳恭折具奏。伏祈皇上聖鑒。謹奏。

朱批：該部知道。

湖廣總督張之洞片

光緒十七年十二月

再，據署湖北宜昌鎮總兵羅縉紳禀，據宜昌鎮標後營游擊劉步瀛禀稱，該游擊現年五十九歲，係湖北天門縣人。由武生奉派出師，歷保盡先參將，借補宜昌鎮標後營游擊。前在軍營打仗受傷，本年九月因出營會哨，感冒風寒，觸發舊時傷疾，筋骨疼痛，手足麻木，行動維艱。曾經請假醫調，惟年近六旬，氣血兩虧，一時難期痊愈，懇請轉詳開缺，俾得回籍，專心調理等情。該署總兵正值赴川會哨，道經歸州，查驗該游擊劉步瀛患病屬實，且年力已衰，步履不能行動，勢難痊愈。請將該游擊開缺，休致回籍前來。臣查宜昌鎮標後營游擊員缺，駐扎歸州，毗連川省，彈壓巡防，均關緊要。劉步瀛現經患病，年力已衰，既據該總兵查驗屬實，未便以傷病之軀致滋貽誤。相應請旨將湖北宜昌鎮標後營游擊劉步瀛即行開缺，休致回籍。所遺游擊員缺，係陸路部推之缺，湖北現有應補人員，容臣另行揀員請補。謹會同湖北巡撫臣譚繼洵、湖北提督臣程文炳附片具陳。伏祈聖鑒。謹奏。

朱批：著照所請，兵部知道。

奏折

查明光緒十七年正月起至六月底止湖北各州縣應行承襲接襲并發標學習及改作文生應試各世職折

光緒十七年十二月十三日

湖廣總督臣張之洞跪奏爲查明光緒十七年正月起至六月底止，湖北各州縣應行承襲、接襲并發標學習及改作文生應試各世職，恭折奏陳仰祈聖鑒事。竊照前准部咨，同治元年二月十六日奉上諭：軍興以來，各省官紳士庶，凡臨陣捐軀、守義殉難者，一經統兵將帥及該地方督撫奏請旌恤，無不立予褒揚。嗣後，著該督撫轉飭各州縣，將應襲職名迅速查取，徑報督撫，毋庸由府司轉詳。予限半年，匯案具奏，以免煩擾。欽此。歷經欽遵匯奏在案。茲自光緒十七年正月起至六月底止，據湖北黄岡等州縣先後查詳，前來所有請承襲雲騎尉世職、發標學習之朱以忠、鄧士誠、陳陞庸、徐兆奎，又請接襲雲騎尉世職、發標學習之劉國棟，又請接襲恩騎尉世職、發標學習之周繼三，又已襲雲騎尉世職、現請發標學習之徐全書、高承禧，又已襲恩騎尉世職、現請發標學習之鄧家汜，又請承襲雲騎尉世職、改作文生應試之方炳乾、劉運炎，共十一員，均年已及歲。經臣先後驗看，俱屬年力精壯，堪以承襲、接襲并發標學習及改作文生應試。又請承襲雲騎尉世職黄本禄、陳耀光，又請接襲雲騎尉世職闕肇清、何國華、楊鴻陞、段業宏、田家穀、萬繼惠、柳春榮、周庭桂，共十名，均年未及歲。亦經查明與例相符，應請准其承襲、接襲，統俟接准部覆，分别辦理。除抄録清單同宗圖册結，及已故世職徐丹扆次子徐全書，前於年未及歲，承襲時所領敕書漏未送繳，今年已及歲，應匯同已故世職何承先、段經傳、田明經、萬承休各原領敕書一并咨送吏、户、兵各部辦理外，再已革雲騎尉世職劉在鶚，已故雲騎尉世職周兆熊、闕錫章、楊占春、柳鍾芹、周傳賢均未奉頒敕書，應請一并補頒給領。合并陳明。理合會同湖北巡撫臣譚繼洵、湖北提督臣程文炳恭折具陳，并繕具各世職姓名年貫清單，恭呈御覽，伏祈皇上聖鑒。謹奏。

朱批：兵部議奏，單并發。

湖北湖南兩省各標營年終查無應劾千總照例折

光緒十七年十二月二十七日

頭品頂戴湖廣總督臣張之洞跪奏爲湖北、湖南兩省各標營年終查無應劾千總，照例恭折具陳仰祈聖鑒事。竊臣恭查乾隆六十年二月十三日内閣奉上諭：各省甄别千總，儻實無可劾之員，准其聲明緣由，據實具奏。欽此。經部議奏，嗣後各省年終匯咨報部時，如該省果無衰庸戀棧、應行甄別之處，令該督撫等將無可劾參緣由具奏等因。奉旨：依議。欽此。欽遵在案。兹届光緒十七年應行匯咨報部之期，查湖北省每年應甄别千總一員，湖南省每年應甄别千總一二三員不等。經臣咨行撫提暨鎮協各營查覆，現任實缺千總，均堪供職，尚無應劾之弁。除仍由臣隨時訪查，如有庸劣不職，即行參革，毋許濫竽貽誤外，所有光緒十七年湖北、湖南兩省各標營查無應劾千總緣由，謹會同湖北提督臣程文炳、護理湖南提督臣周瑞龍恭折具陳。伏祈皇上聖鑒，敕部查照施行。謹奏。

朱批：兵部知道。

揀員調補副將要缺以重營伍折

光緒十八年八月初三日

頭品頂戴湖廣總督臣張之洞跪奏爲揀員調補副將要缺以重營伍，恭折仰祈聖鑒事。竊准兵部咨湖北漢陽協副將樊國泰丁憂開缺，遺缺係陸路題調之缺，應令照例於湖北省現任人員揀員陞調等因。臣查斯缺駐扎漢陽府城，所轄漢口鎮，僅隔襄河一水，商賈輻輳，華洋雜處，極爲衝繁吃重。非精明干練、熟悉地方情形之員，難期勝任。兹查有花翎、提督銜記名總兵、湖北竹山協副將文漢章，年六十五歲，湖南鳳凰直隸廳人。由行伍出師湖南、湖北、江南等省，攻克城隘，迭著戰功。歷保以花翎、提督銜記名總兵，補授湖南岳州城守營參將，調補湖南撫標中軍參將。旋因回避本省，調補湖北德安營參將。光緒十一年經前署督臣裕禄奏請，陞補湖北竹山協副將，給咨送部引見。奉旨：准其陞補。領札回鄂，於光緒十二年三月十五日到任，十七年經臣奏委署理湖北鄖陽鎮總兵篆務，辦理裕如。該員老成干練，任事盡心。以之調補斯缺，洵堪勝任。合無仰懇天恩，俯准以文漢章調補湖北漢陽協副將員缺，實與地方營伍均有裨益。如蒙俞允，該員係對品調補，邀免送部引見。并祈敕部發給札付，以昭信守。所遺竹山協副將係陸路題補之缺，湖北省現有應補人員，容臣另行揀員請補。除飭取該員履歷咨部外，謹會同湖北巡撫臣譚繼洵、湖北提督臣程文炳恭折具陳。伏祈皇上聖鑒。敕部核覆施行。謹奏。

朱批：兵部議奏。

再，准兵部咨湖北提標後營都司於相臣病故遺缺，應用盡先人員，行令照章揀員請補等因。查斯缺駐扎棗陽縣城，界連豫省，向爲匪徒出没之區，緝捕操防，均關緊要，非精明干練、熟悉情形之員，難期勝任。臣即在湖北盡先都司班内，逐加遴選，查有游擊銜、藍翎盡先都司饒應祥，年四十三歲，湖北恩施縣人。由武童投效軍營，迭次打仗出力，歷保藍翎守備盡先補用。光緒二年剿辦關内逆回一律肅清，經前陝甘督臣左宗棠匯案保奏，以都司盡先補用加游擊銜，奉旨允准在案。嗣經遣撤回籍，收入提標中營差遣，現在署理提標後營都司，辦理裕如。該員年力强壯，營務詳明。以之請補斯缺，洵堪勝任。且距籍在五百里以外，與例相符。飭查本省及他省，均無參革朦保情弊。查部行章程，請補盡先班次聲叙人地不宜，至多不得過二十員。兹按部册確查，其盡先名次在饒應祥之前者，除李大亨現已病故，王秀山現丁父憂，吴文錦現在直隸武毅軍差遣，高洪陞、張士華、胡秉忠、覃得勝、李儀鳳五員距籍五百里以内，均毋庸核計外，其李茂壇、方順易、成龍、黄三貴、王詩學、王勝祥、李家勳、孫長遠、段大海、胡光熊、丁竟成、程先科、左鍾清十三員，均與此缺人地不宜，未便遷就擬補，致滋貽誤。饒應祥雖盡先名次稍後，而在營歷練有年，情形熟習，人地實在相需。合無仰懇天恩，俯念員缺緊要，准以盡先都司饒應祥補授湖北提標後營都司，實與地方營伍有裨。如蒙俞允，俟部覆到日，給咨送部引見，以符定制。除飭取該員履歷咨部外，謹會同湖北巡撫臣譚繼洵、湖北提督臣程文炳附片具陳。伏祈聖鑒。敕部核覆施行。謹奏。

朱批：兵部議奏。

再，准兵部咨湖廣督標中營都司喬殿魁病故遺缺，係陸路部推之缺，應用盡先人員，行令照章揀員請補等因。查斯缺駐扎省垣，經管錢糧，操練巡防，均關緊要，非精明練達之員，難期勝任。臣查部定章程，借補即在盡先班次之内等語。嗣於光緒十三年十二月内，准兵部咨奏請展各省借補限期章程内，開借補限期展緩五年，凡提鎮以下人員，准其通融借補，五年之後再行奏明停止各等語。兹查有花翎、盡先即補游擊歐陽榮章，年五十二歲，河南商城縣人。由武童投效軍營，出師安徽、湖北、山東等省，打仗出力，歷保以都司盡先推補，嗣於克復烏魯木齊各城出力案内，奏保免補都司，以游擊盡先補用。奉旨允准在案。光緒十一年，經前署督臣裕禄奏留湖廣收標效用。是年十二月二十一日，奉旨：著照所請，兵部知道。欽此。十二年正月初四日到標，現在委充督標，操防營幫辦事務，訓練兵丁，整飭營伍，均稱裕如。該員精詳干練，軍律嚴明。以之借補斯缺，洵堪勝任。與借補限制，亦屬相符。飭查前在本省及他省，均無參革朦保情弊。合無仰懇天恩，俯念員缺緊要，准以歐陽榮章借補湖廣督標中營都司員缺，實與營伍有裨。如蒙俞允，俟部覆到日，給咨送部引見，以符定制。除飭取該員履歷咨部外，謹會同湖北巡撫臣譚繼洵、湖北提督臣程文炳附片具陳。伏祈聖鑒。敕部核覆施行。謹奏。

朱批：兵部議奏。

揀員借補游擊要缺以重營伍折

光緒十八年八月初四日

頭品頂戴湖廣總督臣張之洞跪奏爲揀員借補游擊要缺以重營伍，恭折仰祈聖鑒事。竊准兵部咨湖北宜昌鎮標前營游擊松山病故，遺缺係部推之缺，應用盡先人員，行令揀員請補等因。臣查斯缺駐扎宜昌府城，爲川省入楚門户，水陸通衢，巡緝操防，均關緊要，非精明干練、熟悉情形之員，難期勝任。查部定章程，借補即在盡先班次之内。嗣於光緒十三年十二月内，准兵部咨奏請展各省借補限期章程内，開借補限期擬請展緩五年，凡提鎮以下人員，准期通融借補，五年之後再行奏明停止各等語。兹查有花翎、總兵銜、湖北盡先補用副將蕭光友，年五十五歲，湖北漢陽縣人。由武童投效軍營，轉戰安徽、江蘇、浙江、湖北、江西、廣東等省，打仗出力，歷保以副將留湖北省遇缺盡先補用。嗣於湖北永灉河等處剿捻獲勝案内保奏。同治六年十一月初一日，奉上諭：蕭光友，著遇有湖北副將缺出，先行補授，并加總兵銜，賞加希吉爾渾巴圖魯名號等因。欽此。旋經前任浙江提督臣鮑超咨送到鄂，歸標差遣。該員老練有爲，戰功卓著。以之借補湖北宜昌鎮標前營游擊員缺，洵堪勝任。核於借補限制，亦屬相符。飭查前在本省及他省，均無參革朦保情弊。合無仰懇天恩，俯念員缺緊要，准以總兵銜盡先副將蕭光友借補湖北宜昌鎮標前營游擊，實與地方營務均有裨益。如蒙俞允，俟部覆到日，給咨送部引見，以符定制。除飭取該員履歷咨部外，謹會同湖北巡撫臣譚繼洵、湖北提督臣程文炳恭折具陳。伏祈皇上聖鑒，敕部核覆施行。謹奏。

朱批：兵部議奏。

揀員請補游擊員缺以實營伍折

光緒十八年八月初六日

頭品頂戴湖廣總督臣張之洞跪奏爲揀員請補游擊員缺以實營伍，恭折奏祈聖鑒事。

竊照湖北撫標右營游擊赫成額病故，遺缺係陸路部推之缺。臣前請以盡先游擊汪杏林擬補。准兵部咨查汪杏林保游擊原單内，係由都司底銜請保，原册内并未叙有都司保案所請補授游擊之處，應毋庸議。其湖北撫標右營游擊員缺，應令另行照章揀員請補等因。查湖北撫標右營游擊員缺，駐扎省垣，事務殷繁，非精明干練之員，難期勝任。臣即在於湖北省盡先游擊班内，逐加遴選。查有湖廣督標、盡先游擊袁祖禮，年五十歲，湖北蘄州人。由雲騎尉世職投效陝甘軍營，迭次打仗出力，奏保藍翎、盡先都司。嗣於力解鎮番縣城圍出力案内，經寧夏將軍臣穆圖善保奏，免補都司，以游擊盡先補用，并换花翎。同治十二年六月十五日，奉旨允准。又於甘肅關内肅清積年隨征出力案内，經寧夏將軍臣穆圖善保奏，仍以游擊盡先補用，於同治十三年九月十六日，奉旨允准各在案。嗣經遣撤回籍，收入湖廣督標中營效用，旋赴神機營差遣，現經回鄂。該員明白干練，熟嫻軍火。以之擬補斯缺，洵堪勝任。查部定章程，請補盡先班次，如係聲叙人地不宜，至多不得過二十員。兹按部册，盡先名次在袁祖禮之前者，尚有李枝宏、穆德明、鄧啓發、丁體元、周義慶、彭山茂、畢啓明、陳德安、胡迪賢、袁家瑶、鄧朝佐等十一員，内丁體元一員，前經行查保案聲覆，尚未接准部覆；彭山茂一員，尚未收標；李枝宏、穆德明、鄧啓發、周義慶、畢啓明、陳德安、胡迪賢、袁家瑶、鄧朝佐等九員，營務尚待練習，均未便遷就擬補，致滋貽誤。袁祖禮雖名次在後，而在營歷練有年，情形熟悉。飭查該員前在本省及他省，均無參革朦保情弊。合無仰懇天恩，俯念員缺緊要，准以盡先游擊袁祖禮補授湖北撫標右營游擊，實與營伍有裨。如蒙俞允，俟部覆到日，給咨赴部引見。查該員蘄州原籍與撫標右營相距在五百里以内，應俟准補後，再行奏明對調，以符定制。除飭取該員履歷送部外，謹會同湖北巡撫臣譚繼洵、湖北提督臣程文炳恭折具陳。伏祈皇上聖鑒，敕部核覆施行。謹奏。

朱批：兵部議奏。

游擊員缺緊要揀員借補以重營伍折

光緒十八年八月初七日

頭品頂戴湖廣總督臣張之洞跪奏爲游擊員缺緊要揀員借補以重營伍，恭折具陳仰祈聖鑒事。竊准兵部咨湖北宜昌鎮標後營游擊劉步瀛休致，遺缺係陸路部推之缺，應用盡先人員，行令照章揀員請補等因。查斯缺駐扎歸州城，界連川省，山深林密，最易藏奸，緝捕巡防，均關緊要，非精明干練、熟悉情形之員，難期勝任。臣查定章，緑營各缺，有必須借補者，准其借補。借補即在盡先班次之内。嗣於光緒十三年十二月内，准兵部咨，奏請展各省借補限期章程内，開借補限期，展限五年，凡提鎮以下人員，准其通融借補，五年之後再行奏明停止各等語。兹查有花翎、兩湖盡先補用參將鄧紹級，年五十九歲，湖南瀘溪縣人。由行伍出師廣西、湖南、湖北、江蘇、安徽等省，迭著戰功，歷保以參將歸兩湖督標盡先補用。同治三年十月初六日，奉旨允准在案。嗣因防軍遣撤，經前督臣官文以該員未經指留何省候補，咨准部覆收入兩湖督標盡先補用。該員旋以孀嬸年老無依，呈請改歸湖南提標，就近委用。續准部覆，以該員鄧紹級，係湖南人，所請改歸湖南差遣，應毋庸議，飭令仍回督標差委等因。於同治八年四月初一日到標，歷署宜昌鎮標左、後二營并衛昌、遠安等營各游擊篆務，現在署理宜昌鎮標中營游擊，均屬裕如。該員兵事諳練，勤樸耐勞。以之借補斯缺，洵堪勝任。核與借補限制，亦屬相符。飭查前在本省及他省，均無參革朦保情弊。合無仰懇天恩，俯念員缺緊要，准以鄧紹級借補湖北宜昌鎮標後營游擊員缺，實於地方營伍有裨。如蒙俞允，俟部覆到日，給咨送部引見，以符定制。除飭取該員履歷咨部外，謹會同湖北巡撫臣譚繼洵、湖北提督臣程文炳恭折具奏。伏祈皇上聖鑒，敕部核覆施行。謹奏。

朱批：兵部議奏。

查明光緒十七年七月起至十二月底止湖北各州縣應行承襲接襲并發標學習及改作文生應試各世職折

光緒十八年八月初七日

頭品頂戴湖廣總督臣張之洞跪奏爲查明光緒十七年七月起至十二月底止，湖北各州縣應行承襲、接襲并發標學習及改作文生應試各世職，恭折奏陳仰祈聖鑒事。竊照前准部咨同治元年二月十六日奉上諭：軍興以來，各省官紳士庶，凡臨陣捐軀、守義殉難者，一經統兵將帥及該地方督撫奏請旌恤，無不立予褒揚。嗣後，著該督撫轉飭各州縣，將應襲職名，迅速查取，徑報督撫，毋庸由府司轉詳。予限半年，匯案具奏，以免煩擾。欽此。歷經欽遵匯奏在案。兹自光緒十七年七月起至十二月底止，據湖北江夏等州縣先後查詳，前來所有請承襲雲騎尉世職、發標學習之高啓瀛、周慶雲、張殿選、陳開曙、汪鵬程、屈文艷，又請接襲雲騎尉世職、發標學習之羅鍾漢，又請接襲雲騎尉世職、發標學習之餘用衡、向義氣，又已襲雲騎尉世職、現請發標學習之張傳士、劉光祖，又請承襲雲騎尉世職、改作文生應試之胡耀琛、李昌熾，共十三員，均年已及歲。經臣先後驗看，俱屬年力精壯，堪以承襲、接襲并發標學習及改作文生應試。又請承襲騎都尉世職曾憲熊，又請承襲雲騎尉世職路永保、王出榮、李文海，又請接襲雲騎尉世職洪國瑛、金代興，共六員，均年未及歲。亦經查明，與例相符。應請准其承襲、接襲。統俟接准部覆，分别辦理。除抄録清單，同宗圖册結，及已故世職羅榮桂、余鶴鳴原領敕書一并咨送吏、户、兵各部辦理外，理合會同湖北巡撫臣譚繼洵、湖北提督臣程文炳恭折具陳，并繕具各世職姓名年貫清單，恭呈御覽。伏祈

皇上聖鑒。謹奏。

朱批：兵部議奏，單并發。

總兵因病出缺先行委員接署請旨迅賜簡放以重職守折　光緒十八年九月十三日

頭品頂戴湖廣總督臣張之洞跪奏爲總兵因病出缺先行委員接署請旨迅賜簡放以重職守，恭折仰祈聖鑒事。竊據署湖北宜昌鎮標中軍游擊鄧紹級呈報，宜昌鎮總兵羅縉紳前在軍營打仗，身受勞傷，兹因感冒風邪，觸發傷疾，於光緒十八年八月二十四日因病出缺，該游擊謹將總兵關防封固收存，禀請奏報開缺，并委員接署等情前來。臣查宜昌，界連川省，

控扼峽江，形勢衝要，民俗獷悍，現爲通商口岸，華洋雜處，會匪易於潛蹤，最爲湖北省上游重鎮，彈壓巡防，責任綦重。自應先行委員接署。查有湖廣督標中軍副將蔣澤斌，才略過人，守潔識練，紀律嚴明，軍民翕服，堪以署理。除檄飭遵照外，所遺湖北宜昌鎮總兵員缺緊要，相應請旨，迅賜簡放，以重職守。謹會同湖北巡撫臣譚繼洵、湖北提督臣程文炳恭折具奏。伏祈皇上聖鑒。謹奏。

朱批：另有旨。

湖北省各標鎮協營原額增添裁汰缺額兵丁馬匹戰船各數目仍暫照案改題爲奏折

光緒十八年十二月初七日

頭品頂戴湖廣總督臣張之洞跪奏爲湖北省各標鎮協營原額增添，裁汰缺額，兵丁、馬匹、戰船各數目，仍暫照案改題爲奏，恭折仰祈聖鑒事。竊查前准部咨各省經制原額調撥裁汰，安塘駐防缺額實在兵丁、馬匹數目，應每年造册送部查核匯題，并酌定簡明册式，頒發照造等因。湖北自兵燹後，各營馬匹年額倒斃，例由朋銀買補者，因餉干積欠未發，尚未添補足額，其額設戰船，亦均被毀無存，歷經具奏，將前項數目，暫請改題爲奏在案。兹據湖北布政使王之春詳稱，湖北督標、撫標、提標，鄖陽鎮、宜昌鎮、漢陽、黄州、竹山、施南各協，武昌、荆州、襄陽、鄖陽各城守，興國、德安、均光、荆門、遠安、衛昌、蘄州、安陸、宜都、荆州陧防二十三標鎮協營，自道光二十二年酌辦崇陽善後事宜，及咸豐八年酌議裁馬改步之後，舊設經制原額調撥裁汰，安塘駐防缺額兵丁二萬五百五名，營馬二千二百二十三匹，船九十七隻，内咸豐九年抽撤陸營兵丁，備撥長江水師暨同治八、九年先後裁撤漢陽、荆州水師，武昌城守，黄州協道士洑等營兵二千一百五十七名，馬二百一十八匹。又於光緒十一年奉文裁兵節餉案内，裁兵二千九百二十一名，馬二百八十一匹。現在實存營兵一萬五千四百二十七名，内馬戰兵一千四百八十七名，步兵四千二百九十八名，守兵九千六百四十二名。又馬步額外外委二百四十九員，共計一萬五千六百七十六員名，騎操馬一千七百二十四匹，内經制外委馬一百三十匹，額外外委馬一百七匹，兵丁馬一千四百八十七匹。據各該營遵照部頒册式分晰造具，光緒十八年清册由司匯造總册，聲明年額。倒斃馬匹，仍因餉干積欠未發，尚未添補足額，以及被毁戰船，應俟庫款充裕，分别籌補齊全，方可循例題報。請仍照案改題爲奏等情前來。臣覆核無異，除將各册送部外，理合會同湖北巡撫臣譚繼洵、湖北提督臣程文炳恭折具奏。伏祈皇上聖鑒。謹奏。

朱批：該部知道。

楚省北路邊界盜匪日滋派委文武專員辦理沿邊緝匪事宜以靖邊圉而遏亂源折

光緒十八年十二月初七日

頭品頂戴湖廣總督臣張之洞、頭品頂戴湖北巡撫臣譚繼洵跪奏爲楚省北路邊界盜匪日滋，派委文武專員辦理沿邊緝匪事宜，以靖邊圉而遏亂源，恭折具陳仰祈聖鑒事。竊查湖北省北路沿邊各屬，如襄陽、光化、隨州、棗陽、應山等州縣，與河南鄧州、新野、唐縣、桐柏、信陽連界，素爲刀痞、會匪出没之區，號稱難治。本年六月、閏六月間，襄陽、谷城、光化一帶，因時疫流行，匪徒乘機嘯聚造謡煽惑，牽涉教堂，放火燒搶，沿襄河上下數百里間，居民大爲驚擾，紛紛遷徙，入城上砦，幾釀變端。隨州各村，亦有匪徒遍插小紅旗之事。當經臣等派撥勇營，馳往彈壓，查拿獲犯懲辦，均經奏明在案。嗣後，又經續獲要匪數名，現正分别審辦。惟匪黨多已逃逸，出没楚、豫邊界，劫掠爲患。查楚、豫沿邊一帶，近年以來，哥老會匪頗多，又向有燈花教匪，即白蓮教之類，行蹤詭秘，飄忽靡定，與刀匪、會匪互相句煽，根株糾結，蔓延日廣，往往越境行劫，此拿彼竄，恃衆窩藏，動輒拒捕。本年入冬以來，襄陽盜案頗多，隨州復有查獲，豫匪多人執持洋槍、刀械入境，圖劫之事，伏莽潛滋，實爲邊境隱憂。若不及早設法籌辦，難保不養成當日捻匪之患。且襄陽屬教堂頗多，該匪藉端生事，於交涉事體，必致動生枝節。是以九月内，湖北提臣程文炳，安、襄、鄖、荆道朱其煊與河南南陽鎮南、汝、光道約期會哨，會商聯絡查緝之法。臣等督同臬司陳寶箴詳加籌議，各州縣限於職守，究有畛域之分，必須遴派干員，專司督捕，假以事權，輔以兵力，多方偵緝，尋蹤購捕，始足以清邊境而弭亂階。查有本任興國州知州宋熙曾，老成干練，强毅有爲，長於詰奸懲暴，熟悉沿邊情形，堪以派委總辦北路襄陽、光化、隨州、棗陽、應山五屬緝匪事務，擇要於樊城、隨州兩處，輪流駐扎，仍不時往來，巡查邊境，相機遏截。與豫省文武互相聯絡協助，令其選募緝勇六十名，以資驅策。邊地平衍，追截匪徒，馬隊最爲得力。并派新經移駐樊城之鳳字馬隊中營營官副將劉恩榮，督率所部，幫同該員辦理沿邊五屬緝捕事宜。兼飭駐扎襄陽一帶緝私之鳳字馬隊前後二營，一體巡邏追捕，不得株守一隅。其沿邊地方營汛及操防練軍，均准由宋熙曾隨時知照協緝，以期應手。如在何處拿獲匪徒，即會同該處地方官訊取確供，照章禀請，委員覆訊，就地懲辦。并咨會河南撫臣，飭知豫省沿邊各屬地方文武，兩省如有移緝追捕之事，不分畛域，一體協力圍拿。如能多獲著名會匪盗魁，再當奏請優獎，以示鼓勵。除檄飭遵照并咨明河南撫臣外，臣等謹合詞恭折奏陳。伏祈皇上聖鑒。謹奏。

朱批：知道了。

三省會哨事竣邊界静謐折

光緒十八年十二月初七日

頭品頂戴湖廣總督臣張之洞奏爲三省會哨事竣邊界静謐，恭折仰祈聖鑒事。竊照湖北鄖陽、宜昌、施南等府，界連四川、陜西兩省，山深林密，最易藏奸。向係責成鄖陽、宜昌二鎮，於每年農隙時，酌帶兵丁，各赴邊界地方，與四川、陜西各鎮協總兵、副將會同巡哨，年底專折奏報，歷經遵辦在案。今届光緒十八年會哨之際，經臣照案咨會四川、陜西兩省督撫，并分飭湖北鄖陽、宜昌二鎮總兵，各赴邊界地方，認真會哨去後。兹據湖北鄖陽鎮總兵何長清呈報，於本年十月十六日行抵陜、楚交界之蓮花寺，與陜西陜安鎮總兵姚文廣見面會哨。又據署湖北宜昌鎮總兵、湖廣督標中軍副將蔣澤斌呈報，於本年十月二十五日，行抵川、楚交界之火峰界嶺，與四川川北鎮總兵何乘鰲見面會哨。并據該鎮等聲稱，所過地方及沿邊一帶，均極静謐，并無游匪混跡等情前來。臣查湖北鄖陽、宜昌、施南等府，邊界層巒叠嶂，道路紛歧，匪徒出没靡常，禁暴詰奸，不容稍懈。且時值冬防，巡緝尤當嚴密。除仍飭各該鎮暨地方文武員弁隨時督率兵役認真巡防外，所有本年三省會哨事竣，邊界静謐情形，謹會同湖北提督臣程文炳循例恭折具奏，仰慰宸廑。伏祈皇上聖鑒。謹奏。

朱批：知道了。

湖北各營損失軍械尚未一律補製足額請將年例盤查仍行展緩題報以昭核實折

光緒十八年十二月初九日

頭品頂戴湖廣總督臣張之洞跪奏爲湖北各營損失軍械尚未一律補製足額，請將年例盤查仍行展緩題報，以昭核實仰祈聖鑒事。竊照湖北各標鎮協營軍火、器械、戰船、馬匹等項，例應每年十月委員盤查、造具册結，於封印前具題。惟自軍興以來，武漢等府，前次屢被賊擾，各營軍械毁失居多。即未被擾之處，先後征調出師，遺失損壞，所存無幾。已責成各營於補領積欠俸餉内，督飭該兵丁自行陸續賠補，曾經奏明。俟各營補足原額，再行循例具題在案。兹查各營軍械，毁失動缺者甚多，尚未能補足。祇以鄂省近年協濟外省軍餉，需用浩繁。庫款極形支絀，而緑營積欠俸餉，又准部咨停給。以致原失軍械，難以補製齊全。現届光緒十八年盤查具題之期，經臣委員逐一查驗，現存軍械，尚屬堅利合用。其未經補製各件，應俟庫款充裕，補發欠餉，添製齊全，再行循例造册具題，以昭核實。據湖北布政使王之春詳請具奏前來。臣覆核無異，除咨部外，謹會同湖北巡撫臣譚繼洵、湖北提督臣程文炳恭折具陳。伏祈皇上聖鑒。謹奏。

朱批：兵部知道。

揀員請補副將要缺以重營伍折

光緒十九年二月初二日

頭品頂戴湖廣總督臣張之洞跪奏爲揀員請補副將要缺以重營伍，恭折仰祈聖鑒事。竊准兵部咨湖北竹山協副將文漢章調補遺缺，係陸路題補第二輪第一缺，應用盡先人員，應令照章請補等因。臣查斯缺，駐扎竹山縣城，地處楚邊，界連關陝，巡緝彈壓，均關緊要，非精明干練，熟悉邊防之員，難期勝任。臣在於盡先副將班内，詳加遴選，查有花翎、總兵銜湖北盡先補用副將、壯勇巴圖魯常遠藻，年五十八歲，湖南長沙縣人。由武童投效軍營，轉戰湘、鄂、江、皖等省，歷保花翎、副將銜盡先參將，嗣於防剿捻逆、迭次猛戰，并克復雲夢、應城、天門等縣案内，經前督臣李瀚章保奏，免補參將，以副將留於湖北盡先補用。同治六年十月初三日，奉旨允准，收入湖廣督標差遣，又於甘肅南路官軍克復渭源狄道城池、擊退金積堡竄逆、剿辦岷州潰卒案内，經前陝甘督臣左宗棠保奏，同治十年十一月初十日，奉上諭：給壯勇巴圖魯名號，并賞加總兵銜等因。欽此。復於官軍克復巴燕戎城，及剿滅河州竄賊，戡定各境地方肅清案内，經前陝甘督臣左宗棠保奏，以副將留於湖廣，盡先補用。同治十三年八月初三日，奉旨允准。旋經前陝甘督臣左宗棠咨送到鄂，回標差遣曾經委署鄖陽城守營、鄖陽鎮左營各游擊、武昌城守營參將、漢陽協副將，各印務辦理，均能裕如。現在管帶陸字營勇，駐扎漢鎮，彈壓巡防，深資得力。該員才長心細，軍律嚴明，於該處地方情形，極爲熟悉。以之擬補斯缺，洵堪勝任。飭查本省及他省，均無參革朦保情弊。查盡先一班名次，在常遠藻之前者，尚有姜河清、蕭忠訓二員，内姜河清一員，於光緒十六年，經前閩浙督臣卞寶第奏調閩省差遣，早經離營；蕭忠訓一員，籍隸本省，例應回避，未便遷就擬補。常遠藻雖盡先名次稍後，而在營歷練有年，才具出衆，人地實在相需。其在前之員，亦不合擬補。合無仰懇天恩，俯念員缺緊要，准以盡先副將常遠藻補授湖北竹山協副將，實與營伍、地方均有裨益。如蒙俞允，俟部覆到日，給咨送部引見，以符定制。除飭取該員履歷咨部外，謹會同湖北巡撫臣譚繼洵、湖北提督臣程文炳恭折具陳。伏祈皇上聖鑒，敕部核覆施行。謹奏。

朱批：兵部議奏。

再，湖北施南協標右營守備德亮病故遺缺，前經臣請以盡先守備李國明擬補，并照章將盡先名次在前之劉春發等，均與此缺不宜各緣由，分别聲明在案。兹准兵部咨名次在前之易發家，係湖北人。改歸湖南撫標候補未，據該省奏明改發，此外，湖北省尚有在前之陳玉春、劉豐玉二員，折内并未聲叙礙難議准，應令查明聲覆到日，再行核辦等因，移咨到臣。查盡先守備劉豐玉一員，於光緒十年十月内，據署湖廣督標中軍副將汪迎順，以該員傳考不到，不守營規，詳經前署督臣卞寶第咨部革退。隨營陳玉春一員，已於光緒十三年十二月二十六日因病身故，業經前督臣裕禄恭疏題報各在案。至改發湖南撫標差遣之盡先守備易發家，現准湖南撫臣吴大澂咨，據湘陰縣知縣韓受卿呈報，易發家已於光緒十八年九月十一日病故，是劉豐玉、陳玉春、易發家三員於湖北官册内均應除名。臣覆加查核斯缺，地處萬山，匪徒最易匿跡，非精明干練之員，難期勝任。該員李國明雖盡先名次在後，而明白干練，熟悉情形，其名次在前各員，均與此缺人地不宜。前奏業經照章按名聲叙，合無仰懇天恩，俯念員缺緊要，准以李國明補授施南協右營守備，實於營伍有裨。如蒙俞允，俟部覆到日，給咨送部引見，以符定制。理合會同湖北巡撫臣譚繼洵、湖北提督臣程文炳附片具陳。伏祈聖鑒。敕部核覆施行。謹奏。

朱批：兵部議奏。

再，花翎、盡先副將陳大勝，係湖北沔陽州人。於同治二年投效本省霆軍，轉戰江西、廣東、陝西、直隸、山東等省，迭著勳績。嗣隨隊西征，復在甘肅、新疆屢次剿匪并克復城寨出力，歷保今職。光緒十二年隨前撫臣張曜來東，旋委帶濟字後營馬隊，連年在於曹濟各屬，擒獲著名盜匪百數十名，均交地方官訊明懲辦。該員謀勇兼優，長於緝捕，洵爲將領中出色之員。相應籲懇天恩，俯准將盡先副將陳大勝留於山東差委補用，以期得力。除飭取履歷咨部外，理合附片具陳。伏乞聖鑒訓示。謹奏。

朱批：著照所請，兵部知道。

查明光緒十八年正月起至閏六月底止湖北各州縣應行承襲接襲并發標學習及改作文生應試各世職折

光緒十九年六月初一日

頭品頂戴湖廣總督臣張之洞跪奏爲查明光緒十八年正月起至閏六月底止，湖北各州縣應行承襲、接襲并發標學習及改作文生應試各世職，恭折奏陳仰祈聖鑒事。竊照前准部咨，同治元年二月十六日奉上諭：軍興以來，各省官紳士庶，凡臨陣捐軀、守義殉難者，一經統兵將帥及該地方督撫奏請旌恤，無不立予褒揚。嗣後，著該督撫轉飭各州縣，將應襲職名，迅速查取，徑報督撫，毋庸由府司轉詳，予限半年，匯案具奏，以免煩擾。欽此。歷經欽遵，匯奏在案。兹自光緒十八年正月起至閏六月底止，據湖北黄陂等州縣先後查詳，前來所有請承襲雲騎尉世職、發標學習之易敦禮，又請接襲雲騎尉世職、發標學習之龔守模、操耀奎、王明達、朱駿聲，又請接襲恩騎尉世職、發標學習之羅澤民、宋紱煌，又已襲雲騎尉世職、現請發標學習之秦性善、陳德恩、金光灼，又已襲恩騎尉世職、現請發標學習之熊兆甲，又請承襲雲騎尉世職、改作文生應試之易敦義，共十二員，均年已及歲。經臣先後驗看，俱屬年力精壯，堪以承襲、接襲并發標學習及改作文生應試。又請接襲雲騎尉世職吴良灝、林之緒、李蘭芳共三名，均年未及歲。亦經查明，與例相符，應請准其接襲，統俟接准部覆，分别辦理。除抄録清單，同宗圖册結，及已故世職王有訓、因病開缺世職羅必達，各原領敕書一并送吏、户、兵各部辦理外，理合會同湖北巡撫臣譚繼洵、湖北提督臣程文炳恭折具陳。并繕具各世職姓名年貫清單，恭呈御覽。伏祈皇上聖鑒。謹奏。

朱批：兵部議奏，單并發。

奴才到閩接印任事日期恭謝天恩折

光緒二十二年八月二十四日

福建陸路提督奴才程文炳跪奏爲奴才到閩接印任事日期恭謝天恩仰祈聖鑒事。竊奴才於光緒二十年十一月十六日，蒙恩補授福建陸路提督，時值駐防畿輔，奉命援甘，事竣遣撤，請假三個月回籍省墓。嗣因假滿患病，咨由安徽撫臣福潤奏請續假一片，於本年七月初八日，差弁賫回原片，内開奉朱批：程文炳著再賞假一個月。即赴本任，毋庸來京陛見。欽此。仰見天恩高厚，感悚莫名。現屆續假期滿，舊疾漸痊。就近咨請兩江督臣劉坤一代奏銷假，遵旨前赴福建陸提本任。一面束裝航海來閩，駛抵福州府登陸，晉省會晤閩浙督臣邊寶泉，面商機宜。旋即啓行，於光緒二十二年八月二十四日馳抵泉州府城。准署提督臣黄少春差委提標中軍參將張定泰，賫送欽頒乾字三百一號提督福建陸路總兵官銀印一顆前來，奴才隨恭設香案，望闕叩頭謝恩。即於是日接印任事。伏念閩省係濱海巖疆之區，提督有統轄戎政之責。地方極爲遼闊，操防最關緊要。且沿海口岸，港漢紛歧，與浙、粤、臺灣接壤，防範尤宜認真。奴才受恩深重，未報涓埃，惟有矢慎矢勤，力圖整飭，務使軍容起色，閭閻乂安。仰副聖主慎重海疆，修明武備，至意所有，奴才感激下忱。及到任日期，除恭疏題報外，理合繕折叩謝天恩。伏乞皇上聖鑒。謹奏。

朱批：知道了。

遴員請補省會陸路都司折

光緒二十二年九月二十八日

頭品頂戴閩浙總督臣邊寶泉跪奏爲遴員請補省會陸路都司，恭折仰祈聖鑒事。竊照福州城守協標左軍都司戴鳳標遺缺，准到部咨，係第五輪第二缺，應用盡先人員。臣於閩省陸路盡先都司班内，詳加遴選。如名次在前之范志潼，不知下落。林紹成甫經赴部分發，於是缺人地亦不相宜，未便遷就請補。惟查有福建盡先補用陸路都司裁缺撫標右營守備宋喜發，年五十四歲，湖南湘陰縣人。由軍功遞保留閩盡先守備，掣補汀州鎮標右營守備，光緒十三年八月給札赴任，先於長門拒擊法船出力案内保奬。十年十一月十七日，奉旨以都司留閩盡先補用。旋經調補撫標右營守備。造送履歷，咨部覆准注册，歸班序補。現於閩省裁兵案内，該員守備本缺議裁，本應歸於裁缺班抵補，惟原保盡先都司陞階，已經輪用到班，自應照例請補。該員營務諳練，任内并無違礙事故。現計盡先名次在前，於省會地方情形熟悉。以之請補是缺都司，洵堪勝任，核例相符。合無仰懇天恩，俯念福州城守協標左軍都司員缺緊要，准以宋喜發補授，於營伍、地方均有裨益。如蒙俞允，俟部覆到日，給咨送部引見。除飭取履歷咨部外，謹會同福州將軍臣裕禄、福建陸路提督臣程文炳合詞恭折具陳。伏乞皇上聖鑒，敕部議覆施行。謹奏。

朱批：兵部議奏。

遴員請補省會陸路副將折

光緒二十二年十二月十八日

頭品頂戴閩浙總督臣邊寶泉跪奏爲遴員請補省會陸路副將恭折仰祈聖鑒事。竊照福建福州城守營副將朱長陞遺缺，係陸路題補之缺，部咨輪用盡先人員。查該副將駐扎省垣，地方緊要，非精明干練之員，勿克勝任。臣隨於閩省陸路盡先副將班内，詳加遴選。如名次在前之康榮詔，兩耳重聽，回籍終老。黎澤海并未在標，飭查不知下落。葉永輝甫由臺灣回省。易松榮回籍醫病。朱有元、朱芳成、賀吉祥、朱必成、姜河清與是缺人地不宜，均未便遷就請補。惟查有花翎、總兵銜、閩浙盡先補用副將余宏亮，年五十九歲，湖南長沙縣人。由武童隨軍著績，遞保閩浙盡先副將、補授浙江象山協副將。嗣經調閩於委辦德化土匪案内，因公革職，旋即捕獲匪首。經前督臣譚鍾麟會奏，奉上諭：著加恩以參將補用。欽此。考驗收標，留於閩浙候補。於拿辦古田洋案首、從各犯出力案内，奏准開復原官，原銜免繳。捐復銀兩，仍留閩浙盡先補用，造送履歷，咨部注册。該員樸勤干練，勇果有爲。在閩年久，於省會風土民情，極爲熟悉。以之請補是缺，洵堪勝任。雖於開復案内，准到部咨，應俟引見後，方准補用。惟查補缺後并案送引，亦經歷辦有案，該副將係曾任實缺，先經晉引之員。現帶福靖營勇駐扎省城，深資得力，人地實在相需，例得聲明請補。合無仰懇天恩，俯念福州城守營副將員缺緊要，准以余宏亮補授，於營伍、地方均有裨益。如蒙俞允，俟部覆到日，并案給咨送部引見。恭候欽定。臣爲要缺需人起見，謹會同福州將軍臣裕禄、福建陸路提督臣程文炳合詞恭折具陳。伏乞皇上聖鑒，敕部議覆施行。謹奏。

朱批：兵部議奏。

光緒二十二年十二月十八日

遴員請補陸路守備折

頭品頂戴閩浙總督臣邊寶泉跪奏爲遴員請補陸路守備恭折仰祈聖鑒事。竊照福建陸路提標中營守備馮瑞鳳遺缺，係陸路題補之缺，部咨應用盡先人員。臣於閩省陸路盡先各守備內，詳加遴選。除名次在前之方定國給假回籍，迄未歸標，劉三俊於是缺人地不宜，未便遷就請補。惟查有留閩盡先補用陸路守備沈春霆，年五十二歲，湖北咸寧縣人。由武童隨軍剿匪，遞保藍翎、守備銜盡先拔補千總。於剿辦臺匪劉參根出力案内，保獎請以守備留閩，盡先補用，并换花翎。於光緒七年三月二十一日，奉旨：著照所請獎勵。欽此。續經考驗收標，咨部覆准注册序補。該員差操勤奮，於閩省風土民情較爲熟悉。盡先名次亦屬在前，以之請補是缺守備，堪期勝任。合無仰懇天恩，俯准以沈春霆補授陸路提標中營守備員缺，於營伍、地方均有裨益。如蒙俞允，容俟部覆到日，給咨送部引見。除飭取履歷另行咨部外，謹會同福建陸路提督臣程文炳合詞恭折具陳。伏乞皇上聖鑒，敕部議覆施行。謹奏。

朱批：兵部議奏。

遴員陞補沿海陸路副將員缺折

光緒二十三年正月二十日

頭品頂戴閩浙總督臣邊寶泉跪奏爲遴員陞補沿海陸路副將員缺，恭折仰祈聖鑒事。

竊照福建興化城守協副將張春和，因人地不宜開缺另補，所遺副將員缺，准部咨，係陸路題補第二輪第九缺，應用應陞人員等因。查定例輪用應陞人員，查明到任日期，游擊以上，歷俸二年，始准保題等語。隨於福建省陸路實任各參將内，詳加遴選。查有泉州城守營參將熊世鰲，年六十歲，湖南益陽縣人。由武監生千總隨營，加捐參將。因勦匪出力，保以本班盡先留閩補用，擬補是缺參將。於光緒十八年正月初八日奉旨允准，是年三月領札到任。該員營務諳練，歷俸最深，於閩省下游情形熟悉，任内并無違礙事故。以之陞補是缺，核例相符。合無仰懇天恩俯准，以泉州城守營參將熊世鰲陞補興化城守副將，於營伍、地方均有裨益。如蒙俞允，俟部覆到日，給咨送部引見。除飭取履歷另咨外，所遺泉州城守參將員缺，應請留閩揀補。謹會同福建陸路提督臣程文炳合詞恭折具陳。伏乞皇上聖鑒，敕部議覆施行。謹奏。

朱批：兵部議奏。

遴員請補陸路守備折

光緒二十三年二月二十一日

頭品頂戴閩浙總督臣邊寶泉跪奏爲遴員請補陸路守備恭折仰祈聖鑒事。竊照福建桐山營守備甘憲超，准歸都司候補，所遺該守備員缺，係陸路部推之缺，准到部咨，應用盡先人員。臣於閩省陸路盡先各守備内，詳加遴選。如名次在前之方定國，給假回籍，迄未歸標。劉三俊於是缺人地不宜，未便遷就請補。惟查有留閩盡先補用陸路守備范木，年六十二歲，廣東清遠縣人。由軍功遞保藍翎、補用千總，於克復廣東、鎮平嘉應等城一律肅清案内，保准以守備盡先補用，續經留閩。於光緒九年二月十二日，奉旨允准，考驗收標，咨部覆准注册序補。該員營務諳練，於閩省風土民情，較爲熟悉。盡先名次，亦屬在前。以之請補是缺守備，堪期勝任。合無仰懇天恩，俯准以范木補授桐山營守備，於營伍、地方均有裨益。如蒙俞允，俟部覆到日，給咨送部引見。除飭取履歷，另行咨部外，謹會同福建陸路提督臣程文炳合詞恭折具陳。伏乞皇上聖鑒，敕部議覆施行。謹奏。

朱批：兵部議奏。

再，准福建陸路提督程文炳咨稱，前在軍營征剿苗捻，轉戰直隸、山東、豫、皖等省，感受寒濕，致有痞積及失眠之證，時發時愈。去歲到閩，因水土不服，旋染時疾，觸動失眠舊證，服藥未效。開春以來，舊證轉劇，通宵不寐，精神困備難支，飲食亦減。據醫者云，氣血兩虧，非静心調理，不能見功。咨請據情代奏，籲懇天恩，賞假一月，俾資調養。署中一切公事，仍力疾自行經理等因前來。臣查該提督自到任後，整頓營伍，操練巡防，不辭勞瘁。茲因舊證復發，懇請賞假，委係實情。謹附片代陳。伏乞聖鑒訓示。謹奏。

朱批：程文炳著賞假一個月。

閩省裁減額兵名數及籌支餉項情形折

光緒二十三年四月十四日

頭品頂戴閩浙總督臣邊寶泉跪奏爲閩省裁減額兵名數及籌支餉項情形，恭折覆陳仰祈聖鑒事。竊臣承准軍機大臣字寄光緒二十三年三月初四日欽奉上諭：户部奏，冗兵耗財過巨，亟宜大加裁汰一折。各直省統限一月内，將裁減兵勇若干，節省餉銀若干，條分縷析，切實覆奏。欽此。伏查閩省裁減額兵，業於上年三月會奏，并聲明未盡事宜，另行奏咨。恭奉朱批：該部知道。欽此。欽遵咨行在案。兹復飭據藩司黄毓恩詳稱，閩省年額兵餉，除地丁外，部撥本省税釐四十萬，江西協餉五萬。近年，釐局茶税減收，僅解銀二十五六萬兩，江西協款，自光緒十六年起，遞年力催，僅解銀五千兩，二十一年分，全未解到。綜計全年餉需不敷甚巨，自應多裁額兵，藉敷支給。惟福建緑營制兵，近年兩次裁減，本形單薄，前已切實陳明。且自臺澎，外屬沿海千里，關係更重，尤應思患預防，以壯聲威而杜窺伺。前經遵旨會商，體察地方情形，悉心籌議，奏請酌裁陸路二成、水師一成，并裁撤撫標兩營，實已統籌全局，無可再裁。原限各營兩年裁竣，又因餉力實在不敷，催據陸續具報，水師業已裁足，陸路統限本年提前蕆事，計應裁撫標、參將、游擊各一員，守備、千總各二員，把總四員，外委八名，額外四名，陸營馬兵一百零八名，水陸各營步兵一千九百零七名，守兵二千一百三十七名，字識號令手四百一十一名，官馬二百三十一匹。除事故革兵不給遣餉外，其餘裁汰兵丁、字號，分别酌給遣餉兩月、一月，匯同正餉核實造報。裁缺員弁應支俸廉餉乾，照案暫歸軍需核銷，俾免糾纏。挑留撫標，精壯步守兵二百四十八名，官馬一十二匹，年需餉乾銀七千餘兩，擬於建曠項下支給，所有裁存練兵及各兵勻捐練餉薪費，一切俱照光緒十二年裁兵成案辦理。裁存額兵，通行各將領，挑選精壯，常川訓練，以資鎮撫。光緒二十二、三兩年裁兵節省餉銀數目，應俟一律裁竣，歸於各該年奏銷案内，據實題報。理合詳請奏咨前來。臣覆核無異，除咨部外，謹會同福州將軍臣裕禄、福建水師提督臣楊岐珍、陸路提督臣程文炳恭折具奏。伏乞皇上聖鑒。謹奏。

朱批：該部知道。

再，閩省前年辦防，統計營勇一萬五千餘員名，迨二十一、二兩年，陸續裁撤四千五百餘員名，復將各營統改爲旗，減去三千零二員名，合計裁減名數四成有奇。業經先後奏明，并將勇數、餉數造册咨部在案。伏念閩省上游山深菁密，向多伏莽，每年茶市，客民麇至，數以萬計，不得不藉勇力防護。下游沿海千里，均關緊要。現計僅留二十旗三哨弁勇七千六百九十六員名，又有統領營務處親兵，及保甲巡勇、汀州壽字營土勇，裁存二百三十三名。福州、厦門海口各炮臺弁勇，亦經先後裁減，僅存一千一百二十員名。閩本瘠土，庫藏久虛。照現存之勇，籌給餉需，已形竭蹷，如可再行裁節，何敢稍涉因循。無如統籌全局，以一省之大，祇存前數，擇要分布，尚形單薄。即以海疆近事而論，閩防似較他省爲重。而存留勇數，獨較他省爲少。亦深恐防範難周，再四思維，委實無可再裁節。據善後局司道開折詳覆前來，查核均屬相符。除咨部外，理合附片覆陳。伏乞聖鑒。謹奏。

朱批：户部知道。

再，各省防營更换管帶或移扎他處，均應查明隨時奏聞。歷辦在案。茲查内河水師右營炮船管帶官都司汪全發病故，改委候補游擊賴望雲接帶。又，候補道楊正儀所部恪靖威營兩哨弁勇，卸交記名總兵潘順兼帶。又，陸路提督黄少春所部衛隊親兵及達字中旗弁勇，卸交新任陸路提督程文炳兼帶，并接統達字左、右兩旗。又，亮字左旗管帶官、副將李復德病故，改委盡先都司唐丙焜接帶，旋復卸交記名提督李致輝接帶。又，長門統領福寧鎮總兵曹志忠，飭回本任，所部霆慶前旗弁勇由長門帶赴福寧駐防，調回霆慶中旗弁勇，由福寧赴省填扎，并將衛隊親兵，同電光山、七娘灣各炮臺卸交記名總兵洪永安兼帶接統，該總兵所部安靖中、前、左三旗弁勇，由省調赴長門、金牌分扎。又，長門炮臺管帶官、副將劉萬順，供差不慎，以射馬炮臺管帶官、補用副將曹雲勝調帶，遞遺射馬差務，派委補用游擊顔福海管帶，嗣因曹雲勝患病請假，將長門炮臺事務，改委盡先都司柯壬貴接帶。又，新授浙江海門鎮總兵余宏亮所部福靖中、前兩旗弁勇，由長門、金牌調駐省城，該總兵所管金牌炮臺，未能兼顧，派委候補副將朱芳成接管。又，劃鰍山上、下炮臺管帶官、記名提督張世興調省差遣，改委盡先參將洪瑞霖接帶。又，閩安協副將鍾紫雲，委署建寧鎮篆，所遺兼管魁歧獅鼻嘴炮臺，卸交署閩安協副將李維實接管，其所部恪靖正旗弁勇，帶赴建寧，换回凱字右旗弁勇，赴長門填扎，改編安靖右旗，歸總兵洪永安總統調遣。又，閩安南北岸炮臺管帶官、都司江孝全回籍修墓，改派盡先參將喻新瑞接管。又，梅花港崖石炮臺管帶官、副將龍自艮請假回籍，派委盡先參將孔憲盈接帶。又，福州口電光山炮臺因演放二十八生大炮炸壞一尊，先行酌裁勇夫九十五員名，厦門口胡里山新造炮臺工竣，大炮安妥，添足弁勇、頭目、水、火夫一百三十五員名。又，福州厦門洋面巡緝、差遣之靖遠輪船，裁減號鼓手、水手、陞火二十七名，并將留存船上各執事及琛航、飛捷兩輪船弁勇，自上年十一月起，月支薪糧公費，再行核減一成，俾紓餉力。據福建善後局司道具詳前來，除咨部外，謹附片陳明。伏乞聖鑒。謹奏。

朱批：該部知道。

遴員請補省會陸路副將折

光緒二十三年四月十五日

頭品頂戴閩浙總督臣邊寶泉跪奏爲遴員請補省會陸路副將，恭折仰祈聖鑒事。竊福州城守營副將朱長陞遺缺，先經臣以閩浙盡先副將余宏亮奏請補授。茲准兵部咨，余宏亮奉旨補授浙江海門鎮總兵，其福州城守營副將一缺，另揀盡先合例人員請補等因。臣隨於閩省陸路盡先副將班内，詳加遴選。如名次在前之康榮詔、易松榮，均已回籍醫病。黎澤海不知下落，葉永輝甫由臺灣回省，朱有元、朱芳成、賀吉祥、朱必成、孫東軒均與是缺人地不宜，未便遷就請補。惟查有花翎、閩浙盡先補用副將姜河清，年六十一歲，貴州清江廳人。由行伍隨軍，剿匪著績。遞保花翎、盡先參將，於克復寧郡、西河等處出力案内保奬，同治二年六月初五日，奉旨：著免補參將，以副將留於湖北，盡先即補。續因打仗受傷，奏准免予騎射。光緒十六年間調閩差遣，旋請改留閩浙補用，於光緒十七年二月十七日，奉旨：著照所請，該部知道。欽此。遵經考驗收標，造送履歷，咨部覆准注册，歸班序補。該員久歷戎行，營務諳練。在閩多年，先後委帶射馬炮臺及凱字後營弁勇，現復管帶長勝中旗練兵，辦理均屬裕如。雖經前折聲除人地稍有未宜，惟再三遴選，一時未得其人。仍應聲明請補，以期得力。合無仰懇天恩，俯念福州城守營副將員缺緊要，准以姜河清補授。俟部覆到日，給咨送部引見，恭候欽定。除飭取履歷咨部外，謹會同福州將軍臣裕禄、福建陸路提督臣程文炳合詞恭折具陳。伏乞皇上聖鑒，敕部議覆施行。謹奏。

朱批：兵部議奏。

遴員請補陸路游擊折

光緒二十三年五月十九日

頭品頂戴閩浙總督臣邊寶泉跪奏爲遴員請補陸路游擊，恭折仰祈聖鑒事。竊福建陸路提標右營游擊劉必達病故遺缺，係陸路題補之缺，准到部咨第四輪第四缺，應用盡先人員。臣於閩省陸路盡先游擊班内，詳加遴選。如名次在前之梁士悦，因案查辦，周國忠未考收標，楊春蘭因病回籍，賴明佑於是缺人地不宜，均未便遷就請補。惟查有花翎、閩浙盡先補用游擊周慶揚，年五十二歲，湖南善化縣人。由武童隨軍，剿匪著績，遞保花翎、盡先都司，於克復武康、德清各城出力案内，保准以游擊盡先補用。光緒十一年間來閩投效，奏請留於閩浙補用。十二年三月二十五日，奉旨：著照所請，兵部知道。欽此。旋經考驗收標，咨部覆准注册序補。該員年力正强，營務諳練。現署汀州中營游擊，辦理裕如。於閩省營務情形較爲熟悉。以之請補是缺，堪期勝任。合無仰懇天恩，俯准以閩浙盡先游擊周慶揚，補授陸路提標右營游擊，於營伍、地方均有裨益。如蒙俞允，俟部覆到日，給咨送部引見。除飭取履歷咨部外，臣謹會同福建陸路提督臣程文炳合詞恭折具陳。伏乞皇上聖鑒，敕部議覆施行。謹奏。

朱批：兵部議奏。

遴補陸路守備員缺折

光緒二十三年八月二十六日

頭品頂戴閩浙總督臣邊寶泉跪奏爲遴補陸路守備員缺，恭折仰祈聖鑒事。竊福建長福營守備張從虎，告請終養開缺，所遺守備，係陸路題補之缺，准到部咨第五輪第九缺，應用應陞人員，行令揀員請補等因。查定例，陸路守備缺出，以隔府別營人員題補。又，陸路千總，已出兵者歷俸三年，未出兵者歷俸六年，始准報滿，保題陞用各等語。臣隨於閩省陸路實任千總内，詳加遴選。或歷俸未滿，或已保過班，或因丁憂，或與是缺籍隸本府，均未便遷就請補。惟查有俸滿卓異回任候陞汀州右營千總范炳洪，年五十八歲，福建長汀縣人。由行伍歷陞是缺千總，光緒六年十月承領札付實授任事，至十三年歷俸届滿六年，題請預保以守備掣補，是年舉辦軍政案内，薦舉卓異。并案給咨送部，於十六年九月初一日引見。奉朱筆圈出，准其卓異，并預保注册，回任候陞。欽此。十八年軍政，又經保薦卓異。十九年咨部注銷預保字樣，專歸卓異千總，本班候陞。奉准注册各在案。該員營務諳練，曾署汀州中營守備，辦理裕如，任内并無違礙事故。以之陞補是缺守備，洵堪勝任，與例亦符。合無仰懇天恩，俯准以俸滿卓異，回任候陞汀州右營千總范炳洪陞補長福營守備員缺，於營伍、地方均有裨益。如蒙俞允，該員前於俸滿預保卓異案內，曾經給咨引見。茲請補守備銜缺相當，毋庸再行送部。除飭取履歷另咨外，謹會同福建陸路提督臣程文炳合詞恭折具陳。伏乞皇上聖鑒，敕部議覆施行。謹奏。

朱批：兵部議奏。

遴員請補沿海陸路參將員缺折

光緒二十三年十月二十六日

頭品頂戴閩浙總督臣邊寶泉跪奏爲遴員請補沿海陸路參將員缺，恭折仰祈聖鑒事。竊照福建泉州城守營參將熊世鰲，陞補興化協副將遺缺，係陸路題補之缺，准到兵部咨第四輪第一缺，應用盡先人員，行令揀員請補等因。臣隨於閩省盡先補用陸路參將各員內，詳加遴選。如名次在前之陳尚志，現在不知下落。劉維興與是缺人地未宜，均未便遷就請補。惟查有留閩盡先補用陸路參將張得貴，年五十五歲，湖南善化縣人。由武童隨軍，勦匪著績。歷保參將銜盡先游擊留閩補用，補授臺灣北路右營游擊，因人地不宜，奏准開缺留閩另補，旋於臺灣基滬獲勝案內保獎，以參將盡先補用，經部核議覆准，於光緒十二年四月十八日，奉旨依議。欽此。考驗歸班，咨准部覆，注册在案。該員年力正强，營務諳練。歷署提標中營參將左右營游擊，現署是缺參將，辦理裕如，於閩省下游風土民情，最爲熟悉。以之請補斯缺參將，堪期勝任，與例亦符。合無仰懇天恩，俯念泉州城守營參將員缺緊要，准以張得貴補授，於營伍、地方均有裨益。如蒙俞允，俟部覆到日，給咨送部引見。除飭取履歷另咨外，臣謹會同福建陸路提督臣程文炳合詞恭折具陳。伏乞皇上聖鑒，敕部議覆施行。謹奏。

朱批：兵部議奏。

遴員請補陸路守備折

光緒二十四年二月初四日

頭品頂戴閩浙總督臣邊寶泉跪奏爲遴員請補陸路守備，恭折仰祈聖鑒事。竊照福建連江營守備卓人彪遺缺，准到部咨，係陸路題補第六輪第二缺，應用盡先人員，行令揀員請補等因。臣於閩省陸路盡先各守備内，詳加遴選。如名次在前之方定國，給假回籍，迄未歸標，未便請補。惟查有留閩盡先補用陸路守備劉三俊，年五十九歲，湖南永定縣人。由行伍隨軍，遞保藍翎、留閩補用都司，因漏保守備一階，改以守備留閩盡先補用。光緒六年七月二十一日，奉旨允准，考驗收標，咨部覆准注册序補。該員差操勤慎，於閩省風土民情，較爲熟悉。盡先名次亦屬最前。以之請補是缺守備，堪期勝任。合無仰懇天恩，俯准以劉三俊補授連江營守備，於營伍、地方均有裨益。如蒙俞允，俟部覆到日，給咨送部引見。除飭取履歷咨部外，謹會同福建陸路提督臣程文炳合詞恭折具陳。伏乞皇上聖鑒，敕部議覆施行。謹奏。

朱批：兵部議奏。

遴員請補陸路守備折

光緒二十四年二月初四日

頭品頂戴閩浙總督臣邊寶泉跪奏爲遴員請補陸路守備，恭折仰祈聖鑒事。竊照福建雲霄營守備葉寶森告病開缺，所遺守備員缺，准到部咨，係陸路題補第六輪第一缺，應用盡先人員，行令揀員請補等因。臣於閩省陸路盡先各守備内，詳加遴選。如名次在前之方定國，給假回籍，迄未歸標。劉三俊於是缺人地未宜，已另折請補連江營守備，俱未便遷就請補。惟查有留閩盡先補用陸路守備潘驥良，年五十五歲，廣東清遠縣人。由勇目遞保藍翎、盡先守備，續經留閩。光緒九年五月二十二日，奉旨允准，考驗收標，咨部覆准注册序補。該員營務諳練，於閩省風土民情，較爲熟悉。盡先名次亦屬在前。以之請補是缺守備，堪期勝任。合無仰懇天恩，俯准以潘驥良補授雲霄營守備，於營伍、地方均有裨益。如蒙俞允，俟部覆到日，給咨送部引見。除飭取履歷咨部外，謹會同福建陸路提督臣程文炳合詞恭折具陳。伏乞皇上聖鑒，敕部議覆施行。謹奏。

朱批：兵部議奏。

遴員請補陸路游擊折

光緒二十四年三月二十四日

頭品頂戴閩浙總督臣邊寶泉跪奏爲遴員請補陸路游擊，恭折仰祈聖鑒事。竊福建連江營游擊李仰山病故遺缺，係陸路題補之缺，准到兵部咨第四輪第五缺，應用盡先人員。臣於閩省陸路盡先游擊班内，詳加遴選。如名次在前之梁士悦，因案查辦，周國忠未考收標，楊春蘭因病回籍，均未便遷就請補。惟查有花翎、副將銜補缺後參將、留閩盡先補用游擊賴明佑，年五十歲，福建平和縣人。由軍功隨軍著績，遞保以都司補用，復於關内肅清案内保獎。光緒二年二月初四日，奉旨以游擊盡先補用，并戴藍翎。嗣攻克烏魯木齊等城，新疆南北路蕩平案内，保准賞加副將銜并换花翎，又於各省關及後路各臺局籌餉差委出力案内，保准補缺後以參將補用，考准收標，咨部覆准注册序補。該員營務諳練，於閩省風土情形，較爲熟悉。以之請補是缺游擊，人地相宜，可期勝任。合無仰懇天恩，俯准以盡先游擊賴明佑補授連江營游擊，於營伍、地方均有裨益。如蒙俞允，俟部覆到日，給咨送部引見，恭候欽定。除飭取履歷咨部外，謹會同福建陸路提督臣程文炳合詞恭折具奏。伏乞皇上聖鑒，敕部議覆施行。謹奏。

朱批：兵部議奏。

酌裁閩省緑營官兵騰餉練軍情形折

光緒二十五年四月初二日

閩浙總督兼署福州將軍臣許應騤跪奏爲酌裁閩省緑營官兵騰餉練軍情形，恭折具陳仰祈聖鑒事。竊照前准部咨陝甘督臣陶模奏裁兵節餉一折。光緒二十四年八月十六日，奉朱批：裁兵一事，總宜察酌地方情形，可裁則裁，不可勉强從事，致貽後患。此案著再通盤籌劃，奏明辦理。欽此。仰見聖主固圉籌防，有備無患至意，無任欽服。伏查閩省負山濱海，密邇强鄰，爲七省之咽喉，實南洋之屏蔽。舊設水陸制兵，四萬六千有奇，較腹地各省爲多。自迭次議裁，僅存水陸制兵一萬一千二百四十四名，水陸練兵五千九百七十二名，以之分防汛地，巡緝洋面，本屬不敷分布，防勇甫及萬人，尚須分守炮臺，扼扎要隘，設遇征調，兵力殊形單薄。業經前督臣邊寶泉將籌辦裁并各情具奏，并聲明各營官弁、兵丁出缺，先停補募，俟兵制改定，再行序補在案。臣抵任後，體察情形，并與在省司道悉心籌度，自上年四月起，所有各營員弁出缺，未經請補者，副參各職，已有七員，千把積至數十員，若再不趕緊裁定，分别請補，并將營兵汰弱留强，殊不足以重操防而資整頓。兹復欽奉諭旨，諄諄限一月内迅即覆奏。自應欽遵辦理，查練兵均已分派統率，改習洋操。經臣於前次籌議練兵折内，據實陳明，嗣後自當督率將弁勤加訓練，以成勁旅，毋庸再議。裁汰所有現存緑營制兵，計省會原屬八營撫標，兩營早經裁撤，而督標四營、福州城守兩軍及軍標爲通省水陸領袖，應請概仍其舊，以資鎮攝而符體制。興化城守，左營駐興化府城，右營駐仙游縣，地方緊要，現存弁兵無多。長福營分駐長樂、福清兩縣，福清屢有教案，尤賴隨時彈壓。建寧鎮向轄七營，分駐延、建兩府；汀州鎮向轄五營，分駐汀、邵兩府，均因地廣兵單，恐難兼顧。水師提標五營，前營係駐谽口，後營係駐鎦江，相距水陸程途皆數十里，所轄洋面，爲盗匪出没之區，且與金門、湄洲、閩安、海壇、南澳、銅山、福寧、烽火等營各有專轄巡防之責，均請毋庸裁減。惟陸路提標向轄七營，分駐泉州五縣，另有達字防軍、建威練旗，足資防衛。擬請將陸路提標七營現存原兵酌裁一成。漳州鎮標八營，分駐漳郡七縣一州一廳，汛地寬廣，裁并不宜太多。惟府城已有長勝練旗駐扎，所有漳中城守兩營，擬請歸并一營，所餘七營兵丁，均裁一成。福寧鎮標陸路五營内，擬將羅源營兵丁酌裁一成，并裁去游擊、守備、千總、把總各一員。留存兵弁，歸入連江營游擊管轄，即將連江守備移駐羅源，并抽撥連江把總一員外，額數弁同，議留把總，分派巡防，以專責成。厦門水提向設中、左、右三營，查右營所駐厦港，本有防練旗屯扎其間，應將右營裁去，以節糜費。至水師各營，大艇船共計二十三號，雖屬笨重，而巡駐亦不可少。應請酌留五號，其餘大艇并所配巡兵一并裁撤。自經此次議裁之後，各郡留存弁兵，除已挑練及酌裁外，約計尚有萬人，擬將騰出餉源，酌加挑練，逐漸推廣，務期革緑營之積習，成練軍之規模。無事則各守分疆，督飭操練；有事則酌量緩急，抽調赴援。庶幾聲勢聯絡，不致有顧此失彼之患。厦門爲興、泉、漳三府適中之地，洋口爲延、建、邵三府適中之地，汀、漳爲哥匪潛匿，福、寧爲敵艦游弋之地，皆須厚集兵力，至少亦駐一營，俾資防範。泉州之同厦一帶，福州之海壇、南日一帶，沿海居民明爲漁户，暗爲盗匪，全賴緝捕嚴密，俾知斂跡。所留大艇五號，由臣會同水師提臣派員管帶。按照練兵，加給糧餉，嚴定功過，責令各營小哨船及分巡輪船相輔而行，合力巡緝。至裁大艇節省之款，俟積有成數，再添製輪船數艘，周歷洋面，以壯聲威而杜窺伺。據閩省司道會詳請奏前來。臣竊維自强之策，練兵爲先，而治軍之方，足食爲要。閩省緑營，每因藉口餉薄，難期得力。自經加給練餉，現復改習洋操，營務稍覺改觀。祇以餉需奇絀，未能遽更舊制，計惟量予裁汰，陸續抽練，節無益之費，練有用之兵，庶足以資飽騰而備緩急。如蒙俞允，俟准部咨，即將議裁各官兵一律停止俸餉，所裁之員，按照臺灣裁缺章程，分班插補，其餘未裁各營缺，分别遴員請補，并將兵丁挑募足額，以實營伍。至分防汛地、加練餉糈以及未盡事宜，仍俟隨時奏咨辦理。除咨部查照外，所有閩省裁并緑營官兵，騰餉練軍緣由，謹會同福建水師提臣楊岐珍、陸路提臣程文炳合詞恭折具陳。是否有當，伏乞皇太后、皇上聖鑒訓示。再，福州將軍係臣兼署，毋庸會銜。合并陳明。謹奏。

朱批：著照所請，兵部知道。

奴才三年任滿籲懇天恩俯准陛見折

光緒二十五年八月初八日

福建陸路提督奴才程文炳跪奏爲奴才三年任滿，籲懇天恩俯准陛見，恭折仰祈聖鑒事。竊奴才於光緒二十年十二月十九日，在張家灣軍營，蒙恩補授福建陸路提督。嗣奉旨赴甘剿辦回匪，行抵衛輝，因甘肅軍務將次肅清，裁撤隊伍。蒙恩賞假三個月，回籍省墓。又蒙賞假一個月，就醫江南。旋銷假赴閩，於光緒二十二年八月二十四日抵泉州，接篆視事。伏念奴才智識庸愚，受恩深重，叠膺戎閫，屢統重兵。值兹時事多艱，嘗思練兵爲當今第一急務，矢心夙夜，冀效涓埃。蒞任後，因見所部勇練各旗操仍舊式，遂飭變習洋操。其緑營原存之兵，亦督飭操練，現均改觀。本年三月間，復准督臣咨稱，奏以奴才總統汀、漳、興、泉練兵事宜，已飭各旗一律改練德操及行軍陣式，期成勁旅，用備折沖。奴才去歲因水土不服，觸發舊症。復蒙恩兩次賞假，感激益深。縻骨粉身，恨艱補報萬一。兹計到任已及三載，現值轄境敉平，戀闕情殷，積久彌切。例應陳請陛見，以遂犬馬依戀之誠。合無仰懇天恩，俯准奴才趨赴闕廷，跪聆訓誨。俾營伍一切有所遵循，庶免隕越，感沭高厚，實無既極。理合恭折奏懇。伏乞皇太后、皇上聖鑒訓示。謹奏。

朱批：著來見。

閩浙總督兼署福州將軍許應騤福建陸路提督程文炳片

其一　光緒二十五年九月初二日

再，准兵部咨福建汀州鎮標左營守備陸朝病故遺缺，係陸路部推之缺，應用期滿武進士候補人員，行令揀補等因。查武進士補缺章程内，開統按到標五年期滿，揀選在前無事故者，奏請補用等語。臣於閩省期滿武進士候補陸路守備班内，詳加遴選。所有名次在前之葉定國因病辭標，黄履安報滿案内，尚未准部咨注册，均未便遷就請補。惟查有部發福建武進士候補陸路守備林國瑞，年四十六歲，福建永春州人。由武監生中式，光緒己卯科武舉，庚辰科中式武進士，殿試三甲，奉旨：以營守備用。欽此。由部分發閩浙督標效力，七年二月十五日到閩收標，試用五年期滿，於十二年正月二十九日考驗歸標候補，咨部報滿，覆准注册。該員年壯技優，曾署陸路提標前營守備，辦理裕如。以之請補是缺守備，洵堪勝任，與例亦符。合無仰懇天恩，俯准以林國瑞補授汀州鎮標左營守備，於營伍、地方均有裨益。如蒙俞允，該員係部發武進士候補守備，請補守備銜缺相當，毋庸送部。除飭取履歷咨部外，謹會同福建陸路提臣程文炳合詞附片具陳。伏乞聖鑒，敕部議覆施行。謹奏。

朱批：兵部議奏。

其二 光緒二十五年九月十二日

再，准兵部咨福建順昌營都司支得勝剳參遺缺，係陸路題調之缺，行令揀選現任合例人員陞調等因。查緑營裁缺人員，遇有本省題補缺出，酌量抵補，不入輪缺計算，歷經辦理在案。臣於閩省陸路各營現任都司内，詳加遴選。非現居要缺，即人地未宜，未便遷就請補。惟查有裁缺漳州鎮標城守營都司林廷祚，年五十五歲，福建侯官縣人。由騎都尉世職學習期滿給咨赴部引見。奉旨：准以陸路都司候補。欽此。回閩歸標奏補福建漳州鎮標城守營都司，於光緒二十一年十二月領札任事，隨於二十五年裁兵案内，將是缺裁撤，歸應補班另補。該員講求營務，任内并無違礙事故。以之抵補是缺都司，洵堪勝任。合無仰懇天恩，俯念福建順昌營都司員缺緊要，准以林廷祚補授，於營伍、地方均有裨益。如蒙俞允，該員林廷祚係裁缺都司，抵補都司銜缺相當，毋庸再行送部。除飭取履歷另咨外，謹會同福建陸路提督臣程文炳合詞附片具陳。伏乞聖鑒，敕部議覆施行。謹奏。

朱批：兵部議奏。

其三　光緒二十五年九月十三日

再，准兵部咨福建漳州鎮轄平和營守備林得茂劾參遺缺，係陸路題補之缺，應插用臺灣實缺人員，行令照章請補等因。查該守備駐防漳州府平和縣琯溪，地方毗連粵省潮州，教堂林立，民情强悍，非精明干練、素諳風土情形之員，弗克勝任。查現准部咨此次裁缺人員，應照内地成案，酌量抵補等因。臣隨於臺灣實缺各守備内，詳加遴選。如湯昭明、莊家駒均未稟到，不知下落，范尚騰、劉恩榮未送履歷歸班，王得凱、葉顯忠、楊紹洙、張榮貴均於是缺人地未宜，俱未便遷就請補。惟查有内地裁缺漳州城守營守備崑山，年四十五歲，正藍旗漢軍達松阿佐領下人。由武舉補授崇文門千總，俸滿案内奉旨：着以營守備用。欽此。旋於光緒二十三年二月二十一日，經兵部帶領引見。奉旨：福建漳州城守營守備員缺，着崑山補授。欽此。領札來閩，是年七月到營任事，隨於二十五年裁兵案内，將是缺裁撤，歸應補班另補。該員操防勤慎，曾任漳轄守備，任内并無違礙事故，於下游風土民情最爲熟悉。以之抵補是缺守備，堪期勝任，與例亦屬相符。合無仰懇天恩，俯念福建平和營守備員缺緊要，准以崑山抵補，於營伍、地方均有裨益。如蒙俞允，該員係裁缺守備，抵補守備銜缺相當，毋庸給咨送部，仍照章不入輪缺計算，俟下次缺出，補還插補人員。除飭取履歷咨部外，謹會同福建陸路提督臣程文炳合詞附片具陳。伏乞聖鑒，敕部議覆施行。謹奏。

朱批：兵部議奏。

其四 光緒二十五年十月初二日

再，准兵部咨福建福寧鎮標中營守備李啓明年老開缺，所遺守備係陸路題補之缺，應用盡先人員，行令揀員請補等因。臣於閩省陸路盡先各守備内，詳加遴選。所有名次在前之方定國給假回籍，梁朝元、莫春雲，已另折請補閩浙督標左營、福建楓嶺營各守備。戴添喜、曾漢彬、朱金隆、任紹堂、陳瑛均與是缺人地不宜，未便遷就請補。惟查有閩浙盡先補用陸路守備高飛鴻，年四十二歲，廣東陽江廳人。由武童隨軍出力，遞保守備，留於閩浙盡先補用，光緒十七年六月十一日奉旨允准，考驗收標，咨部覆准注册。該員操防勤慎，現署桐山營守備，辦理裕如，於閩省風土民情頗爲熟悉。以之請補是缺守備，堪期勝任，與例亦符。合無仰懇天恩，俯准以高飛鴻補授福寧鎮標中營守備，於營伍、地方均有禆益。如蒙俞允，俟部覆到日，給咨送部引見。除飭取履歷咨部外，謹會同福建陸路提督臣程文炳合詞附片具陳。伏乞聖鑒，敕部議覆施行。謹奏。

朱批：兵部議奏。

長江水師蕪湖營右哨都司各缺遴員請補折

光緒二十七年九月十七日

太子少保頭品頂戴兩江總督臣劉坤一、長江水師提督臣程文炳跪奏爲長江水師蕪湖營右哨都司各缺遴員請補，恭折仰祈聖鑒事。竊長江水師守備以上各缺，向係揀員開單會奏請補。茲查有蕪湖營右哨都司吉榮昌等所遺各缺，由前提臣黃少春遴選歷練營伍、熟諳水師之員，咨商臣坤一擬補，計請陞補都司各缺徐金玉等三員，核與定章均屬相符。理合開列清單，恭呈御覽。合無仰懇天恩，俯賜照准。內請陞都司徐金玉，前補守備引見未滿三年，照例毋庸送部，應請敕部頒給札付，請陞守備周再平、謝宗培二員，俟部覆至日，由臣坤一分別給咨，送部引見，以符定制。除飭取各該員履歷咨部查核外，謹會同安徽巡撫臣王之春、江西巡撫臣李興鋭合詞恭折具奏。伏乞皇太后、皇上聖鑒訓示。

再，現准兵部咨，嗣後外補之缺，暫行改爲試署等因。該員徐金玉等自應遵照辦理。

合并陳明。謹奏。

朱批：兵部議奏，單并發。

長江水師江陰營守備各缺遴員請補折

光緒二十九年四月初一日

頭品頂戴兩江總督臣魏光燾、長江水師提督臣程文炳跪奏爲長江水師江陰營守備各缺遴員請補恭折仰祈聖鑒事。竊長江水師守備以上各缺，向係揀員開單會奏請補。兹查接管卷内，江陰營前哨守備李祖勝等所遺各缺，由臣文炳遴選歷練營伍、熟諳水師之員咨商擬補。署督臣張之洞未及核辦，移交到臣。計請陞補守備各缺王明華等四員，核與定章均屬相符。理合開列清單，恭呈御覽。合無仰懇天恩，俯賜照准。如蒙俞允，俟部覆至日，由臣光燾分别給咨，送部引見，以符定制。除將各該員履歷咨部查核外，謹會同江蘇巡撫臣恩壽、護理安徽巡撫臣聯魁、護理江西巡撫臣柯逢時合詞恭折具陳。伏乞皇太后、皇上聖鑒訓示。謹奏。

朱批：兵部議奏，單并發。

本届長江水師舉辦軍政薦舉卓異人員遵章改題爲奏折　光緒二十九年六月二十日

頭品頂戴兩江總督臣魏光燾跪奏爲本届長江水師舉辦軍政薦舉卓異人員，遵章改題爲奏，恭折仰祈聖鑒事。竊案准兵部咨，光緒二十八年輪應舉行軍政行令，按照定例考核辦理等因。當經前督臣劉坤一奏准展限一年，并聲明長江水師人員向習槍炮，不在展限之列，仍應照例舉辦。嗣准長江提臣程文炳，將應入軍政員弁，詳加考核，造册咨送前來。前署督臣張之洞及臣到任，以所屬各員賢否，未能周知，先後附片奏請緩，俟三月後，再行照例辦理，以昭詳慎。欽奉朱批允准。欽遵在案。伏查武職軍政黜陟攸關，必須矢慎、矢公，以副激揚巨典。臣到任以來，悉心考察，詳加採訪江南、江西所轄之提標及湖口、瓜洲兩鎮標各營員弁，均能恪供職守，間有庸劣不職者，業經隨時參辦。此次應入軍政實任各員弁，并無有干六法者，應請免其參劾。其不入舉劾平等人員，除照例造册，填注考語，咨送兵部、都察院兵科、京畿道查核外，查有金陵營左哨都司、現署裕溪營右哨都司錢四和，湖口營右哨都司王興明，吴城營前哨二隊千總胡志福，均皆年壯技優，整飭營伍，居官勤慎，辦事干練，歷俸已滿，并無違礙參罰事故，與卓薦之例相符。謹按名出具切實考語，并臚列該管提督、總兵上司考語，開具清單，恭呈御覽。仰懇敕部查照，議覆施行。理合會同江蘇巡撫臣恩壽、安徽巡撫臣聶緝規、護理江西巡撫臣柯逢時、長江水師提督臣程文炳合詞恭折具陳。伏乞皇太后、皇上聖鑒訓示。

再，長江水師例准薦舉守備以上三員，千總二員。此次謹薦守備以上二員，千總一員。此外雖有出色之員，因不合例，是以未足五員定額。合并陳明。謹奏。

朱批：兵部知道，單并發。

長江水師總兵因病出缺遵章保舉堪勝總兵人員折

光緒二十九年十月十四日

頭品頂戴兩江總督臣魏光燾、長江水師提督臣程文炳跪奏爲長江水師總兵因病出缺，遵章保舉堪勝總兵人員，擬定正陪，請旨迅賜簡放，以重職守，恭折馳陳仰祈聖鑒事。竊據署長江水師湖口鎮標中軍游擊李傳藻呈報，湖口鎮總兵李全彪於本年八月二十日，因病出缺，當將總兵關防封固存儲等情前來。伏查湖口一鎮，爲江西、湖廣門户，總兵有專閫之責，員缺極關緊要，未便虛懸。除分别委員署理，并暫行兼護，另片陳明外，查長江水師總兵各缺同治七年欽奉諭旨：遇有缺出，即由該省督撫保舉堪勝總兵人員，擬定正陪，請旨簡放等因。欽此。欽遵在案。今李全彪所遺長江水師湖口鎮總兵員缺，臣等遵照定章，詳加遴選。查有長江水師提標中軍副將楊福田，樸誠毅勇，曉暢戎機，持己勤廉，辦事結實。自長江設立水師，歷任各缺，舉凡訓練弁兵，督率操演，靡不認真整頓。近年改習洋操，尤爲實力講求。上年於副將任内，保列一等，極爲長江出色之員，堪以擬正。又查長江水師安慶營副將王鴻年，老成持重，訓練嚴明，久歷水師，實心辦事，堪以擬陪。以上二員，均堪勝江西湖口鎮總兵之任，相應請旨，迅賜簡放，以重職守。所有長江水師總兵因病出缺，遵章保舉，堪勝總兵人員各緣由。謹合詞恭折馳陳。伏乞皇太后、皇上聖鑒訓示。謹奏。

朱批：著擬正之楊福田補授。

再，湖口鎮總兵李全彪因病出缺，所遺總兵篆務，現經臣等查有長江水師提標中軍副將楊福田，樸誠勇敢，辦事勤能，堪以委署。其未到任以前，查有該鎮標中軍游擊李傳藻，堪以委令暫行兼護。除分别飭遵外，謹附片具奏。伏乞聖鑒。謹奏。

朱批：知道了。

長江水師提中等營都司各缺遴員陞補折

光緒二十九年十月二十三日

頭品頂戴兩江總督臣魏光燾、長江水師提督臣程文炳跪奏爲長江水師提中等營都司各缺遴員陞補，恭折仰祈聖鑒事。竊照長江水師守備以上各缺，向係照外海水師章程，先盡歷俸一年以上者陞補，開單具奏，歷經辦理在案。兹查有提標中營右哨都司王昌齡等所遺各缺，應行照章揀員陞補。伏查長江水師俸滿守備，僅有提標中營中哨守備金滿一員，現在年逾六旬，僅堪留任供職。此外并無俸滿應陞人員。惟是水師防務緊要，員缺未便久懸，當經臣等往返咨商，不得不暫爲變通辦理。今於未經俸滿守備各員内詳加遴選，查有金陵營前哨守備周雲亭等，均人材出衆，干練精明。擬請變通陞補，俾免各缺久曠。嗣後水師缺出，仍照向章辦理，以符定制。理合開列清單，恭呈御覽。合無仰懇天恩，俯念長江水師員缺緊要，准以守備周雲亭等變通陞補都司各缺，實於營伍、地方均有裨益。如蒙俞允，該員等前於陞補守備案内，均引見未滿三年，照例無庸送部，應請敕部頒給札付，以昭信守。除飭取履歷咨部查核外，謹會同江蘇巡撫臣恩壽、安徽巡撫臣誠勳、署理江西巡撫臣夏旹合詞恭折具奏。伏乞皇太后、皇上聖鑒訓示。謹奏。

朱批：兵部議奏，單并發。

再，現署長江水師湖口鎮總兵楊福田，蒙恩簡授是缺，亟應籲請陛見。惟湖口鎮爲江西、湖廣、四川各省門户，地當衝要。該總兵平日巡緝認真，訓練得力，現值籌備江防，布置一切，尤資熟手，可否仰懇天恩，俯准該總兵楊福田暫緩入覲。俾臣得收臂助之益，出自逾格鴻慈。謹會同長江水師提督臣程文炳附片陳請。伏乞聖鑒訓示。謹奏。

朱批：著照所請。

長江水師提標中營副將各缺遴員陞補折

光緒三十年三月十三日

頭品頂戴兩江總督臣魏光燾、長江水師提督臣程文炳跪奏爲長江水師提標中營副將各缺遴員陞補，恭折仰祈聖鑒事。竊長江水師守備以上各缺，向係揀員開單，會奏請補。兹查有提標中營副將楊福田等所遺各缺，由臣文炳遴選歷練營伍、熟諳水師之員，會商臣光燾擬補。計請陞補副將各缺張有亮等四員核與定章，均屬相符。理合開列清單，恭呈御覽。合無仰懇天恩，俯賜照准。内請陞參將劉炳庭一員，前補游擊，案内引見未滿三年。請陞副將張有亮、游擊徐金玉、守備滕鈞三員，俟部覆至日，由臣光燾分别給咨送部引見，以符定制。除飭取各該員履歷咨部查核外，謹會同江蘇巡撫臣恩壽、安徽巡撫臣誠勳合詞恭折具奏。伏乞皇太后、皇上聖鑒訓示。謹奏。

朱批：兵部議奏，單并發。

長江水師湖口等營游擊各缺遴員陞補折

光緒三十年四月十九日

頭品頂戴兩江總督臣魏光燾、長江水師提督臣程文炳跪奏爲長江水師湖口等營游擊各缺遴員陞補，恭折仰祈聖鑒事。竊照長江水師守備以上各缺，向照外海水師章程，先盡歷俸一年以上者陞補。前因提標中營右哨都司各缺，應補俸滿陞補守備中，不敷揀選。經臣等擬請變通辦理，在於未經俸滿守備各員內，揀選陞補，奏准在案。兹查有湖口營游擊王昌齡等所遺各缺，由臣文炳遴選歷練營伍、熟諳水師之員，會商擬補。計請陞補游擊各缺錢四和等十一員，理合開列清單，恭呈御覽。合無仰懇天恩，俯賜照准。内請陞補都司倪萬春、劉德馨、張聿修、袁復臣等四員，前補守備案内，均引見未滿三年，今陞補都司，照例毋庸送部。應請敕部頒給札付，以昭信守。請陞游擊錢四和、守備熊宗友、曾程發、馬啓超、蔡廷標、熊福勝、鄭林益等七員，俟部覆至日，由臣光燾分別給咨送部引見，以符定制。除飭取各該員履歷咨部查核外，謹會同江蘇巡撫臣恩壽、安徽巡撫臣誠勳、署理江西巡撫臣夏旹合詞恭折具陳。伏乞皇太后、皇上聖鑒訓示。再查請陞都司倪萬春、劉德馨、袁復臣三員，歷俸已將届滿，惟現在水師俸滿守備無人，不得不暫爲變通請補，以免員缺曠懸。合并陳明。謹奏。

朱批：兵部議奏，單并發。

長江水師各營光緒二十六年分官兵俸餉等項銀兩報銷遵照新章改題爲奏折

光緒三十年四月十九日

頭品頂戴兩江總督臣魏光燾跪奏爲長江水師各營光緒二十六年分官兵俸餉等項銀兩報銷遵照新章改題爲奏，恭折仰祈聖鑒事。竊查長江水師設立在兩江境内者十四營，歲需俸餉米折等項銀兩，前經奏定章程，酌留江西之湖口、安徽之大通、江蘇之瓜洲等三處釐卡，每年每卡各提銀十六萬兩。自同治八年爲始，因船廠經費製造火藥，不敷添設，親兵飛劃，先後加撥江西湖口釐卡銀一萬兩，皖南茶釐局銀一萬兩，江蘇、安徽釐卡銀各五千兩，共銀五十一萬兩，按年解歸江南鹽巡道庫支發。歷經題報。至光緒二十二年分止，并將二十三、四、五三年分俸餉等項銀兩，遵照新章，奏銷在案。兹據江南鹽巡道徐樹鈞詳稱，光緒二十六年正月起，至十二月底止，共收江蘇、安徽、江西三省各局解到二十六年分及補解二十五年分餉項，共銀四十三萬六百兩。又，舊管存銀十六萬一千二百八十兩六錢二分七釐九毫五絲七忽，統計共存銀五十九萬一千八百八十兩六錢二分七釐九毫五絲七忽，内支發長江水師提、湖、瓜三標十四營經制官弁、兵書、廉俸、薪蔬、糧餉、米折、親兵口糧、皮紙、火香折價、飛劃津貼并金陵、湖口兩船廠二十六年造修戰船工料，又金陵船廠補領二十五年工料及二十六年洋火藥經費，暨奉撥解交金陵防營支應局二十六年分長江水師節省兵餉，共銀五十二萬二千九百三十四兩九分七釐三毫一絲。除撥用申平款庫平銀一萬五千兩外，實動正項釐銀五十萬七千九百三十四兩九分七釐三毫一絲，應存銀八萬三千九百四十六兩五錢三分六毫四絲七忽，内劃出應扣各營小建銀五千八百三兩八錢一分二釐三毫七忽。計正款實在存銀七萬八千一百四十二兩七錢一分八釐三毫四絲，又扣建項下二十六年分扣存各營小建銀五千八百三兩八錢一分二釐三毫七忽，連舊管存銀五千一十八兩三錢三分三毫五絲六忽，共實存小建銀一萬八百三十二兩一錢四分二釐六毫六絲三忽。又扣收各營解繳二十六年截曠湘平銀三百五十二兩七錢七釐九毫二絲三忽，連舊管存銀四千七百八十九兩五錢七分四釐六毫七絲七忽，共實存截曠湘平銀五千一百四十二兩二錢八分二釐六毫。以上三款所存銀兩，應遵會議條款，留爲長江水師各營以後閏月及釐局撥款不敷之用等情，詳請具奏前來。臣覆核收放各款，均係照例支給，委無浮冒。謹繕具清單，恭呈御覽。仰懇天恩，敕部照數核銷。除將送到清册分咨户部、兵部外，理合會同江蘇撫臣恩壽、安徽撫臣誠勳、署江西撫臣夏旹、長江水師提臣程文炳恭折具陳。伏乞皇太后、皇上聖鑒。謹奏。

朱批：該部知道，單并發。

再，准長江水師提督臣程文炳咨，署華陽營右哨都司，准補大通營前哨守備李文科，舉動輕浮，貪鄙不職，亟應撤參，以肅戎政。咨請具奏前來，相應請旨，將長江水師准補大通營前哨守備李文科即行革職，以儆效尤。除所遺員缺另行揀員請補外，謹會同長江水師提臣程文炳附片具陳。伏乞聖鑒訓示。謹奏。

朱批：著照所請，兵部知道。

頭品頂戴兩江總督管理兩淮鹽政魏光燾長江水師提督程文炳片

光緒三十年五月二十四日

再，准長江水師提督程文炳轉據吳城營右哨都司陳勝德稟稱，都司本姓史氏，安徽望江縣民籍。父母早故，咸豐初年，因遭髮逆之變，流離無依，經同邑陳啓籲收爲義子，遂從陳姓，投效水師，得保藍翎外委，歷蒙拔補把總、千總，陞補守備。光緒三十年奉准陞補吳城營右哨都司，均從陳姓。現因史氏丁單，陳門業有後嗣，懇請歸宗復史氏本姓，以續禋祀。稟由該管營官查明該員，并無不准保陞及曾經獲咎、不准捐復，并永不叙用等項事。故加結呈請，轉咨核辦前來。臣查定章，武職游擊以下，非實缺人員，不准更名復姓。今陳勝德係實缺，吴城營都司所請歸宗，復史氏本姓，核與定章相符。除將送到册結咨部外，謹會同長江提臣程文炳附片具陳。伏乞聖鑒，敕部查照施行。謹奏。

朱批：兵部知道。

長江水師各營光緒二十七年分官兵俸餉等項銀兩報銷遵照新章改題爲奏折

光緒三十年八月初十日

頭品頂戴兩江總督臣魏光燾跪奏爲長江水師各營光緒二十七年分官兵俸餉等項銀兩報銷遵照新章改題爲奏，恭折仰祈聖鑒事。竊查長江水師設立在兩江境内者十四營，歲需俸餉、米折等項銀兩，前經奏定章程，酌留江西之湖口、安徽之大通、江蘇之瓜洲等三處釐卡，每年每卡各提銀十六萬兩。自同治八年爲始，因船廠經費製造火藥，不敷添設，親兵飛劃，先後加撥江西湖口釐卡銀一萬兩，皖南茶釐局銀一萬兩，江蘇、安徽釐卡銀各五千兩，共銀五十一萬兩。按年解歸江南鹽巡道庫支發，歷經題報。至光緒二十二年分止，并將二十三、四、五、六四年分俸餉等項銀兩，遵照新章奏銷在案。兹據江南鹽巡道徐樹鈞詳稱，光緒二十七年正月起至十二月底止，共收江蘇、安徽、江西三省各局，解到二十七年分及補解二十六年分餉項共銀五十一萬一千八百四十九兩三錢三分，又舊管存銀七萬八千一百四十二兩七錢一分八釐三毫四絲，統計共存銀五十八萬九千九百九十二兩四分八釐三毫四絲，内支發長江水師提、湖、瓜三標十四營經制官弁、兵書、廉俸、薪蔬、糧餉、米折、親兵口糧、皮紙火香折價、飛劃津貼并金陵、湖口兩船廠二十七年造修戰船工料，及二十七年製辦洋火藥經費，暨補解奉撥解交金陵防營支應局二十六年分長江節省兵餉，共銀四十八萬二千七百六十二兩二錢九分一釐七毫六絲九忽，應存銀十萬七千二百二十九兩七錢五分六釐五毫七絲一忽，内劃出應扣各營小建銀五千八百二十六兩一釐九毫八忽，計正款實在存庫平銀十萬一千四百三兩七錢五分四釐六毫六絲三忽，又扣建項下二十七年分扣存各營小建銀五千八百二十六兩一釐九毫八忽，舊管存銀一萬八百三十二兩一錢四分二釐六毫六絲三忽，共實存小建銀一萬六千六百五十八兩一錢四分四釐五毫七絲一忽。又扣收各營解繳二十七年分截曠湘平銀四十兩二錢四分一釐三毫七絲二忽，舊管存銀五千一百四十二兩二錢八分二釐六毫，共實存截曠湘平銀五千一百八十二兩五錢二分三釐九毫七絲一忽，以上三款所存銀兩，應遵會議條款留爲長江水師各營以後閏月及釐局撥款不敷之用等情，詳請具奏前來。臣覆核收放各款，均係照例支給，委無浮冒。謹繕具清單，恭呈御覽。仰懇天恩，敕部照數核銷，除將送到清册分咨户部、兵部外，理合會同署江蘇巡撫臣端方、安徽巡撫臣誠勳、署江西巡撫臣夏旹、長江水師提督臣程文炳恭折具陳。伏乞皇太后、皇上聖鑒。謹奏。

朱批：該部知道，單并發。

長江水師金陵營參將各缺遴員請補折

光緒三十年十一月二十七日

頭品頂戴兵部尚書銜署理兩江總督山東巡撫臣周馥、長江水師提督臣程文炳跪奏爲長江水師金陵營參將各缺遴員請補，恭折仰祈聖鑒事。竊長江水師守備以上各缺，向係揀員開單會奏請補，歷辦在案。兹查有金陵營參將胡忠勝等所遺各缺，先經臣文炳遴選，得丁得貴各員會商擬補。經前署督臣李興鋭核明，將各該員履歷咨部在案。前督臣未及具奏，留交到臣。覆加查核所有請陞參將各缺丁得貴等五員，均與定章相符，理合開列清單，恭呈御覽。合無仰懇天恩，俯賜照准。内請陞參將丁得貴，前補游擊引見，未滿三年。如蒙俞允，照例毋庸送部，應請敕部頒給札付，以昭信守。其請陞守備劉文魁、唐德山、楊受百、黄鴻鉞四員，俟部覆至日，分别給咨送部引見，以符定制。謹會同護理江蘇巡撫臣效曾、安徽巡撫臣誠勳合詞恭折具奏。伏乞皇太后、皇上聖鑒訓示。謹奏。

朱批：兵部議奏，單并發。

光緒三十一年五月二十七日

長江水師吴城營左哨都司各缺遴員請補折

頭品頂戴兵部尚書銜署理兩江總督山東巡撫臣周馥、長江水師提督臣程文炳跪奏爲長江水師吴城營左哨都司各缺遴員請補，恭折仰祈聖鑒事。竊長江水師守備以上各缺，向係揀員開單會奏請補，歷經照辦在案。兹查有吴城營左哨都司鄧汪席臣等所遺各缺，由臣文炳遴選歷練營伍、熟諳水師之員會商擬補。計請陞補都司王文明等四員，核與定章均屬相符。理合開列清單，恭呈御覽。合無仰懇天恩，俯賜照准。如蒙俞允，所有請陞都司王文明，前於補守備案内引見，未滿三年，今請陞補都司，照例毋庸送部，應請敕部頒給札付，以昭信守。請陞守備李尚慶、曹昭貴、王仁楷等三員，俟部覆至日，由臣覆分别給咨送部引見，以符定制。除飭取各該員履歷咨部查核外，謹會同江蘇巡撫臣陸元鼎、安徽巡撫臣誠勳、江西巡撫臣胡廷干合詞恭折具奏。伏乞皇太后、皇上聖鑒訓示。謹奏。

朱批：兵部議奏，單并發。

再，長江水師各員缺，前因俸滿守備無人，經前督臣魏光燾等奏請變通辦理，准將歷俸未滿年限員弁先行陞署，各缺仍自前補底缺受札之日起，扣滿一年再請實授。經部覆准在案。兹查陞署蕪湖營左哨都司劉德馨，前補裕溪營前哨守備，係於光緒二十九年四月二十三日接受札付，陞署華陽營右哨都司。袁復臣前補岳州營前哨守備，係於光緒二十九年五月二十一日接受札付，現在歷俸均滿一年，應請敕部各換給都司實授札付，以昭信守。除飭取履歷咨部查核外，謹會同長江提督臣程文炳附片具陳。伏乞聖鑒，敕部查照。謹奏。

朱批：兵部知道。

長江水師金陵營前哨守備各缺遴員請補折

光緒三十一年三月初四日

頭品頂戴兵部尚書銜署理兩江總督山東巡撫臣周馥、長江水師提督臣程文炳跪奏爲長江水師金陵營前哨守備各缺遴員請補，恭折仰祈聖鑒事。竊長江水師守備以上各缺，向係揀員開單會奏請補，歷經照辦在案。兹查有金陵營前哨守備周雲亭等所遺各缺，由臣文炳遴選歷練營伍、熟諳水師之員，會商擬補。計請陞補守備高麟等六員，核與定章均屬相符。理合開列清單，恭呈御覽。合無仰懇天恩，俯賜照准。如蒙俞允，俟部覆至日，由臣馥分別給咨送部引見，以符定制。除將各該員履歷咨部查核外，謹會同安徽巡撫臣誠勳、江淮巡撫臣恩壽、護理江西巡撫臣周浩合詞恭折具奏。伏乞皇太后、皇上聖鑒訓示。謹奏。

朱批：兵部議奏，單并發。

長江水師游擊各缺遴員請補折

光緒三十一年十月初六日

頭品頂戴兵部尚書銜署理兩江總督山東巡撫臣周馥、長江水師提督臣程文炳跪奏爲長江水師游擊各缺遴員請補，恭折仰祈聖鑒事。竊長江水師守備以上各缺，向係揀員開單會奏請補，歷經循辦在案。兹查有孟河營游擊彭兆琳等所遺各缺，由臣文炳遴選歷練營伍、熟諳水師之員會商擬補，計請陞補游擊周雲亭等八員，核與定章均屬相符。理合開列清單，恭呈御覽。合無仰懇天恩，俯賜照准。如蒙俞允，内請陞都司彭汝霖、王明華、張敬德三員前於補守備案内，均引見未滿三年。今請陞補都司，照例毋庸送部，應請敕部頒給札付，以昭信守。請陞游擊周雲亭、守備歐陽文魁、胡志福、李茂庠、張國威五員，俟部覆至日，由臣馥分别給咨送部引見，以符定制。除飭取各該員履歷咨部查核外，謹會同江蘇巡撫臣陸元鼎、安徽巡撫臣誠勳、江西巡撫臣胡廷干合詞恭折具陳。伏乞皇太后、皇上聖鑒訓示。謹奏。

朱批：兵部議奏，單并發。

頭品頂戴兵部尚書銜署兩江總督山東巡撫周馥長江水師提督

程文炳片 光緒三十二年正月

再，准長江水師提督程文炳咨稱，大通營右哨都司楊毓魁，年近八旬，年力衰邁，恐難勝任。惟該員久歷水師，前曾著有勞績，擬請以原品休致，咨請核辦等因前來。相應請旨，將楊毓魁開去大通營右哨都司員缺，以原品休致。謹會同長江提臣程文炳附片具陳。伏乞聖鑒訓示。謹奏。

朱批：著照所請，兵部知道。

長江水師都司守備各缺遴員請補折 光緒三十二年三月十五日

頭品頂戴兵部尚書銜署理兩江總督山東巡撫臣周馥、長江水師提督臣程文炳跪奏爲長江水師都司守備各缺遴員請補，恭折具陳仰祈聖鑒事。竊長江水師守備以上各缺，向係揀員開單會奏請補，歷經循辦在案。兹查有湖口營左哨都司邵茂春等所遺各缺，由臣文炳遴選歷練營伍、熟諳水師之員會商擬補。計請陞補都司守備各缺王文明等七員，核與定章均屬相符，理合開列清單，恭呈御覽。合無仰懇天恩，俯賜照准。如蒙俞允，内請陞都司王文明、曾程發、滕鈞、劉光林四員，前補守備引見，均未滿三年，照例毋庸送部，應請敕部頒給札付，以昭信守。請陞守備羅鳳林、丁錦宗、部春元，俟部覆至日，由臣馥即行給咨送部引見，以符定制。除飭取各該員履歷咨部查核外，謹會同護江蘇巡撫臣濮子潼、安徽巡撫臣恩銘、江西巡撫臣胡廷干合詞恭折具奏。伏乞皇太后、皇上聖鑒訓示。謹奏。

朱批：兵部議奏，單并發。

再，署狼山鎮標中營中軍守備、海門汛千總趙鴻猷，前於光緒二十年江北河運十九年分漕糧出力案内，保俟補缺後，以都司補用。經部核准，惟部復原單將『鴻猷』誤書『洪猷』，當經咨部查明更正，旋准兵部復稱，該員請獎原案，均屬相符，惟事隔已久，趙鴻猷是否即趙洪猷，無從查核。且都司係五品以上人員，向歸奏案行令奏明辦理等因。復經飭查去後，兹據署狼山鎮總兵李祥椿呈稱，該員原保奏案，實係鴻猷。嗣奉行知部復單内，書作

『洪猷』，自係筆誤。本擬即時呈請更正，惟該員所得保奬，係補缺後方能過班，故於此次過班，造送履歷時，一并聲請更正，并無别情。呈請具奏前來，臣復查屬實。理合附片陳明。伏乞聖鑒，敕部查照。謹奏。

朱批：兵部知道。

再，據徐州鎮總兵劉青煦呈稱，該標中營中軍守備張耀，前於光緒二十七年七月，奉文調署蘇撫右營守備，未經到任，即請假回籍修墓。嗣因在途感發勞傷，回籍後久醫不愈，一時難以赴任，自行稟請開除底缺，俾得安心調養等情。當經飭據該員原籍婁縣，就近查明，該員傷病屬實，服藥未愈，將來實難起用等情前來。合無仰懇天恩，俯准將徐州鎮標中營守備張耀開缺留籍調養，以示體恤。所遺守備一缺，即由臣另行揀員請補，除照章飭取醫驗各結送部查核外，理合會同署江北提督臣劉永慶附片具陳。伏乞聖鑒，敕部查照。謹奏。

朱批：著照所請，兵部知道。

長江水師都司守備各缺遴員請補折

光緒三十二年五月十五日

頭品頂戴兵部尚書銜署理兩江總督山東巡撫臣周馥、長江水師提督臣程文炳跪奏爲長江水師都司守備各缺遴員請補，恭折具陳仰祈聖鑒事。竊長江水師守備以上各缺，向係揀員開單會奏請補，歷經循辦在案。兹查有吴城營左哨都司鄧汪席臣等所遺各缺，由臣文炳遴選歷練營伍、熟諳水師之員，會商擬補。計請陞補都司守備各缺蔡廷標等五員，核與定章均屬相符。理合開列清單，恭呈御覽。合無仰懇天恩，俯賜照准。如蒙俞允，内請陞都司蔡廷標，前補守備引見未滿三年，照例勿庸送部，應請敕部頒給札付，以昭信守。請陞守備陳定邦、蔣慶應、陳乾友、章正興，俟部覆至日，由臣馥即行給咨送部引見，以符定制。請除飭取各該員履歷咨部查核外，謹會同江蘇巡撫臣陳夔龍、安徽巡撫臣恩銘、署江西巡撫臣吴重憙合詞恭折具奏。伏乞皇太后、皇上聖鑒訓示。謹奏。

朱批：兵部議奏，單并發。

程文炳遺折

奏爲微臣病已不起，謹伏枕貢所欲言，以備聖明採擇，恭折仰祈聖鑒事。竊臣前蒙恩准，賞給病假二十日，方冀醫治就痊，不料補瀉無功，精神日敝。醫家僉云：『少年辛苦太過，晚歲操勞益甚。』現在氣血俱衰，勢已不治。伏念微臣今年七十有七矣，自顧了無遺憾，所耿耿不能忘者，則我四朝列聖恩遇之隆，迄未能圖報萬一，是則歿猶有恨者矣。本年三月，復蒙恩准專折奏事，而至今一無陳奏，尤爲辜負天恩。臣本皖北一武夫，所知惟戰陣之事。竊嘗就陸軍新定之章程，證之生平所經驗，稍有所得，欲言而不敢僾言者久矣。今請爲皇上陳之。

一則陸軍之兵籍與官制，宜規定實行也。溯自咸豐年間，前大學士曾國藩練湘鄉之人以充勇，號曰湘軍。李鴻章繼之，選募兩淮之人，號曰淮軍。由是而粤將練粤勇，楚將練楚勇。臣皖北人也，所部亦皆皖北之人，號曰皖軍。蓋是時，雖未確定兵籍，而一軍之中，上自統將，下逮兵卒，非其父兄子弟，即其鄉黨鄰里。故各軍之號，皆以籍貫冠之。是即兵籍之嚆矢也。查核新章招募制略、入伍制略，其注重在就地召募。此與中興諸軍，用意相同者也。其大不同者，新章之所規定，惟限於下級兵卒；若上級官長，則未限定以本省之人。夫中興諸軍，亦未嘗明定限制必用本省之人，而習慣使然，遂成牢不可破之局。今以易結團體之兵卒，臨之以無甚感情之長官，勢必兵與官不相習，將與士難一心。融洽既難，猜嫌易起。皖、粤新軍之變故，未始不由此階之。擬請飭下各省陸軍，速照定章實行兵籍之制。一切留餉優待各條，皆切實行之，勿以空文相市。其各軍軍官，除應由特簡之大員外，一律皆以本省人員補充。一面速定續備、後備軍制，毋令退伍之兵，一散而不能合，徒使養兵每年費餉巨萬，一旦按籍，曾無可征調之兵。此臣所欲言者一也。

一則陸軍餉項，宜格外撙節也。臣昔年轉戰八九省，所部士卒多或數萬，少亦萬數千人。析其用餉之數，大約每兵萬人，每年用餉自六十萬至八十萬而止。其最費之時，亦不能過百萬。而一切軍械、軍裝、轉運、犒賞諸費，均在其内。兹查陸軍新章，以一鎮官兵計算，亦祇一萬一千餘員名。月餉一項，每年即需銀百數十萬。而軍械、軍裝、車輛、馬匹、醫藥、操演、奬賞等費，每年又需數十萬兩。因一鎮而設之督練公所及大操之費、戰時之費，均不在内。夫文明軍隊之氣象，自與從前鄉勇不同，而臣悉以爲，事須核實，毋徒騖名。兵亦求其能戰已耳，揚厲鋪張無當也。查各國軍隊中之非戰鬥員，及相當文官，以及音樂、醫士、工藝諸員弁類，皆取才於陸軍以外之學堂。今我國各種專門學科均未發達，豈有此項人才足以輔助陸軍？乃陸軍之中，制惟求備，雖無其才，而必備其官。此何爲者也？誠不如暫缺其額，留以待之將來。又如，各省之督練公所，不過規模較大之營務處耳，糧臺耳。自以督撫臨之，而費益不貲矣！更如衣履、帳棚諸費，制皆仿自日本。查日本之兵，月餉極薄。每兵每月，多者祇一元五角，少者或僅數角，故不能無衣食住之供給。我則每兵月餉四兩有餘，多者五兩以外。更爲之製備衣履，籌及柴草。此固朝廷汪濊之恩，然而過厚之施，後難爲繼。此臣所欲言者二也。

一則全國兵額，宜量力次第加增也。東西各强國，兵力至偉大矣，而其兵額之配置，必合國家經濟力與國民生活力衡量而定之。誠以兵必需餉，餉出於民。兵多而餉力不給，則兵必變；餉多而民力不堪，則民亦必變。中外古今無二理也。臣在兵間六十年，所見兵變之禍，無不因欠餉而起。以曾國藩之威信夙著、鮑超之能得軍心，而不能禁饑軍之作亂。夫偏師支隊之嘩，潰其爲害，僅一時一方而已。若省省如是，軍軍如是，其爲禍何堪設想！查額定三十六鎮之兵，現除近畿六鎮，湖北、江南、四川、雲南、奉天各成一鎮外，其餘或僅成一協、一標，是所缺尚不止一半。比聞各省之未成鎮者，皆克期限令成鎮。而各省明年預算不敷之款，多者數百萬，少亦百數十萬，再令增此出款，無米何炊！非欠餉而致兵變，即派餉而激民變。有斷然者，養兵所以禦敵，臣恐敵兵未至，我先已自相踐踏，爲敵人鷸蚌之資。縱使敵人不欲我亡，其如我已不能成立何！臣之愚見，籌餉之事，宜令陸軍部臣與度支部臣直接商之。總以能有的實餉源爲主，指撥分派之款，尚不可恃練兵之事，宜直截令陸軍部主之。外省不必自練，如畿輔左右、南北兩洋、邊疆重要，何處應駐重兵者，由陸軍部分派練成之兵，前往駐扎。即須就地召募，亦均由陸軍部主持。督撫但盡其應盡之責，而於訓練一事，不必預聞。其次要及腹地省分，暫時可以緩派，即暫時可以緩練。總之，練兵必先籌餉。必先籌有一鎮之餉，乃可開練一鎮之兵。此臣所欲言者三也。

一則軍械宜自行製造，并應變通操法也。有精練之兵，而無精良之械，與無兵同；器械仰給於人，製造不能由我，則有械與無械同。就中國國防兵額而計，非有每日出炮二三尊、槍百支以上之大製造廠，不足供全國之所求。聞日本所蓄軍械，可以供四十師團二十年射擊之用。此雖誇大其辭，然積儲實屬甚富。中國全國所存軍械，前年曾有統計，大都不堪臨戰者居多。其稍精良者，皆係購自外國。我不能自行製造，則中國添練一軍，徒爲外人增一利孔。臣聞光緒二十八九年間，前練兵處已定議，於南北兩洋分設槍炮大廠二所，以積儲開辦經費之故，統定於五年以後開辦。今者五年之期已屆，開辦之費當已集矣。尚不聞有此設施，茲事萬不容緩。況有預定基礎，成之當復不難。擬請旨，飭下陸軍部暨南洋大臣，檢查舊卷，循案辦理。但使大廠早一日觀成，則漏卮即可早一日堵塞。而臣更有請者，今日戰争之利器，槍炮尚矣，操練之法亦備矣，此誠不可不學者也。然觀近年英脱之戰、日俄之戰，其最終之勝負，大抵决於短兵相接，血肉相搏之時。我國舊有之武器，最適用於兩軍近接之争衡。所有刀、矛、鞭、鐧諸技術，至今尚有流傳。亦如日本柔術，爲國中武士道之精英。宜令軍隊兼習及之，存我固有之武風，并以備衝鋒之上選。此臣所欲言者四也。

總之，軍人宜耐勞習苦，不宜養尊處優。治軍之道，宜信賞必罰，不宜姑息優容。軍人之精神，宜文明；軍人之體魄，則宜野蠻。外人謂中國人富於當兵之資格，爲其體魄强也。今若優而柔之，事襲文明之皮毛，是先自棄其長，臣未知其可也。

至於長江天險，久與各國共之。江防爲五省命脉所關，非大加改革，編制大枝艦隊，設立要塞炮臺，相輔相依，不足以固門户。若舊有之經制，水師但能抵江面警察之用，保汛地之治安而已。臣之愚見，辦理海防，宜先自江防辦起。即創辦海軍，亦當先從内江著手。使揚威海外者，頗多鐵甲之師船；而防守内江者，仍屬帆檣之舊制，不惟無濟實用，抑且貽笑於人。此尤臣職守所關，屢欲言之聖主之前者也。

竊念臣年十六即已從戎，由偏裨而至提督，四十餘年矣。近來待罪長江，又已十年。每念及受國厚恩，雖捐縻踵頂，不足爲報。當臣初病，理應籲懇開缺。然以時局危迫，不敢遽爾乞退。方期舊傷獲愈，得以效命疆埸，力圖報稱。乃醫藥罔效，竟至不起。微臣已矣，不復能報效國家矣！而痛時艱之孔棘，念軍政之前途，身之所歷，心之所懷，口尚能言。儻蒙聖明在上，哀憐臣愚，將臣所議，飭下軍咨處、海軍處、陸軍部會議施行，則臣雖死之日，猶生之年，不勝伏枕哀鳴之至。謹令臣子恩培，就臣口授敬謹繕折進呈。伏乞皇上聖鑒。謹奏。

（本文輯自《程文炳事略》，南洋印刷官廠一九一〇年石印本）

文

重修漢丞相諸葛忠武侯故宅碑記

昔晉永興中，鎮南將軍和季劉弘至隆中，觀漢丞相諸葛忠武侯故宅，命太傅掾犍爲李興爲文，立碣表閭，謂此宅爲仁智之處，有異世通夢、恨不同時之歎。夫以劉公之鎮荆州，其距漢室之季數十年月，乃尋覽山川，憑吊往躅，已不勝仰止景行之慕，矧在今日，其愛護宜何如哉！

光緒九年，余自泗州防守所奉朝命提戎襄陽，簡車之暇，謁侯像於山阿，祠宇榱棁，漸就荒落，石矩□□，雜樹蒙翳。詢曩時草廬所在，則頽廢無存。而邑志所記諸名勝，或湮没莫可辨識，爲慨然太息者久之。嘗與前署提督儀堂吴公、前觀察使蓉州盛公共議修復事，未舉，適有統軍防海之命，迨十有一年秋，歸自閩疆。次年，始得與觀察諏考圖經，規模舊式，顧以經費繁巨，籌計未審所出。於是，制府壽山裕公，方承詔閲兵至漢沔，乃肇指康俸，以爲寅僚倡率。於是鳩工庀材，循次第而更新之。首葺祠宇，以嚴祀事，瞻拜肅穆，禮有其容。庭院清曠，回廊連亙，陞堂展眺，□然想見魚水君臣之契。堂之後，群木拱列，仰視如翠屏，喬柯入雲，似虬龍攫拏天際，兹山最勝處也。自廊右北出，則石磴□紆，古柏亭卓立山半，攀陟至此，得少休憩。再轉而上，則平坡如砥，倚山爲屋，蔚然深秀，草廬之故址也。南山當門，如排几案，巖巒合匝，隱若玦環，隆中之名於斯乃見。山谷多椽楝，復與今觀察使東屏陳公種松檜萬株於四山之隙，亦異時游觀之美也。因思侯當日居此，嘗抱膝長吟，自比管、樂，時人莫之許，獨崔州平、徐元直信之。而余家近鄰潁上，實敬仲故里，初不聞有遺址爲後人稱述，適剿賊畿南，馳驅燕、趙之間，欲訪望諸君之墓，而英風銷歇，亦無有能知其處者。獨侯從流寓數椽之宅，歷千有餘年，常爲人所愛護，是其明得懿烈，有非管、樂所倫匹者矣。

工既竣，與賓客縱觀，皆以是役也不可無記，爰鎸石書，此輒私淑於劉公之志事云。

抱膝處碑記

武侯祠東南百餘步，有阜隆起，縱横十餘丈，自後山迤邐而下，至此而氣爲之聚，蓋隆中旁著之堆也。郡志謂山中有抱膝亭久圮，今舊址不可復睹。余修武侯祠既竣，與賓僚縱覽形勢，想當年長吟遠矚，惟此間足以當之。乃構亭於其上，高四丈有奇，周七丈餘。乃復於其下鑿方塘，實以蓮芡，養以魚苗。春水方生，憑欄兀坐，慨然思巾扇之度，雖在小隱，未嘗須臾忘天下事焉。後之人來游來歌，毋以沮、溺之例視侯，而咸思侯之別有寄托，此則餘區區構亭之微意夫！

隆中圖

諸葛公當季漢之世，龍德而隱，若將終身。及感昭烈殷勤之意，一出而功業爛然。故山丘雖不復歸，而隆中一彈丸地與公大名同垂宇宙，地以人傳，詎不信歟！予於戊子歲重修隆中既竣，兹復摹其全圖，蓋存兩意：一欲使異地之人披此圖者，肅然如見清高之像，一欲使後之有整領之責者，因今日之規模且益拓之。羊叔子所謂『萬世之後，魂魄猶戀此山』，吾知公必有同心也。

（以上輯自于襄生主編《隆中志·金石藝文·碑文》，中國文聯出版社二〇〇八年版）

附：軍門程公修建隆中記

佚名

嘗讀朱子《綱目》，大書特書劉備見諸葛亮於隆中。重其人，重其地，後世之祠祀之，宜也。晉永興中，鎮南將軍劉弘至隆中觀武侯故宅，立碑表之。陞平五年，習鑿齒又為宅銘。六朝後，興廢無考。自前明以迄國朝康熙、乾隆間，代有修建，均詳郡志。道光以來，漸形頹敝，守土諸公雖有起廢之志，而四郊多□，未遑從事。光緒乙酉秋，幸大元戎程公從周軍門援閩凱旋，復節漢上，整軍餘暇，謁武侯遺像，見祠廟傾圮，不足壯瞻視，妥神靈，為感慨者久之。乃首捐廉俸，檄大協戎丁公斌全督其事，代其勞，鳩工庀材，廓而新之。經始於丁亥春，落成於秋，祠宇巍煥，頓改舊觀。山巔修復草廬舊址，又新建抱膝亭於山下小阜，鑿池養魚，種蓮其中。此役也，復名士之遺跡，廣前聖所未備，非軍門無以總其成，非協戎莫由竟其志。蓋大君子所屬望於襄人士者大且遠，士之誦法武侯者直如何濯磨，以無負培植之雅意邪！如謂點染風景，徒以壯游覽之勝概焉，不唯我軍門與協戎所不取，抑亦居是邦者不屑道也。是為記。

（輯自《隆中志·金石藝文·碑文》，中國文聯出版社二〇〇八年版）

電報

致李鴻章電報 三則

其一 光緒二十年七月二十七日戌刻到

文炳到寧，廿日峴帥傳知，電諭募勇北上。現定募淮勇威靖十營，俟到京，再求指示另稟。炳叩。

其二 光緒二十年九月十九日戌刻到

此次所募之隊皆農民，總須急緊操練，方可臨敵。遵赴静海日夜操練。

附：李鴻章寄德州交前湖北提督程 光緒二十年九月二十七日戌刻

總署電轉程提督。本日奉旨：程文炳電奏已抵德州，著即來京陛見。欽此。鴻。

附：軍機處電寄程文炳諭旨 光緒二十年九月二十七日發

奉旨：『程文炳電奏已抵德州，著即來京陛見。欽此。』九月二十七日。

其三 光緒二十六年七月二十一日到

奉電示：病愈。現無營可撥，餉亦難籌，奈何？懇訓示。

附：李鴻章復電 二則

其一 光緒二十六年七月十二日辰刻

電悉：洋兵已近通州，往援無益，祇可略候進止。

其二 光緒十一年六月初十日

從周尊兄軍門麾下：

頃奉惠書，感承飾注。借諗雄軍月内全撤回鄂，比想樓船横海，早整歸帆。笳鼓重洋，發景宗之浩唱；襄樊舊部，喜妹子之遥臨。引睇牙麾，式符遠頌。法人孤軍渡海，勾結内匪，戰則為之前軀，入則為之引港，甚且暗傳消息，隱濟煤糧。固由重利之誘惑，亦由各國商船出入如常，彼得從中影射。中國雖申屢禁，勢不能於通好各國逐細查禁，致開釁端。此所以屢禁屢犯，未能永絶也。尊意於稽核保甲之中，寓查緝奸民之意，誠屬一舉兩得。但須沿海文武認真巡察，實力奉行，庶可漸清弊竇。否則兵械雖精，人財雖足，而内奸不去，終難制敵死命也。專復，祇頌勳祺，謹璧謙柬。不具。愚弟。

附：軍機處電寄宋慶馬玉崑程文炳等諭旨 光緒二十七年三月十六日發

奉旨：『現在宋慶、馬玉崑所統各軍已先後調赴河北，即著該提督等會商河南巡撫，擇要分布填扎。程文炳所統五省援軍十七營，著即全數帶回，分飭各歸原省，由各該督撫酌量裁留，以節餉項。欽此。』三月十六日。

（以上輯自《淮軍電稿・淮軍與義和團、八國聯軍》，海軍航空學院蘇小東編著，未刊稿）

致張之洞電 二則

其一 光緒十八年七月初九日未刻到

電悉。魏家沖僅有居民數家，燒毁柴堆，距魏全義住房有三四丈遠，是否楊家崗放火，候縣訊明。炳叩。

附：襄陽道府致電張之洞并稟撫臺 光緒十八年七月初九日亥刻到

頃據穀城縣稟：『勘明被燒瓦屋三間，係教士往來寓所；草屋二間，係雷姓住房。』教民雷財義赴案供稱：『伊家被匪焚燒，其母雷謝氏被砍傷手腕等處，後燒死。』詰以匪名，供不認識。核其紫鑫峒向多教堂教民，該處民團雲集，兼有刀匪附和，欲焚教堂，經官弁極力防護，至今衆尚未散。已電飭道將率兵勇馳往查拿解散。程提督函稱彼處兵力不敷，請派營前往，已派鐵字營勇馳往彈壓搜捕。日來電檄紛馳，嚴飭地方文武極力防緝。至湖南主教可危、家園古教堂被焚各節，尚無所聞，容即飛速確查。元。

其二 光緒十八年七月十三日亥刻到

電悉。懸賞拿匿名揭帖者，已經出示懸賞嚴拿。前營陳把總玉貴，業已轉飭鼓勵。昨已派王哨官帶兵四十名，赴紫金峒、石花街，會同營、縣擇要駐扎彈壓，以保教堂，竭力布置，不避嫌怨。請放懷。炳叩。

附：張之洞致襄陽程提臺朱道臺襄陽府縣蒯參將電 光緒十八年七月十三日發

穀城距襄陽不甚遠，紫金峒一帶至今民教未安，匪徒未散，岌岌可虞。郡城現有府、縣、提臺彈壓，該道可迅速親往一巡，令馬隊數十人隨往，蒯將率練軍約百名助之，星馳前往，到彼拿獲造言生事痞匪數名，就地正法，自然匪散民安。此處解散，他處自平。如不能查獲造謠者，能獲刀痞數人，亦可誅以儆衆。往返不過十日八日。此事機括甚緊，鐵字營到襄總須十日，緩不濟急，若遷延不速解散，必致釀成教堂巨案，不可收拾，地方文武難當此重咎也。切望程軍門與朱觀察迅商速辦，并電復。文。

附：朱道致電張之洞并禀撫臺 光緒十八年七月十四日午刻到

電諭謹悉。職道遵即往商程軍門，擬即日督領馬隊，會同蒯將帶練前往。惟該處情形，昨據委員劉繼榮面禀：『已詣彼處詢明士紳張天鑒、周新盛等，僉稱匪徒蹤跡本鄉尚無警覺。此外深溝遠谷，不識有無藏匪。至本處教民，因聞火案及揭帖謠言，竊有戒心是實。又聞千莖樹民團未散，不無匪徒煽鼓其間，誠恐再開別釁。』職道正飛飭印委各員，一面解散民團，保護教堂，仍一面嚴拿各匪。玆奉諭往巡，謹當相機辦理，總期誅匪、安民、保教，各得其宜，以紓憲廑。煊禀。

致張之洞并撫臺電 二則

其一 光緒十八年七月十四日亥刻到

電悉。當時會商朱道帶馬隊，并飭令蒯將帶練兵，協同前往石花街、紫金峒一帶，彈壓查拿匪類，懲辦以靖地方。現據前營馬都司面禀：『謡言漸息，該處民心少定。』探弁回稱大略相同。現朱道、蒯將出巡，似可消患無形。炳。

其二 光緒十八年七月十五日未刻到

電悉。紫金峒之謡，由千莖樹火案而起。初二日即派隊前往千莖樹，查拿彈壓。據探回稱：『該處山沖四道，居民甚多，傳染瘟疫死者甚衆，疑是教民下藥毒死。民團相聚自保，約有二千餘人。馬都司、穀城汪令初五日齊到，竭力開導，民團始散。該處教民數十家，有搬赴紫金峒者，因此謡言四起。』查紫金峒距千莖樹百里，因思該處有教堂二座，教民數千，關係甚重，隨於初十日，派令哨官帶兵四十名，前赴石花街駐扎。該處係紫金峒出入咽喉。并令馬都司親往督率，保護嚴拿，以靖地方。該處現在無事。遵囑飭蒯將留石花街，妥爲布置，可保無虞。仍當相機籌度，請抒遠念。容另函。炳叩。

附：張之洞致襄陽提臺府縣 光緒十八年七月十八日發

省隊到後祇駐襄樊以彈壓外匪，不到穀城，全營祇扎一處，亦不可令分扎。望速飛告朱道、蒯將及穀城縣印委曉諭紳民，不必驚疑。嘯。

（以上輯自《張之洞全集卷一百八十八·電牘十九》）

附：張之洞致江寧端制臺太平長江程提臺 光緒三十三年六月十七日申刻發

昨奉真電。正籌核間，復接十五日電示奏稿。長江地方緊要，巡緝不容疏懈。鄂省設立沿江緝捕營，密遣綫勇分駐各省繁盛口岸，查緝匪黨已歷八年，辦法與探訪隊名異實同。現奉旨飭會同妥議《長江巡緝章程》，敝處自應將從前已辦情形，此後加密辦法，詳核會奏，庶與來稿『統顧兼籌』之語相結合。至程軍門巡查重任，鄙人深願竭力幫助。至需用輪船巡緝，敝處亦可酌撥一號，供其調遣。惟艦隊須編練始能成立，鄂省淺水兵輪購到不久，兵弁、機手尚待學習。又因餉需過巨，此時有船無人，無從編隊。且匪蹤隱密飄忽，要在偵查兵輪梭巡，耗費鮮效，亦與敝意未合。此係查緝亂黨，并非轟擊捻匪。既奉諭旨妥議，自應力求實際，不敢率行復奏。湖口為兩江所轄，似未便責之湖北，容再妥籌，另電詳達，敬請兩公大教。此事關係至巨，鄂力所能及，斷不稍事推諉。惟《巡緝章程》既須各就各省情形擬議，則奏稿似須與各省熟商詳籌，衆議僉同，方可入告。若未經商定之稿，務望暫勿遽發，以免日後參差辯論，至禱，并盼示復。霰。

（輯自《張之洞全集卷二百六十八・電牘九十九》）

附：張之洞致江寧端制臺太平長江程提臺蘇州陳撫臺南昌瑞撫臺安慶馮撫臺長沙岑撫臺

光緒三十三年六月二十二日申刻發

管見五條，請諸公賜教：

一曰密訪匪蹤。擬各省皆設探訪隊而易其名。查探訪隊，係仿北洋探訪局之意，其益甚大而其名宜改。以此標名，是專與黨匪樹敵，稍覺狹小，且易驚避，似不如名曰巡緝隊，則查緝各種盜匪、會匪、梟匪，俱括其中。鄂省自光緒二十六年即設用緝捕專營，多養綫勇，派駐各處通信協緝，實即探訪隊也，故近年南北巨匪，多有捕獲。今欲防革命黨匪，惟有沿江各省皆設巡緝專營，互通信息，不分畛域，此即所以協助長江水師也。再，此次奏内若聲叙江省設隊等事，則鄂省早已設巡緝隊，及聞皖變後，即派步隊、兵輪馳往彈壓，亦望叙及。竊謂無論江、鄂，前事均不宜多叙也。

二曰派輪應用。查密緝匪黨，與攻擊大敵不同，艦隊似無大用。惟乘坐赴機、裝載兵勇、拖帶兵船，則必需中號輪船。江南既派兵輪一艘供程軍門用，湖北亦派兵輪一艘供程軍門用。如實不敷，臨時騰挪租雇應用。至鄂省新製兵艦，因餉力過絀，且水師學堂未設，尚未能招配弁勇，故無艦隊可編。

三曰師船換炮。長江水師長龍舢板，前於四年前，業經洞在兩江署任時，全行發給後膛槍，今擬將各船炮位一律換用後膛炮，由江、鄂兩省各按本轄船隻，設法湊足應用。

四曰五省協助。程軍門巡查全江，無論至何省境内，如有需用師船、運船、步隊一切器械經費，皆由該省籌備應付，極力協助，斷不諉延。惟各省責成，應以轄境為限。湖北下游管至武穴為止，上游至岳州為止。

五曰酌籌綫費。程軍門所部皆係水師，若無眼綫，則匪黨無從覺察，應酌籌養綫探訪經費，每月約銀一千兩，或酌加。即由江南、湖北兩省分籌，各認其半，數目請午帥酌定。

以上五條，請午帥、程軍門、筱帥、鼎帥、夢帥、馥帥，酌核示復。如有可採，即請午帥敘入奏稿。至長江本標及五鎮之兵，應由程軍門會同各該省督撫，切實隨事整頓。將來商定後，請午帥主稿，由電録示，商妥再發，奏内聲明係午帥主稿，為禱。禡。

附：端制臺致電張之洞并致長沙岑撫臺南昌瑞撫臺安慶馮撫臺蘇州陳撫臺太平程提臺清江浦蔭提臺

光緒三十三年六月三十日子刻到

前擬電奏未發，接各處復電，敬聆一是。頃得南皮相國祃電，訏謨偉畫，體大思精，尤為佩仰。既承南皮相國屬令擬稿，謹重加參酌，擬致軍機處代奏，其文曰：『六月初八日奉電旨：「沿江一帶，匪徒充斥，亟應嚴密查緝，著會商妥議，詳細具奏，并著程文炳常川梭巡，勿得拘守分閱上下游常例等因。欽此。」遵即電商籌議間，主月二十日准鈞處字寄六月十一日奉上諭：「現在人心不靖，隱患宜防，應如何布置，以期有備無患之處，著沿江、沿海各督撫，體察情形，妥籌辦理等因。欽此。」仰見朝廷綢繆未雨，綏靖疆圻之至意，莫名欽感，伏查江蘇居江海要衝，鄂、湘、皖、贛，均為長江流域，江面自吴淞以至岳州，綿亘五省，包絡湖浸，輪舶絡繹，伏莽素多。近來革命黨匪到處煽惑，復有孫文為之黨魁，時自外洋接濟軍火費用。江蘇海岸，東北界山東日照，東南至金山場，為途四達，港汊紛歧，太湖一帶廉通海口，時聞有逆黨勾結梟匪起事之説，巡緝稍疏，即虞滋事，均應妥籌布置，以期防患未然。欽奉前因、公同往返電商，悉心籌酌，略分三項辦法：一曰嚴密探訪。向來各匪大都椎魯無賴之徒，兹則黠士莠儒，昌言革命，人類復雜，行蹤詭密，尤須重懸賞格，廣設偵探。鄂省自庚子年經之洞設立沿江緝捕營，南北巨匪，時多捕獲。兩江則自上年端方到任時即經設立探訪隊，分駐各處，復將原有兵輪抽撥數艘，編立巡緝艦隊，派員統帶校巡，命意均與北洋探訪局略同。然以此標名，轉恐匪黨注意，易致驚避，擬易名曰巡緝隊，舉各種會匪、梟匪、盜匪，俱括其中。江、鄂即就原設營隊認真整頓，多養綫勇，分頭偵探，將該匪秘密舉動隨時偵報，相機因應。湘、贛、皖三省，均即仿辦。總期互通消息，不分畛域，以協助長江水師所不及。至購綫、犒賞、川資等費，應請核實報銷，俾得放手辦事。一曰整頓水師。長江水師為文炳專責，應將本標及各鎮師船切實整理，仍遵旨不時梭巡上下游，督飭查緝。惟舊有船隻，形式笨重，阻風滯水，未能迅赴事機。由江、鄂各撥兵輪一艘，權交文炳應用。如有不敷，臨時再行酌撥。所部皆係水師，若無眼綫，無從覺察，應酌籌探訪經費，每月銀一千兩，由江、鄂分認籌撥，擬請作正開銷。師船槍炮最關重要，四年前，之洞在兩江署任内，已全行發給後膛槍。惟炮位一仍舊式，今擬换給後膛快炮，每營以五尊為率，由江、鄂各按本轄船隻凑撥應用。此外，無論在何省境内，如有需用運船、步隊一切器械經費，均由該省酌撥應付。一曰預備精兵。黨匪散布各省，勢頗蔓延，若使節節設防，勢分費多，且難得力。現擬簡練精兵，授以利械，并備運船，静以待動。兩江即就現設艦隊實力擴充。鄂省新製兵艦尚未招配弁勇。此外各省，或無艦隊可編。應各選步隊、炮兵，扼要屯扎，添製輪船一二艘，停泊左近，一有警報，立即開駛捕拿。該匪初起，人必不多，心必不一，有此勁旅，當可隨時撲滅。該匪私運軍火，多係夾帶貨物。現已切飭江海各關道會同税司，加意盤查，嚴防接濟。惟是沿江、沿海地面延長，防緝事宜固應以各省轄境為斷，藉專責成，尤須聯絡一氣，互為策應。長江水師所轄，下至歙山鎮内洋水師通海營汛而止，其上海、吴淞濱海一帶，應責成提督薩鎮冰專任巡緝。應如何預為布置，現已由端方咨商該提督，妥議籌辦法。至蘇省鹽捕、飛劃等營，一并嚴飭該管將弁，整理巡防，庶可收統籌兼顧之效，而免鞭長莫及之虞。抑之洞等更有請者：巡緝全資將弁，賞罰首貴嚴明。嗣後，在事員弁如有疏防玩公及兵勇通匪情事，即行嚴參。其有心縱匪者，明正典型，用昭炯戒。儻能拿獲匪徒及著名要目，應請擇優保獎，以示鼓勵。除詳細章程由各省妥籌分别具奏外，所有籌辦大概情形，謹請代奏。再，此電係端方主稿，合并聲明。張之洞、端方、陳夔龍、瑞良、馮煦、岑春煊、蔭昌、程文炳同叩』等語。敬祈鑒核，如有應行增删之處，并請俯賜更定電復，以便譯發。方。儉。

（輯自《張之洞全集卷二百六十八·電牘九十九》）

附：張之洞致太平程提臺 光緒三十三年七月十九日子刻發

急。文電悉。承示臺旗欲來鄂相送，感甚。惟病體未愈，加以部署行計，忙迫萬分，即旌節既臨，亦恐難圖暢叙。用特專肅電馳謝，千萬不必遠勞。如有要事，請上函電互商可也。巧。

（輯自《張之洞全集卷二百六十九·電牘一百》）

復張之洞電　光緒二十年十二月二十日酉刻到

電敬悉。傳詢丁大文，據云向未帶過馬隊。向來皖北馬隊歸炳總統，現有馬隊上等舊將記名提督徐思忠、記名總兵王心忠二員，現在皖帶隊，打仗調度素稱得力，請探聽擇用。炳敬復。

附：張之洞致天津李鴻章張家灣程文炳　光緒二十年十二月十九日午刻發

煙臺探報，倭有圖犯海州以横截清江以北運道之説，雖難遽信，然餉械運道關係重要，不可不防。此道一梗，諸軍束手。此等地方必須北將馬隊，擬請飭丁大文來江速募馬隊三營，防遏淮、徐一帶運道。若渠不嫻馬隊，步隊亦可。特奉商，是否可派丁來江，望速示復。此外，有何可用北將，并見示為感。嘯。

（輯自《淮軍電稿·淮軍與義和團·八國聯軍》海軍航空學院蘇小東編著，未刊稿）

信札

致榮禄札 三則

其一

中堂鈞鑒：

敬稟者：摳衣道左，備領訓垂，正切心儀，適承手畢，回環莊誦，敬佩奚如！祇維興居曼福，勳業崇隆，至以爲頌。文炳叩辭後，即於十四日由孟津渡黄，十六日行次武陟。適河北道岑道已於前兩日奉檄移駐彰德防堵，未獲接晤。而武陟令孫多祺，則於河北地勢事情及直隸消息均能言之鑿鑿，瞭如指掌。查孫令前曾隨文炳充當營務處，素稔其能，今閲數年，益增歷練。岑道此次辦理籌防，即倚如左右手。文炳籌思至再，擬仍加派該令爲全軍營務處，必可與岑道聯絡一氣，畛域無分。岑道本名父之子，戎韜將略，家學淵源，文炳久耳其名，今共事一方，力期和衷共濟，以仰副中堂老成謀國，有加無已之至意。

再，文炳此次倉猝北來，所有行在奏件應分咨何處，未暇一一詳詢，敢祈開單詳示，俾有遵循，是爲叩禱。現准於明早開赴衛輝，少爲布置，即當馳抵彰郡籌備一切。除俟到彰後，再將防守情形隨時呈報外，謹先肅緘奉布。敬請鈞安，惟希垂鑒。程文炳謹稟。

其二

中堂閣下：

敬稟者：遠托幬陰，莫陳葵愫，每依南斗，悵望京華，篆結之私，與時俱積。伏承華簪襲祜，赤舄緋鞶，盛世皋夔，可勝景企。回溯翠華西幸，大局阽危，賴中堂再造河山，重扶日月，魏魏勳業，紀鼎銘鐘。其時文炳待罪行間，親承指示，依麾奉律，藉以隕越無虞。惟自前年七月，統五省援軍行抵潼關，面奉懿旨，駐軍彰、衛，以扼中路。值款議未定，戰守兩難，幸得將士同心，雖餉絀兵單，而感奮之氣曾不稍懈，馳驅道路計近一年，在事各員弁冒暑淩寒，櫛風沐雨，似不無微勞足録。兹者乾坤旋轉，行慶施仁，竊擬上乞聖慈，擇尤請獎，但不識能否邀允，未敢冒昧。伏念中堂近參密勿，佐堯、舜之治，以甄拔爲懷，尚能力玉於成，俾在事各員咸拜鈞賜。可否之處，伏候諭遵。

文炳承乏提封，兢兢夙夜。惟長江營務迥異當年，會匪充斥，操防廢弛。文炳視事以來，三令五申，嚴加整頓，前於校閱下江後，參革庸劣不職員弁多人，軍中稍知悚惕。茲擬二月間巡閱上游，認真考察，緝捕萑苻，最關緊要，搜查伏莽，務使廓清。大約五、六月間，營伍可以改觀，較有把握矣。自維仰荷聖恩，叨承知遇，惟有殫盡心力，不避嫌怨，冀圖報君相於萬一而已。小兒恩培，昨歲赴日本閱操，探有機密，由伊另稟上陳。不盡之言，差弁馬金彪粗知梗概，該弁賦性戇直，尚乞垂詢之，當能言之無隱也。專肅，恭請勳安，伏希鑒察。程文炳謹稟。

其三

宮太保中堂閣下：

敬稟者：昨馬金彪赴京，曾肅一稟，計登鈞鑒。近維精神飲食康健逾恒。文炳前在湖北親見雷侍郎以緘年八十餘，連生二子；近方鴻卿汝紹七十六歲，舉生一子。福體素强，似不妨備置小星，天相德門，必有夢熊之慶。尤祈順時頤養，稍節勞勩，爲國惜身，是爲至叩。文炳承乏長江，愧無寸建。頃聞英、日聯盟，東事藉可肖紓，然其本心非衛中國也。彼恐東三省落於俄手，日有切膚之災，英有淩駕之慮，不過藉保中國爲名，實以自保。俄人垂涎遼東，蓄志已久，一旦爲英、日所阻，心必不甘，暫雖相讓，終必決裂。將來遼東恐爲一大戰場，毋論孰爲勝負，其患仍中（種）於中國。是非練兵自强，無以立國。餉項雖艱，行抄一法，屢經中外條陳，似可仿照日本章程，逐漸推廣，以爲練兵之需，尚易爲力。不揣愚昧，謹擬奏疏一通，抄呈鈞覽，儻謂可行，擬即上達宸聽。文炳受恩深重，未報涓涘，管窺之見，聊同獻曝，未知有當萬一否耶？專稟，虔請福安，伏維鈞鑒。程文炳謹稟。

（以上輯自《榮禄存札》，齊魯書社一九八六年版）

致端方函

午帥制軍大公祖大人閣下：昨奉還電，極蒙關注，承示挈觀秋操，夤徵摯愛殷拳，感莫言喻。炳自維衰朽，精神遠不如前，本擬今秋入都展覲，籍定去留，迄尚遲疑未果，究竟可否，晉臺鑒。不宣。治如棠程文炳頓首。十八日。

楹聯

題江西石鐘山昭忠祠

此間皆湘岳鍾靈，羡俎豆一堂，節壇千秋回浩劫；
今日對湖山話舊，憶干戈滿地，我經百戰吊忠魂。

（輯自江西石鐘山昭忠祠楹聯）

題南京莫愁湖曾公閣

六代鶯花，并作王侯清净地；
一湖煙水，蕩開兒女古今愁。

（輯自南京莫愁湖曾公閣楹聯）

題南京莫愁湖鬱金堂

粉黛江山，留得半湖煙雨；
王侯事業，都如一局棋枰。

（輯自南京莫愁湖鬱金堂楹聯）

題安慶大觀亭

片土寄忠魂，聽檻前萬馬江聲，滚滚驚疑鉦鼓動；
孤城銷戰氣，指窗外二龍山影，蒼蒼飛入酒樽來。

（輯自安慶大觀亭楹聯）

抱膝亭楹聯

亭勢淩雲，抱膝迴留千古勝；

臺形麗日，觀星總括萬年奇。

（輯自襄陽古隆中抱膝亭楹聯）

附錄

誥授建威將軍封光禄大夫先大父壯勤公事略

先大父壯勤公，姓程氏，諱文炳，號從周。始祖河南明道公十七世孫，五經博士克仁公，子繼還公，自嵩縣遷居潁之東柳溝村，又十一世而公生。公少賦奇氣，膽略過人，篤好詩書，以家寒不能多得書，常引以爲憾。及長，好孫吴之學，嘗曰：『爲將之道，貴臨機應變。古人成法，不可不知，亦不可拘識者。』即知其爲將才。

咸豐初，潁州土匪蜂起，地方官諭民辦團。然民不知兵，爲力頗弱。

四年二月，粤賊十餘萬，取道潁上北竄，前鋒已至回流集東。公方弱冠，已被舉爲程家海子之圩長。諸練聞賊猝至，以爲土匪也。及接近，始驚爲髮逆。咸曰：『聞敵有邪術，槍炮不能傷。』幾幾潰散。公乃言於主者曰：『賊是否有邪術，請以偏師試之，信而後退，未晚也。』主者韙其言。公乃率十餘騎陷陣，斬其酋歸，持賊級耀於衆，衆乃奮，一鼓而大敗之，匪逆繞道竄亳州。後此兩淮健者，皆不爲妖言所惑。雖大酋陳玉成以全力注攻，潁州民皆各自爲戰，不失一城一寨，皆公有以開其先也。時袁端敏公甲三，以給事中奉旨督師於亳。公聞之曰：『大丈夫當殺賊致太平，立功萬里，徒區區爲鄉里守門户，無益也。』遂單騎往謁，陳説剿賊方略。袁公奇之，畀以五品頂戴，授精騎百名，使爲選鋒，戰輒冠其曹。

五年春，袁公以吏議罷，將逮問。公亦辭歸里。潁州知府才公字和方，憂寇起，喜公至，延爲上賓。

問方略，公乃爲畫策，挑各練精壯，得二百人，用爲城守。按名授餉，賊至則出城迎擊，賊退則嚴守備。雖群盜如毛，終不得薄城而陳。

七年，朝廷復起袁公，駐軍亳州。

八年，公奉袁公令，統騎兵百五十人。

九年，攻捻酋張樂行於懷遠。時陳公國瑞方入軍，尚未將，即建策，於昏夜焚賊浮橋。計已定，陳公爲先鋒，諸將相視，無敢繼者。公曰：『陳慶雲少年後起，敢行此策。我輩縻餉數年，際此不出，當愧死。』遂與陳公約同進，五更焚浮橋，賊大潰，遂復懷遠。張樂行遁，大軍乘勝進規鳳陽。公陣於靈璧草溝集一帶，自晨至暮，殺賊無算，絶賊糧道，鳳陽賊勢寖孤。捻匪巨酋龔得，擁衆十餘萬，自定遠來援。袁公令諸軍列陣於岳家林以拒之。戰方酣，公以所部衝敵中權，蕩擊百數十合，大軍繼之，賊潰。追至里仁橋、殷家澗，殺賊約數萬級，龔得遂退守定遠，因復鳳陽府城。殺賊酋張龍，降鄧兆明，賊勢稍戢。

十年，大軍進圍定遠，捻酋張樂行、龔得知勢不敵，勾結粵酋陳玉成來援，號四十萬。袁公知公能軍，乃奪别將兵以益之，有衆千人。是役由三月至八月，大小二百六十餘戰，公左股受傷，未肯稍息。袁公撫之曰：『勿過勞，善衛汝躬，爾國家之干城也。』公感而涕，益自勵。袁公恐公傷重不支，遂令折回臨淮護糧，而袁公亦於是夜退軍。賊躡之，復圍鳳陽。公乃先數時入鳳陽，謀守備，與袁公約内外夾擊，敗陳玉成於城南。

十一年，袁公又益公兵，兼統步兵。公策定遠爲賊老巢，非絶其外援不能合圍。乃以所部擊賊於黄家圩、固鎮橋，北至靈璧、泗州，次第克復。而陳玉成亦率衆南竄，張、龔兩逆勢愈孤。

同治元年，攻破湖溝鎮，斬殺尤多，悍賊略盡。未幾，僧忠親王大軍克復定遠。二年二月，公以所部二千人，隨王追捻酋張樂行至蒙城，擒斬之。三月，苗沛霖叛，東起廬、鳳，西迄潁、亳，南自渦、蒙，北至淮、徐，地方千數百里，大小圩寨千數百計，多舉旗應苗，號爲『苗營』。時馬端敏公新貽，以布政使統蒙、亳諸軍。公以統領兼營務處，同駐蒙城。苗逆率衆圍蒙，自三月至十月，亘二百餘日。公在營，目不交睫，夜不解甲，無日不戰，每戰輒勝。連下賊七十餘寨，賊不支，圍將解。忽捻酋張宗禹、牛洪、張寡婦，率匪數萬猝至，勢張甚。馬公與公約，激勵將士，誓以死殉。馬公任守，公任戰。時餉絀無給，每兵月支僅數百文，全恃義氣相結納。於是乃參用團練，苗逆憚而忌之，僞造巡撫喬文敬公松年公牘，令公密殺降將李勤邦，詭稱中途爲其所得，私告勤邦，嗾其圖公以自救。勤邦夙服公威信，未敢輕動。以微言探公意，公更推誠相與，李益服。遂盡吐實，并呈僞牘，誓效死力。八月，屢戰屢勝，張、牛各逆將引去，而捻酋葛小牛復擁衆數萬來援，蒙圍復急。時安徽巡撫英果敏公翰，自亳州來助，與公約，内外夾擊，遂撲滅葛小牛全股。先是，捻酋張宗禹據守趙家屯，與苗逆爲犄角，衆號十餘萬。公與馬公計，欲破苗逆，必先剪其羽翼。乃選精騎八百，夜往襲之，直入其壘，衝突縱横，賊無敢攖其鋒。是役也，我騎兵僅傷二人。諸將帥皆相顧愕眙，比於兵家常勝軍。故公所至，賊皆憚之。於是，請於喬文敬公，得空白獎札數百道。親臨鳳、潁各寨，招練長出，諭之曰：『順我，則獎銜札立畀；否則，速出一戰。』各練長懾於兵威，不敢不應，以次下二百餘寨。復與各練長約，定期會食於蒙城。軍次及期，練長皆集。公乃出先數日所擒苗逆之親兵，當衆詢之曰：『爾輩皆吾皖子弟，何苦從逆？』指列坐諸練長，示之曰：『如某某者，尚歸順，爾輩何能？爲今釋汝，毋再從逆。』顧左右，引之出，聽所之。時練長中有黠者，言曰：『公此舉直斷我歸路，我等不敢復有二心矣！』自是，苗逆之羽翼幾盡。迨僧忠親王會師於蒙，兵力既厚，遂合長溝之圍，令富公明阿守北面，陳公國瑞守東面，公守西、南兩面。王自將開花大炮，由西南隅猛攻，各軍繼進，賊壘百餘座一鼓而平。苗逆自顧鳳、潁各寨盡經反正，死黨略盡，退無歸路，遂自殺於亂軍之中。

同治三年，捻匪竄河南，公以所部追擊之，往來於商、固群山之間。匪入山東界，公乃回，鎮皖。四年，捻酋任柱、賴文光、張宗禹、牛宏自山東敗歸，踞渦陽爲巢穴，挾衆來攻。先令間者勾結各圩寨，依違之徒多響應，旬日之間，得衆三四十萬，聲勢之大，有過於張樂行。是時，皖中諸將，因久戰傷殘，或因餉絀，就食他處。公時爲皖北總統，所部三千餘人，士有饑色。內結軍心，外當大敵，籌戰籌守，皆一人任之。一日，聞匪至，急率輕師出，逆擊於雉河之濱。戰稍却，公乃誓諸將曰：『此生死呼吸之際，汝輩尚不力耶？軍令在，不汝恕！』抽刀欲斬先退者，諸將皆跪伏，莫敢仰視，環求回兵再戰。公曰：『今與汝等約，勝則奪險而守；否則，至死勿退。違令者斬，不赦！』諸將皆奮激，誓死戰。公曰：『我爲統將，我當爲汝等先。』公策馬陷陣，諸將繼之。呼聲振天，匪衆披靡。追至三更，公左臂受矛傷，血殷遍體。公身爲賊槍彈擊中十餘處，衣無完縷。幸而傷均不重，論者以爲有神助焉。自是與匪隔河而陣，刁斗相聞。適征糧不至，將士苦饑。公乃令於軍中曰：『戰則生，退則死。與其就糧他處，何如借糧於敵。』乃日出偏師，與匪小戰，奪匪之糧芻、馬匹以爲食，相持七十餘日。一夕，偵匪不備，突入匪壘，幾斬張樂行，匪盡驚遁。自是，皖省各屬，一律肅清。

喬公乃奏請以公總統全省各軍，辦善後事。時曾文正公國藩方督兩江，以渦、蒙爲捻逆老巢所在，民情尤極狡悍。自苗沛霖、李兆受等叛服無常，開其風氣而從逆，諸圍寨勢張則叛，勢蹙則降，官兵屢受其愚計，非掃蕩廓清，不足以拔亂本。於是，檄委李公炳濤、劉公傳楨來皖助公。并另文檄公，略曰：『除惡務盡，不可姑息。凡從賊而未反正者，悉捕治之，無使漏網。即已降者，亦當鑒於苗、李之故習，苟有反復，悉予駢誅。如諸將中有惑於果報之説，以殺降爲戒者，本部堂一身當之。』公奉文，亟商李、劉二公，另文稟復，略曰：『張、任餘黨，已全數北竄。所存者，皆無知之鄉愚。昔雖從賊，固迫於賊勢暴横，苟圖身家安全。某統兵討賊，終始其事。愧不能早日撲滅，以救災黎。今賊去，又從而戮之，心實有所未忍。且自粤逆交横以來，亘十餘年。皖北丁壯，非從賊而死，即殺賊而死，消磨幾盡，人心久厭亂矣。顧此孑遺之民，斷不至再有苗、李之禍。某願以身家性命保之。』稟上，曾公即檄李、劉二公，回批牘有云：『語語推誠，有古仁將風。尚望相機縝密，本部堂無西顧憂矣。』公自是見知於曾公。

五年，任柱、賴文光、李允合股，肆擾於山東、河南、江蘇三省，勢成流寇。朝命以李文忠公鴻章督師，公總統皖軍萬五千人，合劉公銘傳、劉公松山、張公曜、宋公慶、郭公寶昌、郭公松林、周公盛波盛傳等，共成八大軍，輪流追擊。一戰於宿遷，再戰於郯城。任逆爲劉公銘傳擊斃。餘黨四散，隨處呼公名求降。李公聞之，使逮降卒問故。咸曰：『昔皖北善後之役，程公以身家性命，保鄉人甚衆。今我輩窮而乞憐，想程公必能拯我。』公信義孚於人者如此。

六年，張宗禹自陝西渡河北犯，京師大震。諸路將帥會師進剿。朝命恭忠親王督師，命左文襄公宗棠節制北路諸軍。左公分諸路將帥所部爲三大軍：劉公松山、郭公寶昌爲一軍，張公曜、宋公慶爲一軍，公所部二十營與左公親軍合爲一軍。部署定，節節逼攻。

七年二月，與賊戰於滹沱河。公以所部當匪衝，匪挾衆約五六十萬，出死力以相抗。未幾而劉公、郭公、張公、宋公各軍皆至，協力攻擊。匪大敗，争先渡河，棄騾馬、旗幟於河濱，各軍争取。公下令軍中曰：『速渡追賊，敢貪物誤機者，斬。』於是，公軍先渡，躡賊而南，斬首萬級，直隸肅清，而河南、山東省逆氛猶未靖也。李文忠公奉旨督辦軍務，用長圍圈制之策，愈圍愈緊。中留地方千里，匪縱横其中，日行一二百里。諸軍更相角逐，互相休息。公自率一軍獨任追剿，不與各軍相更番。遇匪則戰，匪退則追。日或二三戰，幾無虚日，匪衆亦漸減散。六月，各軍會合於茌平、博平、清平之間，捻衆被制，不能外竄。於是，全股悉就殲滅，張宗禹投水死。逆捻全股肅清，紅旗報捷。公先是已晉秩提督，兹賞穿黄馬褂，并賜火鐮刀、白玉柄小刀等件。公遇戰則身先士卒，勝則口不言功。故獲捷多不報，或爲他將所攘。旁觀時爲不平。公曰：『賊平，幸耳！奚争賞爲？況戰爲凶事，不得已而殺人。必欲博爲己榮，非余志也。且曾公勉余爲仁將，雖不能至，心竊慕焉。』

本年秋，回軍皖北。英果敏公奏請以公全軍駐亳州，鎮皖北。

十二年，簡放江西九江鎮總兵。是年之任，會九江開埠，華洋雜處。當局者震於天津之約，遇事優容。地方官與領事遇諸途，且避讓。公曰：『睦鄰，禮也。而乃自貶若此，如國體何？』因與領事約，不相侵犯。時有公故舊某，間乘公馬赴江濱，道經租界，西人阻之，强以人馬送領事，羈留之，不放歸。公聞，即命左右傳呼，將往領事署詰問。九江關道沈公勸阻。領事懾公威，自知理屈，親至鎮署道歉。公開閣，將校帶刀侍立，領事免冠入見。公正言申明條約，領事唯唯而退。由是，華洋耆服，遂結齟齬。彭剛直公玉麟巡江至潯，聞知此事，謂爲得體。招公暢談三日，深歎賞之。屢經密折奏保公可大用，有『光明磊落、文武兼資』之語。

光緒二年，先伯祖文蔚公卒。公素篤友于，聞噩悲泣，遂患目疾。乃疏請開缺，回籍養疴。

三年，秦、晉大荒，適袁端敏公子文成公保恒以户部侍郎辦災賑，屬公助其事。公首捐巨貲，設粥廠十三處，饑民就食者約數萬人。自秋徂夏，全活無算。公猶恐任事者不力，炊飪失宜，乃巡歷各廠，飯熟先食。

四年，資遣災民北歸。野無餓殍，公之力也。

五年，中俄分界事起，邊釁已岌岌將開。特旨：召劉公錦棠、劉公銘傳、郭公松林與公迅馳來京。公奉召即行，由潁十日行二千里而抵京師。蒙孝欽顯皇后面諭：以『赴召迅速，忠勇可嘉』。旋以曾惠敏公劼剛與俄構和，奉命署壽春鎮總兵。尋授江西南贛鎮總兵。未之任，經江督左文襄公奏請，留辦江防。是時，兩淮盜熾，明火搶劫者，日有所聞。京餉過境，屢被截劫，官民苦之。公乃飭屬嚴緝，獲百餘人，誅渠魁，抄窩頓，餘則輕懲之，予以自新。期年，盜絶跡，閭閻安堵。

九年，授湖北提督。先是，湖北緑營廢弛，兵但食餉、應卯而已。公至，實行加餉抽練之法。申軍律，定課程，兵官宿營，次習勞苦，驕惰者不能堪，乃造言煽惑，軍幾爲變。或諫公稍寬，公曰：『治亂國，用重典。不如此，無以振軍威。』公堅不爲動。次日，黠者知詐術不售，乃發爲首者奸，環跪轅門請罪。公曰：『汝輩皆有身家，豈能叛耶！莠言我不信也。』喻慰之，祇斬首謀者二人，餘皆貸。復下令，限百日操成，否則，革責無恕。從此，軍容整肅。

十年，法越釁起，法以海軍攻臺灣。適劉公銘傳撫臺，我海軍未立，海道爲梗。朝命楊公岳斌統湘軍，公統楚軍，先後相機渡臺。秋抵廈門，覓船不得。馬尾失利，臺圍益急。公擬用漁船載軍暗渡。廈門道奎公俊，與公交極篤，謂：『大軍不可涉險。』力阻之。急代籌輪船濟師。謀方定，適敵攻定海，浙江戒嚴。朝廷令公往援。欽差大臣左文襄公以閩防正在吃緊，奏留。公緩援浙，得旨允可。

十一年，和議成，回鄂提本任。

十九年，丁本生繼母艱，去官。公孝思純篤，哀痛備至。

二十年，服闋尚未請覲，會中日戰事起，朝旨促之。至則命總統皖軍，駐張家灣，拱衛京畿。旋授福建提督。恭忠親王榮文忠公禄，方創設督辦軍務處，遇有重要，多待公參預之。冬，旅順失守，日兵漸逼，京師震動。公於廷對時，請赴前敵。孝欽顯皇后以根本重地，不任公遠出。時天津、滄州一帶，屢獲日人偵探。公聞而心動，曰：『軍事偵探，彼粗材烏足任之？且偵不得實，貽誤滋大。』乃密遣子恩培往，命之曰：『不得確耗，勿遽歸。』

二十四年，馬關議約將成，日索款巨。公密疏請勿允，留此款以爲軍需。曠日持久，即不勝，亦足敝敵。疏中詳陳日本國内財政困敝情形，萬難久支。大致謂：『戰事苟能接續，敵人雖不敗於疆場，必敗於市場矣！其國内有變，餉缺兵饑。我悉全力，起而乘之，可轉敗爲勝。』蓋是時，恩培適自東歸，所偵皆實情也。乃疏上，十餘日而和議成，公聞惜之。八月，甘肅回匪亂作。朝命公率所部，任剿辦回匪事宜，并許專折奏事。行抵衛輝而回平。

二十二年，之任福建提督。泉州僻處海隅，民素强悍械鬥。官斯土者，不特不思消弭，反從而激煽之。恒視陋規之厚薄，定發兵之多寡，倖禍利災，習以爲常。公悉禁之。凡州縣請兵者，必查實而後遣兵，不准絲毫擾民，得賕者立懲之。數月而械鬥之風漸戢。都守以下官，間有饋提督辦公費，名曰汛費。公却之，一無所受。并通飭著爲厲禁。故公在閩，兵民服其威惠。去之日，送者塞途。

二十五年，任滿入覲。公面奏救急之策，莫如聯美自强，大計仍應自立。略謂：『日俄密邇，利我土地，不遠交不足以樹聲援，不自立不足以絶覬覦。自立之道，必先開礦通商，裕餉源以練兵。』諤諤數千言，孝欽顯皇后爲之動容。廷對歷三時之久，天語褒奬，至優極渥。并諭曰：『汝言皆切實可行，惜予不能盡記。速具折以聞。』次日，疏入。適當道有持排外之議，以義和團爲可恃者，忌其説，不行，且欲中傷公。榮文忠公勸公出京，曰：『時勢如此，公不避，禍將作。』公曰：『某一身何足惜，如國家何？』榮公言之再三，公乃乞假三月，修祖塋。

二十六年，歸里。會疾作，復續假兩月。夏，義和團擾京師，焚使館。十一國聯軍攻天津，勢甚急。

公曰：『此君父之難，不可不赴。』即力疾冒暑赴江寧，謁劉忠誠公坤一。擬奏請，以輕騎赴京。忽奉廷諭，命公募兵北上。公慷慨誓師，數日成軍。行抵河南，聞兩宮西巡，各國聯軍入都。公泣曰：『乘輿播遷，宗廟阽危，庇匪者之罪也。國家養士數百年，不能爲背城一戰，我輩愧死矣！』一慟幾絶。八月，奉廷諭：以福建、江南、浙江、安徽、江西五省勤王各軍，畀公節制，擇秦、豫連界地方，扼要駐扎，以杜聯軍而備他盜。抵潼關，迎覲行在。孝欽顯皇后、德宗景皇帝均痛哭，曰：『悔不聽汝言，以致强鄰深入。』公曰：『君辱臣死，分也。秦、豫之交，距行在太近。不如渡河而軍，以張聲勢。』上嘉納，面諭赴彰、衛、懷三府，督師防堵。九月，渡河急修要塞，晝夜不息，克日而工竣。

二十七年，議約定，聯軍退，京師請回鑾。公乃率勤王各軍，撤防歸省。四月，朝廷以公任長江水師提督。長江綿亘五省，爲中國財賦之區。華洋雜處，奸宄易生。公之任，際大通會匪作亂之後。不肖兵弁，潛相勾結。宵小溷跡，白晝攔江搶劫，孤舟單客，幾爲不通。公首禁哥老會，先汰各標營，限三月，令自新。

二十八年，獲匪首唐連覺、曾少卿等五名正法。通匪都司劉自連畏罪自盡。自是人各自勵，壁壘一新。期年，獲匪首七十餘。長江流域，會匪絶跡，爲中興後數十年未有之事。長江自曾文正公奏設提督以來，其體制雖崇，一切船支器械，悉仍中興之舊，至是多不堪用。公乃咨商江督劉忠誠公、鄂督張文襄公，一律改用快槍。除守汛外，抽船二百支，編爲游擊，遇事則上下策應。江流數千里，幾若堂奥。

三十一年，日俄戰起，敗船潰卒，闌入吴淞。江督魏公光燾奏請，舉沿江各炮臺，歸公節制。公疏請以崇明爲第一門户，江陰爲第二門户，與海軍相輔，以固藩籬。適經費難集，議遂寢。

三十三年，叛黨徐錫齡刺殺皖撫恩忠愍公銘，安慶騷動。公聞信，兼程往。徐匪伏誅，人心乃定。奏聞，朝廷命公常川梭巡長江，毋拘上下游巡閲常例，隱若彭剛直公玉麟故事。公分長江爲五段，以各鎮將分任之。公扁舟來往，上起沅岳，下及江陰，并時及春由浦，歲凡十餘次。疾病不自恤，寒暑無稍間。公又以師船舊炮不能擊遠，乃商之江督端公方、鄂督陳公夔龍，配換快炮百數十尊，加餉添兵，軍容益壯。

三十四年冬，孝欽顯皇后、德宗景皇帝先後陞遐。公舟次奉哀詔，哭失聲，眠食鋭減。或勸公節哀，公曰：『我受四朝豢養之恩，食禄將六十年。人非木石，其何以堪！』是年，江南新陸軍成鎮，與鄂軍會操於太湖。端公先與公約，恐寧垣不靖，公乃巡鎮下游。方至寧會，叛黨熊成基挾皖省新軍爲亂，城幾危。幸皖撫朱公家寶，合水陸各軍環擊，叛兵潰散。公與端公先後至，皖城尚閉，入城晤朱公，商辦剿撫事。議未終，大通因商民震驚，謡言四起，警報至省垣。公乃立時下駛，日晡抵大通，人心方定。而湖南警告又至。公復星夜往，至則知係謡言，略與大通等。公乃撥快炮師船二十隻防湘江，旋折回皖。是役也，公以垂暮之年，攖哀痛之餘，倉卒應變，奔走廿餘日，口不言勞。論者以爲精力過人，出於天授。

宣統二年春，湖南饑民聚衆搶米，毀撫署，燒教堂。公適巡江至，登岸彈壓，諭各營緝首惡，解脅從，二日而大局定。五月，公感疾，就醫金陵。稍愈，復巡江至滬。九月，疾頓增，牽發舊傷。十月丁丑，卒於任。

公自布衣至專閫，功名勳跡，其雜見於公家紀載、私家著述者，比比皆是。公生平好善，賑災興學諸事，動費巨萬，不能并書。平居不事家人生産。迨病重，知不起，口授遺折數千言。彌留之際，令人背讀之。既竟，歎曰：『大局如此，奈何！奈何！』其神明不衰如此。

公生於道光甲午年四月十三日巳時，卒於宣統二年十月初六日亥時，享壽七十有七。生子六人：長，焕章，早世；次，不孝恩培，官浙江候補道；三，不孝垚章，官候選郎中，承嗣先叔祖文光公；四，不孝恩普，官四川知縣，承嗣先伯祖文蔚公；五，不孝鑫章，官軍咨處科員；六，不孝森章，肄業貴胄學堂。孫三人：長即不孝承重孫傳鑣，次傳堃，三傳杰。曾孫家苐。不孝等昏瞀無似，於公一生事跡詮次，百不逮一。伏求當代立言君子，暨先大父同袍舊雨，錫之銘誄，補録遺行。不特光增泉壤，即不孝等世世子孫，亦感且不朽。承重孫傳鑣，不孝孤子恩培、鑫章，降服子森章、垚章、恩普泣血稽顙謹述。

前任陸軍部尚書銜兩廣總督鄉愚弟周馥頓首拜填諱。

（輯自《程文炳事略》，南洋印刷官廠一九一〇年石印本）

清史稿·程文炳傳

程文炳，字從周，安徽阜陽人。初結鄉團自衛。年十八，投袁甲三軍，領馬隊爲選鋒，戰輒冠其曹，薦陞至守備。從克定遠，破湖溝寇圩，補灊山營游擊。同治二年，率所部二千人駐蒙城。會苗沛霖構捻來犯，相持八閲月，大小百十戰，數獲勝。已而捻酋葛小年擁衆可數萬，殊死鬥，蒙圍益急，與布政使英翰内外夾擊，大敗之。僧格林沁軍至，誅沛霖。文炳會諸軍擒小年等駢戮之，皖北始稍靖。四年夏，任柱、賴文光復入皖。英翰頓雉河集，與寇相持五十餘日，餉糈不繼，兵疲饉，文炳邀擊之，軍士戰稍却，語所部曰：『此生死呼吸之際，汝輩尚不力耶？軍令在，不汝恕！』策馬陷陣，將弁繼之，呼聲震天，寇披靡。追戰至夜分，左臂中矛傷，裹創力戰，寇憚之。援至，因大破虜。論功，擢總兵。五年，補貴州清江協副將，駐軍皖北。

朝命英翰撫皖。初，文炳以軍事與英翰不相能，至是稱疾不出。英翰之母賢，諸將自史念祖以下均母事之。英翰以母命召文炳，至則拜床下，誓捐前隙共生死。比出，即檄統前敵師干。是時，捻騎飄忽成流寇，李鴻章既定圈河策，文炳統皖軍萬五千人，與總兵張得勝等進擊。東捻勢蹙，任柱死，其黨四散，大呼文炳名求降。鴻章逮降卒問故，僉曰：『昔皖北善後，程公以身家保鄉人。今我輩窮而乞憐，必能拯我。』其信義孚人如此。英翰上其功，擢提督。

六年，西捻張宗禹北犯，詔文炳率師入直會剿。逾歲，敗之滹沱河。各軍至，捻狂奔，爭先渡河，棄騾馬貲糧河干。文炳下令軍中曰：『速濟追賊，敢取物者斬！』於是皖軍先渡，躡賊而南，斬馘無算。西捻平，賞黄馬褂，還駐亳。十二年，授江西九江鎮總兵。光緒二年，移疾去。明年，秦、晉大饑，捐巨貲佐袁保恒辦賑濟，民獲甦。五年，起署壽春鎮，旋補官南贛。九年，擢湖北提督。緑營廢弛久，文炳既受事，實行加餉抽練法，軍容一振。蒞官十載，遭本生繼母憂，終喪。會中日戰事起，詔趣赴京。至則命統皖軍駐守張家灣，尋授福建提督。

二十五年，入覲，假歸。明年，拳亂作，詔福建、江南、浙江、安徽、江西勤王軍受節度，赴彰、衛、懷備守禦。又明年，提督長江水師，目睹船械窳敝，乃牒商劉坤一、張之洞改用快槍；調師船二百，編爲游擊備策應。又以師船舊炮不能擊遠，與緣江各省籌易快炮，增餉益師，軍威始壯。宣統二年，卒，年七十有七。先是，詔疆閫諸臣條陳時政，文炳洞見新軍症結，具疏未上。俄病篤，命繕入遺折中，分編兵籍、節餉糈、增額缺、造器械、變操法五事。上嘉其老成謀國，下所司行。優詔褒恤，予本籍及立功省分建祠，謚壯勤。

（輯自《清史稿》卷四百五十七列傳二百四十四）

皖志列傳稿·程文炳傳

程文炳，字從周，阜陽人也，始祖爲宋明道先生，十有七世而遷潁州，更十有一世而至文炳。文炳少孤貧，質重寡言笑，常爲鄉里惡少所劫持。文炳欲殺惡少，邑有巨室某兩解之，得免。知其材，當用功名顯，令以書謁給事中袁甲三軍於亳，不次擢用，統精騎爲先鋒，用善戰獲首虜多。九年，與諸將圍捻首張洛行懷遠，文炳輕兵銜枚夜進，焚浮橋，襲破其營，洛行走，更引軍追之。搏戰數十合，大軍至，合擊，斬首數千級，賊棄輜重走。十年，洛行合陳玉成、龔德衆號四十萬，圍鳳陽，諸將戰無功，亡失太半。文炳時留屯臨淮，護餉道，被檄召，即將見力軍赴擊，至靈璧泗州，大破其衆，進下湖溝，玉成走。文炳復從僧格林沁軍，疾戰破洛行衆，南追至蒙城，洛行死，是歲同治二年也。而苗沛霖劫衆據渦、蒙，洛行侄與牛洛宏據趙屯，與沛霖爲犄角，淮、徐寨民，舉地應者十七八，官軍被圍。時馬新貽統諸軍，文炳以統領兼營務處帥將士與相角持。凡二百餘日，將士苦戰益用命，大挫戰鋒，因請功牌百道，身入鳳、潁諸寨，招練長曉諭之。諸練長素服文炳，皆拱手受節度，遂以次下寨二百餘。大會蒙城，文炳出所獲沛霖羽黨，立於庭曰：『爾曹皆吾皖子弟，何不自愛，乃附和作賊？』因遍數座上諸練長示之曰：『如某某等尚歸服我，爾曹今何能爲？』顧左右令釋縛，揮使自去，諸練長知不復能首鼠兩端，遂立誓願生死從程公，不敢有二心。沛霖勢遂孤，諸軍進蹙之，爲部下所殺。文炳以功領總統皖省軍務，兼辦善後事。復與劉銘傳追剿捻。捻寇平，積功進位提督，賜黃馬褂，遷九江鎮總兵，改壽春、南贛二鎮。光緒中，擢湖北提督，時緑營久廢弛，而文炳治軍嚴，士既習爲驕怠，咸不便之，因謀爲變。文炳知之，因大閲衆，命陳斧鉞，召首謀二人斬以徇。將士皆股慄，莫敢枝梧，軍容稱整焉。後數歲，日入侵朝鮮，連陷安東鳳凰城，寖逼奉天，詔文炳統部衆守備畿東。及馬關議約，日人索賂金。文炳疏請無許，第多儲備攻具，曠日持久，即戰不勝，猶足敝敵。議弗納，出爲福建提督。期滿當代，朝京師，上言救國大計，務遠交歐、美，牽制日、俄薦食彊土之禍，而根本則在自强，自强之道，莫如開礦通商，裕餉以練兵。太后嘉納，使與王大臣議，不合，拜疏請歸田。先是，彭剛直玉麟賞疏薦文炳儒將可大用，會義和團亂作，兩宫西狩，太后思玉麟前奏，詔起督五省兵，北上勤王。行抵河上而和約成，即簡長江水師提督。兩宫終始以玉麟薦舉故，甚眷畀文炳，有摭細故彈文炳者，輒詔勿劾。宣統二年卒官，年七十七，遺表以更定軍伍、節帑餉、造戰器、復古搏力勾卒贏越之法，倡士勇敢。有詔厚恤，蔭二子官，謚壯勤。

（輯自《皖志列傳稿》，一九三六年刊本）

程文炳履歷檔案

程文炳，現年四十七歲，係安徽阜陽縣人。由武童，於咸豐三年，在籍帶領團練剿辦捻匪；五年，經前太僕寺卿袁甲三調營差委；九年正月，克復靈璧草溝集，并節次剿賊出力，經袁甲三保奏，奉旨以把總盡先拔補并賞戴藍翎；十年閏三月，克復臨淮并鳳陽府縣兩城，經前漕運總督袁甲三咨保，以千總盡先拔補，七月定遠叠次獲勝解圍，經袁甲三保奏，奉旨以守備補用，并賞加都司銜，賞换花翎。十一年九月，泗、靈等處剿賊出力，經欽差大臣袁甲三保奏，奉旨免補守備，以都司盡先補用，并賞加游擊銜。同治元年三月，克復定遠并固鎮剿賊出力，經袁甲三保奏，奉旨以參將盡先補用。九月，攻破定遠賊巢并克復湖溝等處賊圩，經袁甲三保奏，奉旨賞加副將銜。是月，補潛山營游擊。二年，解蒙城圍，苗沛霖伏誅。三年五月，經前安徽巡撫喬松年保奏，奉旨開缺免補參將，以副將盡先補用，并賞加總兵銜。四年六月，捻逆任柱等竄圍雉河，督隊防守，經前兩江總督曾國藩等保奏，奉旨交軍機處記名，遇有總兵缺出，請旨簡放，并賞加提督銜。五年三月，補貴州清江協副將。六年十一月，宿遷、郯城剿賊出力，經前安徽巡撫英翰保奏，奉旨免補總兵，以提督請旨簡放。十二月，帶兵馳赴直隸截剿捻匪。七年三月，擊退賊匪，直隸肅清，經前直隸總督官文等保奏，奉旨交部議叙。六月，經英翰保奏，奉旨開副底缺，仍以提督記名遇缺盡先題奏。七月，剿平張宗禹股匪，直東肅清，經英翰保奏，奉旨賞穿黄馬褂。十二年六月，奉旨補授江西九江鎮總兵，十一月到京陛見。十三年三月到任。光緒二年四月，因病奏請開缺調理，奉旨允准；五年，在籍辦賑，奉旨賞給正一品封典。六年二月，准安徽巡撫咨開，奉到正月二十一日諭旨，飭令來京陛見，遵即起程到京。

（《清代官員履歷檔案全編》（三），華東師範大學出版社一九九七年版）

程文炳年表

李興武

程文炳（一八三四——一九一〇），字從周，號静樂堂，安徽省阜陽人。及長，好孫吴之學，嘗曰：「爲將之道，貴臨機應變，古人成法，不可不知，亦不可拘識者。」即知其爲將才。』《皖志列傳稿·程文炳傳》：『文炳少孤貧，質重寡言笑，常爲鄉里惡少所劫持。文炳欲殺惡少，邑有巨室某兩解之，得免。知其材，當用功名顯，令以書謁給事中袁甲三軍於亳，不次擢用，統精騎爲先鋒，用善戰獲首虜多。』程文炳一生從軍，因戰功卓著，累官至九江鎮總兵、湖北提督、福建陸路提督、長江水師提督；授資政大夫、建威將軍。程文炳治軍嚴明，帶兵時却温文爾雅，從不濫殺無辜。因此，曾國藩誇他有『古仁將風』。在督鄂、官閩、水師提督任上，他曾爲老百姓做過不少益事，多次解囊賑濟鄉里。清宣統二年（一九一〇），程文炳病逝於太平府（今安徽省當塗縣）長江水師提督任所，卒年七十七歲。

據《程文炳事略》記載：『公少賦奇氣，膽略過人，篤好詩書，以家寒不能多得書，常引以爲憾。

阜陽程氏係河南洛陽程氏後裔，明朝末年遷居潁州。『始祖爲宋明道先生，十有七世而遷潁州，更十有一世而至文炳』。（《皖志列傳稿·程文炳》，以下簡稱《列傳稿》）他們共尊北宋大理學家程顥、程頤爲元祖，至程文炳爲第二十八世。潁東程氏譜派爲：

登廷兆文章，傳家裕永祥；　元勳昭祖德，松鶴壽年長。

樂道逢時瑞，天錫體用才；　正心修孝友，萬世太平開。

續派爲：

程氏之先，其可考者如下：

曾祖考登純公，亦名邦彦，清誥授建威將軍。

曾祖妣胡氏，清封一品夫人，合墓在前海子宅東壬山丙向。

祖考廷序公，字亮采，清授建威將軍。

祖妣季氏，合墓在前海子宅東塋内壬山丙向。

按：墓碑現存阜陽市潁東區棗莊鎮童莊行政村後海子自然村。墓碑右側刻有『壬山丙向』，中間刻『皇清誥封建威將軍程三公諱廷序字亮采大人一品夫人季太夫人之墓』，左側刻『光緒二年十二月十六日』，與《潁東程氏支譜》卷二記載相符。

祖伯廷輔公，字殿英，清誥授建威將軍。配張氏，清封一品夫人，合墓在前海子宅東壬山丙向。

祖伯廷舞公，出繼。

祖叔廷珍公，配胡氏，合墓在李家土橋西乾山巽向。

父兆麟公，配黄氏，合墓在蓮花莊東南辛山乙向。

叔兆麒公，配黄氏，合墓在蓮花莊東南辛山乙向。

繼父兆賢公，配張氏，墓在六十鋪北劉小莊東北坤山艮向，乏嗣承祀子。

兄文尉公，配牛氏，合墓在三里莊亥山巳向，繼儲氏，墓在蓮花莊辛山乙向，乏嗣繼子。

弟文斗公，乏嗣繼子，配某氏。

妻吕氏，清封一品夫人，合墓在壽州白鶴山。宋氏，清封淑人，墓在壽州白鶴山。吕氏，清封宜人，墓葬不詳。

程文炳生有六子三女：

長子程焕章，英年早逝。配寧氏，乏嗣繼子。

次子程雲章，字紹周，名恩培，官浙江候補道，清授通議大夫，二品封典。妻周氏，封淑人。

三子程垚章，字叔岐，名述憲，官候補郎中，日本士官學校畢業，回國後任西北、青海等省總教練。承嗣先叔祖文光公。妻汪氏。

四子程錫章，字稚周，名恩普，官四川知縣，弱冠至日本留學，同盟會會員，爲皖省辛亥革命領導人之一。承嗣先伯祖文蔚公。妻李氏。

五子程鑫章，字彬儒，官軍咨處科員，爲袁世凱侄女婿。

六子程鑾章，一名森章，字孝周，肄業貴胄學堂。妻郭氏，納某氏。

程文炳有孫十餘人，有名字者：

長孫程傳鑣，焕章繼子，程文炳去世後上諭『著以郎中用』。曾參予編撰《程文炳事略》。

次孫程傳堃，雲章次子，字勤孫，事跡不詳。

三孫程傳杰，事跡不詳。

還有程傳珍，鑒章之子，字聘臣，妻王氏。程傳景，字仰喬，垚章之子，妻倪氏。均事跡不詳。

程文炳還有一個孫子程傳頤，程恩普長子，一九一六年出生。早年畢業於清華大學地學係，與錢偉長同學，後在蘇州大學任教，二〇〇六年去世。

程傳頤之弟程傳江，一九一八年生，現隱居上海。

程文炳曾孫見於記載的有：程家葦、程家誥、程家祥、程家松、程家頌等，事跡均不詳。（《潁東程氏支譜》卷一、卷二、卷三及《事略》）

程文炳生有三女，分別排行第二、第四、第八，均嫁於官宦之家。

清道光十四年（一八三四）　一歲

四月十三日巳時，出生在潁州東柳溝村程家海子，即今阜陽市潁東區棗莊鎮童莊行政村後海子自然村（《事略》）。

道光十五年（一八三五）　二歲

二月，兩江總督陶澍督飭皖北官吏嚴捕捻黨。五月，皖北官吏已捕獲捻黨一百八十五人。

山西先天教曹順起義。

道光十七年(一八三七) 四歲

湖南瑶氏蘭正樽起義。

道光十八年(一八三八) 五歲

四川綦江穆繼賢起事。

道光十九年(一八三九) 六歲

少讀私塾,接受啓蒙教育。

六月三十日,林則徐在虎門大舉銷毁鴉片。

七月二十五日,鴉片戰争穿鼻洋海戰打響。

道光二十年(一八四〇) 七歲

鴉片戰争正式開始。二月至七月,英軍襲擾東南沿海。十二月十五日,清軍與英軍開展沙角、大角之戰。

道光二十一年(一八四一) 八歲

鴉片流入阜陽。(《阜陽地區志》第十章《大事記·清》,方志出版社一九九九年版)

鴉片戰争中的虎門之戰、廣州之戰、三元里人民抗英鬥争、厦門之戰、定海、鎮海之戰相繼打響。關天培戰死虎門炮臺。

是年，河南光州捻黨應募投軍，赴浙參加抗英鬥争。

道光二十二年（一八四二）　九歲

四月，江蘇蕭縣捻黨往來搶劫，旋至銅山等地劫奪錢物。

夏秋，安徽合肥、定遠、壽州、懷遠等地交界處『紅胡子』搶奪財物，被懲處。

七月，河南、湖北交界地方四捻活動，合爲一捻。

八月，英軍攻戰鎮江，兵臨南京城下，與清政府簽訂《南京條約》。第一次鴉片戰争結束。

河南、湖北交界地方捻黨搶劫錢物，被殺或充軍。

江蘇蕭縣捻黨至山東、河南、安徽等地活動，後遭鎮壓。

同年初，湖北鍾人傑起義。

道光二十三年（一八四三）　十歲

六月，湖南曾如炷起義，殺知州。七月被鎮壓。

七月，洪秀全在花縣創立拜上帝會。

因家境貧寒而輟學。（《事略》）

道光二十四年（一八四四）　十一歲

三月，馮雲山到廣西一帶傳教。臺灣洪協起義，湖南楊大鵬起義。

蘇北捻黨在蘇、魯、豫邊界地區販運私鹽，被捕。

五月十八日，中美《望厦條約》簽訂。

九月十三日，中法《黄埔條約》簽訂。

是年，河南商丘捻黨『搶竊勒贖』。

道光二十五年（一八四五） 十二歲

夏，山東濮州（今河南濮城）、鄆城、巨野等地捻黨劫奪財物，被鎮壓。

十一月，英駐滬領事與清地方官吏劃定上海英租界。

是年，河南捻黨進入湖北應山孟飯店，被剿滅。

道光二十六年（一八四六） 十三歲

秋冬，捻黨在河南羅山、信陽、湖北應山、孝感、黄安（今紅安）等地搶劫，遭捕殺。

冬，山東嶧縣、蘭山（今臨沂）等地捻黨劫奪財物，擄人取贖。

道光二十七年（一八四七） 十四歲

經熟人介紹到潁州城爲人幫工。（《事略》）

五月，河南商丘捻黨搶麥。山東滕縣捻黨從事搶劫。山東魚臺捻衆結伙，後在江蘇碭山（今屬安徽）、山東濟寧等地搶劫與綁人勒贖。

六月，山東滕縣捻黨劫人勒贖與行劫財物。

七月，山東仕平、東平、東昌等地捻黨行劫。
八月，捻黨在山東平原、滕縣、鄒縣、費縣等地搶劫，且於滕縣官橋店樹起『替天行道』旗號。
九月，山東東阿捻黨迫使鹽商付給銀錢。
秋，江蘇濉寧捻黨綁人勒贖，并至銅山搶奪錢物，後被鎮壓。
秋冬，捻黨在直隸開州（今河南濮陽）强借銀錢，持械活動。
十月，山東魚臺捻黨在當地與汶上行劫，後被鎮壓。
是年，河南夏邑捻黨打進衙署劫奪錢物。河南息縣捻黨毆鬥與行劫。
同年，祖伯程廷佑、程鴻儒初修《潁東程氏支譜》。

道光二十八年（一八四八）　十五歲

春，山東滕縣、章丘等地捻黨行劫。山東巨野董維齋等結捻，後被懲辦。
春夏，河南息縣捻黨繼續活動。
夏，山東日照、莒州及江蘇贛渝交界處捻黨持械譌掠，被捕殺。
八月，河南息縣九捻合爲一捻，從事譌借活動，後被鎮壓。
是年，英國在上海設立東方銀行分行。這是外國在中國最早設立的銀行。

道光二十九年（一八四九）　十六歲

『臣年十六已從戎。』（《程文炳遺折》）

湖南李沅發再次起義。

道光三十年（一八五〇） 十七歲

六月，河南商丘捻黨搶割秫禾。

夏秋，捻黨在江蘇銅山、沛縣、豐縣行劫拒捕。

十月，河南商丘捻黨劫奪衣物。

是年，清廷命河南巡撫潘鐸嚴加鎮壓捻黨。

十二月十日（公元一八五一年一月一一日），洪秀全發動金田起義，號『太平天國』。

應募入潁州府衙鄉團當兵。（《事略》）

清咸豐元年（一八五一） 十八歲

張樂行、龔德樹、蘇天福、韓奇峰、侯士偉等人在雉河集周圍活動結捻，殺富濟貧，抗官府。（《阜陽地區志》第十章《大事記·清》，方志出版社一九九九年版）

春夏，捻黨在河南泌陽、南召、鄧州、唐縣，江蘇豐縣、邳州、銅山、蕭縣一帶掠取財物，聚衆焚搶，陸續被鎮壓。

九月，安徽合肥、壽州捻黨活動，被捕殺。

秋，安徽廬州、鳳陽、潁州等地捻黨持械索錢。

是年，安徽捻黨攻入河南確山縣城。

自此至次年間，安徽蒙城與亳州間雉河集捻首張樂行、龔德樹等率衆至河南永城、商丘一帶打仗。『潁州土匪蜂起，地方官諭民辦團。然民不知兵，爲力頗弱。』（《事略》）『初結鄉團自衛。年十八，投袁甲三軍。』（《清史稿・程文炳傳》）

婚配，妻吕氏。

咸豐二年（一八五二）　十九歲

夏，捻首徐四等在山東、河南、安徽一帶捉人勒贖，被捕殺。捻黨在河南新蔡與安徽阜陽接壤地方活動，被捕。捻首鄧鴨在義門集聚衆抗官，被亳州知府馬新貽捕殺於集上。

張樂行與龔德樹結捻，聚衆萬餘人，攻打河南永城，劫牢釋囚，開倉濟民，震動官府。十月，從者愈衆，又聯合十八鋪捻首，聚義於雉河集（今渦陽縣山西會館）祭旗起義，張樂行被推爲總首領，號稱『十八鋪聚義』。因部衆一支爲一『捻』，故稱爲『捻軍』。

是年，安徽亳州義門集捻黨起事，後轉至鹿邑等地活動。

長子程焕章生。

咸豐三年（一八五三）　二十歲

在籍帶領團練剿辦捻匪。（《清代官員履歷檔案全編》第三册，華東師範大學出版社一九九七年版。以下簡稱《履歷檔案全編》）

年初，安徽亳州捻黨進至河南永城，擊敗清軍。

十八鋪捻黨擊敗安徽蒙城兵勇，控制淝河、渦陽流域。

二、三月間，捻首陳學曾、紀黑壯等聚衆在安徽阜陽屢敗清軍。

四月，太平天國北伐軍進入阜陽。（《阜陽縣志·大事記·清》，黄山書社一九九四年版）

五、六月間，皖北臨涣、雉河集及亳州等地捻軍紛紛起義。旋捻首鄧六、李月等在雉河集一帶聚衆。

河南息縣任二皮與安徽阜陽李士林等捻軍在河南固始活動。

七月，馬老虎等捻軍在雉河集作戰失利。

九月，安徽阜陽、亳州等地捻軍聚合，樹起『替天行道』旗號，以『四大天王』爲首，作戰受挫。

十月五日，清廷授袁甲三三品卿銜，辦理剿匪事宜。

十一月，安徽阜陽、亳州『四大天王』所部捻軍失敗。

同年，潁州知府張清源爲防禦捻軍，下令將州城四關之城隍橋面改爲吊橋，晝起夜落，橋之兩側置鹿寨，并在潁州城墻四周及三里灣築炮臺十一座，以備城守。（《阜陽縣志》第二十二章《軍事》，黄山書社一九九四年版）

咸豐四年（一八五四）　二十一歲

年初，太平軍林風祥、李開芳部出師北伐，正月二十日攻下六安，二十七日攻下潁上，二月初三攻下蒙城，入河南永城、夏邑。捻軍與之相呼應，爾後，以雉河集爲中心，在豫皖間與清欽差大臣周天爵、袁甲三開展鬥争。

一月，安徽潁州張大領等捻軍作戰不利。

二月二十五日，蘇天福等捻軍進占河南永城，後退安徽亳州。

三月二十九日，李士林等捻軍攻河南固始，被擊退，後戰於安徽阜陽，又受挫。

同月，張捷三等捻軍在安徽亳州臨湖鋪、雉河集、義門集等地戰敗。

四年二月，粵賊十餘萬取道潁上北竄，前鋒已至回流集（今阜陽市潁州區三十里鋪鎮）東。公方弱冠，已被舉爲程家海子之圩長。諸練聞賊猝至，以爲土匪也。及接近，始驚爲髮逆。咸曰：『聞敵有邪術，槍炮不能傷。』幾幾潰散。公乃言於主者曰：『賊是否有邪術，請以偏師試之。信而後退未晚也。』主者韙其言，公乃率十餘騎陷陣，斬其酋歸，持賊級耀於衆。衆乃奮，一鼓而大敗之。匪逆繞道竄亳州。後此兩淮健者皆不爲妖言所惑。雖大酋陳玉成以全力注攻，潁州民皆各自爲戰，不失一城一寨。時袁甲三以給事中奉旨督師於亳，公聞之曰：『大丈夫當殺賊至太平，立功萬里，徒區區爲鄉里守門户，無益也。』遂單騎往謁，陳説剿賊方略。袁公奇之，畀以五品頂戴，授精騎百名，使爲先鋒，戰輒冠其曹。

次子程雲章（恩培）生。

咸豐五年（一八五五）　二十二歲

經太僕寺卿袁甲三調營。（《履歷檔案全編》）

二月二十七日，左副都御史袁甲三被召回北京，旋革職。

四月，張樂行與龔德樹等捻軍進攻安徽蒙城。七月五日，擊敗團練。八月，各路捻軍首領舉行雉河集會盟，建立大漢國，推張樂行爲大漢盟主，號稱大漢明命王。八月十八日，張樂行擊敗清軍，占領河南夏邑，後退出。九月十日，圍攻安徽亳州，旋退。九月二十八日，攻占安徽蒙城，旋退。

十月五日，清廷命提督武隆額督軍攻捻。十月十七日，張樂行等捻軍再圍安徽亳州。十月二十八日，河南按察使余炳濤等率清軍攻取雉河集，捻軍撤亳州之圍赴援未成。

十一月三日，張樂行等捻軍擊敗清軍後，進圍河南永城，旋退。十一月九日，於安徽亳州與河南永城間麻種集擊敗清軍。

十二月，清廷革提督武隆額職，命河南巡撫英桂督辦河南、安徽、江蘇三省剿捻事宜。（郭豫明《捻軍史》附録一《大事年表》，上海人民出版社二〇〇一年版，以下簡稱《捻軍史・大事年表》）

袁甲三被罷免後，程文炳亦辭官歸里。潁州知府才和方憂寇起，喜公至，延爲上賓。問方略，公乃爲畫策，挑各練精壯，得二百人，用爲城守，按名授餉。賊至則出城迎擊，賊退則嚴守備。雖群盜如毛，終不得薄城而陳。（《事略》）

咸豐六年（一八五六）　二十三歲

二月，清廷重新啓用已革左副督御史袁甲三剿捻。

二月至三月間，太平軍連破清軍江北大營和江南大營。

三月末，捻軍在亳州界溝集、亳州與河南鹿邑間的北十字河戰敗。四月八日，捻軍在亳州閻集敗退。四月十一日，張樂行等捻軍在亳州界溝集先勝後敗。四月十二日，祝安國等捻軍攻潁上，敗退。四月十八日，捻軍在亳州小奈集戰敗。五月六日，捻軍敗於亳州翟村寺。五月九日，捻軍在亳州白龍廟又敗。五月十五日，捻軍敗於亳州葉家小樓。五月十七日，清軍占領雉河集。五月二十二日，張樂行等捻軍圍攻安徽潁上，旋退。七月七日，張樂行等捻軍圍攻安徽潁州，旋退。七月十七日，張樂行等捻軍圍攻安徽蒙城，三日未下，旋退。七月二十四日，張樂行等捻軍奪回雉河集。七月底，張樂行率捻軍渡淮南下，活動在正陽關、三河尖等地，并攻占定遠，清總兵吉順、慧成潰逃。前淮陽道員郭沛霖和知縣周佩濂等被殺。安徽巡撫翁同書退保壽州。是爲捻軍史上著名的『定遠戰役』。八月五日，張樂行等捻軍在雉河集又敗清軍。

九月，太平天國爆發楊（秀清）、韋（昌輝）事變，太平天國内訌。

十月二十二日，龔德樹等捻軍進攻安徽太和，敗退。十月二十九日，捻軍敗於安徽亳州立德寺附近，旋又敗於花溝集、公記寺等地。

十一月一日，清軍又占領雉河集，旋發生『楊園子屠殺事件』。十一月十一日，清廷命總兵鄭魁士會同河南巡撫英桂督剿捻軍，所有豫、皖、蘇三省三軍均歸節制。（《捻軍史·大事年表》）

咸豐七年（一八五七）　二十四歲

二月，候補三品京堂袁甲三駐軍亳州，與清副都統勝保、河南巡撫英桂在亳州城舉行軍事會議，商討鎮壓捻軍事宜。（《阜陽地區志》第十章《大事記·清》，方志出版社一九九九年版）

二月二十七日，捻軍和太平軍進攻安徽潁上，後撤退。
四月六日，勝保督清軍占據潁州柳溝集。
五月二十二日，袁甲三督清軍攻破亳州毛圩。
六月二十二日，袁甲三督清軍焚毁亳州鄧圩，旋占姚圩等地。（《捻軍史·大事年表》）
七月，捻軍與太平軍李秀成、陳玉成部達成聯合協議，會師於霍邱城外。捻軍接受太平天國領導，全軍蓄髮，改换旗幟。天王洪秀全封張樂行『征北主將』，又親筆提賜對聯：『禎命養飛龍，試自思南國之屏藩，誰稱傑士；中原争逐鹿，果能掌北門之鎖鑰，方算英雄。』
九月一日，劉鶚生。
十二月二十六日，清軍與團練攻破皖北渦河兩岸七圩。
同月，清軍占領雉河集。

咸豐八年（一八五八）　二十五歲

奉袁甲三之命，統領騎兵一百五十人，領馬隊爲先鋒，薦陞至守備。（《清史稿·程文炳傳》）
四月，清政府與沙俄簽訂《瑷琿條約》。
五月，清政府與英、法、俄、美分别簽訂《天津條約》。
英國在上海設『麥加利銀行』。
七月二十八日，清廷命勝保爲欽差大臣督辦安徽軍務，安徽巡撫翁同書幫辦軍務，袁甲三督辦皖、豫、蘇三省剿捻事宜。

康有爲生。

咸豐九年(一八五九)　二十六歲

正月，在克復靈壁草溝集并節次剿賊出力，經袁甲三保奏，奉旨以把總盡先拔補并賞戴藍翎。(《履歷檔案全編》)

一月四日，清廷罷免袁甲三職務，由提督銜總兵傅振邦繼任督辦豫、皖、蘇三省剿捻事宜。二月二十二日至二十五日，清軍相繼攻毁亳州張村鋪、公記寺等附近一些捻圩。二月二十六日，攻毁安徽蒙城板橋集圩寨，捻首鹿利科等被俘遭殺。七月十一日，捻軍攻亳州，遇阻而歸。七月二十二日，副督統關保督軍至亳州攻捻，捻軍在渦北、渦南受挫。

十月五日，清廷以勝保丁憂，命袁甲三爲署理欽差大臣，漕運總督，督辦安徽軍務。(《捻軍史·大事年表》)

程文炳與陳國瑞部聯合攻捻軍張洛行於懷遠，進鳳陽，陣靈壁，與捻軍首領龔得大戰於岳家林，追捻軍於里仁橋、殷家澗，龔得退守定遠。殺捻首張龍，降鄧兆明。(《事略》、《列傳稿》)

袁世凱生。

咸豐十年(一八六〇)　二十七歲

二月，清軍破安徽蒙城檀城圩。三月二十二日，安徽阜陽練勇攻破任家圩，旋又破鄧家圩。

夏，捻首秦宣等在安徽阜陽、河南沈丘、新蔡等地聚衆起義。清軍圍定遠。捻軍張洛行、龔得向太平軍求救，陳玉成率部四十萬援之。袁甲三知程文炳能戰，撥千人交付指揮。此役自三月至八月，大小一百六十餘戰，文炳左股受傷，奉命回臨淮護糧。（《事略》）

『諸將戰無功，亡失太半，文炳時留屯臨淮，護餉道。被檄召，即將見，力軍赴擊。至靈壁、泗洲，大破其衆，進下湖溝，玉成走。』（《列傳稿》）

閏三月，克復臨淮并鳳陽府縣兩城，經曹運總督袁甲三咨保，以千總盡先拔補。（《履歷檔案全編》）

七月，以安徽剿匪出力，賞花翎。（《清文宗顯皇帝實録》（五）卷三百二十六《咸豐十年七月下》）

七月，在定遠迭次獲勝解圍，經袁甲三保奏，奉旨以守備補用并賞加都司銜，賞換花翎。（《履歷檔案全編》）

九月、十月，清政府分别與英、法、俄簽訂《北京條約》。

十二月，清政府設總理各國事務衙門。

同月，僧格林沁率部進駐山東濟寧。

咸豐十一年（一八六一）　二十八歲

袁甲三增兵程文炳，并命其兼統步兵，相繼收復固鎮、靈壁、泗洲。（《事略》）

三月，外國公使開始駐節北京。

七月，清文宗奕詝駕崩。

九月，在泗、靈等處剿賊出力，經欽差大臣袁甲三保奏，奉旨免補守備，以都司盡先補用并賞加游擊銜。（《履歷檔案全編》）

十月，慈安、慈禧兩宫垂簾聽政。

張曜在汝寧擊敗捻軍陳大喜部。

是年，曾國藩任兩江總督，并督辦江南軍務。李鴻章任江蘇巡撫。

十一月二十二日，張樂行等捻軍到達安徽潁上。十二月十五日，張樂行等捻軍與馬融和等太平軍進攻安徽潁州。十二月十九日，捻軍與太平軍聯合部隊繼續合圍潁州。

同年，清軍務大臣勝保率袁甲三、李繼宜、成大吉部數萬人進駐阜陽，阻擋太平軍渡淮北伐。（《阜陽縣志》第二十二章《軍事》，黄山書社一九九四年版）

清同治元年（一八六二） 二十九歲

一月，太平軍會同捻軍西進河南。

從克定遠，攻破湖溝寇圩，補潛山營游擊。（《清史稿·程文炳傳》）

一月，張樂行率捻軍圍潁州，困安徽布政使賈臻於城内。（《阜陽地區志》第四章第十節《軍事·大兵事》，方志出版社一九九九年版）

一月七日，捻軍與太平軍聯合部隊以地雷轟擊潁州。

清廷命欽差大臣勝保督辦皖、豫剿捻事宜。

二月十二日，捻軍連攻安徽太和三天，旋退。二月二十日，捻軍與太平軍聯合部隊又以地雷轟擊潁州，久攻不下。二月八日，清軍在潁州劉家集擊敗捻軍、太平軍聯合部隊。三月初，清軍進援潁州，連敗聯合部隊。三月三日，圍攻潁州的聯合部隊受挫，次日撤圍。撤退時尋至程家海子，程文炳老宅院被焚。三月十二日夜，張樂行率部并携帶家眷自安徽潁上北門渡過沙河，回歸雉河集。

三月，在克復定遠并固鎮剿賊出力，經袁甲三保奏，奉旨以參將盡先補用。（《履歷檔案全編》）

四月六日，聯合部隊從潁上撤退。四月十二日，聯合部隊敗於安徽太和陳橋。四月十七日，陳玉成在安徽壽州被暗投清軍的壽州團練首領苗沛霖出賣，被俘。四月二十二日，捻軍和太平軍在安徽潁上江口集附近擬施救陳玉成，未果。五月八日，陳玉成在河南延津被殺，年僅二十六歲。七月八日，清廷下令進攻安徽蒙城、亳州等地捻軍。九月七日至九日，僧格林沁占據安徽亳州盧廟、孟樓、邢大莊。（《捻軍史·大事年表》）

九月，攻破定遠賊剿并克復湖溝等處賊圩，經袁甲三保奏，奉旨賞加副將銜。是月，補潛山營游擊。（《履歷檔案全編》）

十月六日，張樂行等捻軍敗於亳州張橋。

是年，李鴻章在上海建立洋炮局。

美國旗昌輪船公司在滬成立。

京師同文館成立。

同年，賞加副將銜。

同治二年（一八六三） 三十歲

二月，率所部二千人以統領兼營務處駐軍蒙城。（《清史稿·程文炳傳》）

二月初二日，張樂行集結三千捻軍，在張村鋪與清軍決戰，全軍覆没，張樂行僅率十餘騎突出重圍，至原捻軍首領李家英處投宿。二月初四日，張樂行被李家英出賣，在蒙城西陽集被聞訊趕到的英翰所部逮捕。餘部由張宗禹率領堅持戰鬥。（《阜陽地區志》第四章第十節《軍事·重大兵事》，方志出版社一九九九年版）

二月十八日，張樂行及其子張喜、義子王婉兒三人在義門集周大營附近被殺。不久，其妻杜金嬋等在亳州被殺。同月，欽差大臣僧格林沁攻陷皖北捻軍根據地雉河集。

四月，蒙邑城外，捻軍營數十，以深溝高壘圍困清軍，并圍蒙東之白家圩，令於城中隔阻。馬新貽令副將程文炳等往援，與該圩練内外夾擊，頗有斬獲。惟守備李加英以追賊過猛，馬蹶被擄，而程文炳等復夜砍賊營，破其六壘，挫逆凶焰。（《清穆宗毅皇帝實録》（二）卷六十四《同治二年四月中》）

五月一日，張敏行等捻軍殺回雉河集。不久，張宗禹等捻軍與馬融和等太平軍也返雉河集。

六月二十日，袁甲三卒於陳州（今淮陽市），年五十八。謚號『端敏』，葬於陳州西關，并設專祠祭祀。有《端敏公遺著》傳世。

十月十八日、十九日，程大道等捻軍在安徽太和、阜陽間失利。英翰亦在蒙城南門外，搶築三營，又派程文炳等進扎要地，與陳國瑞聯絡應援。（《清穆宗毅皇帝實録》（二）卷八十三《同治二年十月下》）

同月，苗沛霖再舉義旗。東起鳳陽，西迄潁、亳，南自渦、蒙，北至淮、徐，地方千數百里，大小圩寨千數百計，多舉旗應苗，號爲『苗營』。

會苗沛霖構捻來犯，相持八個月，大小百十戰，數獲勝。已而捻酋葛小年擁衆可數萬，殊死鬥，蒙圍益急，與布政使英翰内外夾擊，大敗之。僧格林沁軍至，誅沛霖。文炳會諸軍擒小年等戮之，皖北始稍靖。（《清史稿·程文炳傳》）

自三月至十月，連續二百餘日，苗軍圍攻蒙城，程文炳在營，目不交睫，夜不解甲，無日不戰，每戰輒勝，連下苗營七十餘寨。因請功牌百道，身入鳳、潁諸寨，招練長曉諭之。諸練長素服文炳，皆拱手受節度，遂以次下寨二百餘。大會蒙城，文炳出所獲沛霖羽黨立於庭曰：『爾曹皆我皖子弟，何不自愛，乃附和作賊？』繼而遍數座上諸練長示之曰：『如某某等尚歸服我，爾曹今何能爲？』命令左右將沛霖羽黨當場釋放，揮使自去。諸練長知不復能首鼠兩端，遂立誓願生死從程公，不敢有二心。沛霖勢遂孤。已而捻首葛小年擁衆可數萬，蒙圍益急，與布政使英翰内外夾擊，大敗之。此時，僧格林沁率重兵會師於蒙，四面夾擊苗軍，苗沛霖全軍潰敗，退無歸路，遂被部下殺於亂軍之中。文炳會諸軍擒小年等并戮之，皖北始稍靖。（《事略》）

英翰擢按察史，復督兵援蒙城，攻蔡家圩，斷賊糧道，遣參將程文炳等四出截擊，夷賊壘數十。（《清

史稿》卷四百二十五《英翰傳》）

十月二十六日，僧格林沁督軍猛攻安徽蒙城，苗練大潰。十月三十日，僧軍攻破安徽蒙城西陽集，旋又收撫和擊滅附近捻軍。英翰亦在蒙城南門外搶築三營，又派程文炳等進扎要地，與陳國瑞聯絡應援。（《清穆宗毅皇帝實録》（二）卷八十三《同治二年十月下》）

解蒙城圍，苗沛霖伏誅。（《履歷檔案全編》）

十一月初四日，清軍毛有銘的部隊進攻正陽關，苗黨朱萬隆遣人乞降，適僧格林沁遣將康錦文，富明阿遣將程文炳前來招撫，遂會同納降，收復正陽關城。（《曾國藩全集·奏稿六》同治二年十一月初十日《附陳曾國荃軍克復正陽關及李世忠部收復下蔡軍情片》，岳麓書社一九九四年版，以下簡稱《曾國藩全集·奏稿》）

是年，李鴻章在上海設廣方言館。

上海英商要求造滬蘇鐵路。

山東淄川劉德培起義失敗。

同治三年（一八六四） 三十一歲

捻軍轉戰於黄淮，程文炳率軍追擊，往來於商、固群山之間。捻軍入山東，文炳率軍乃回鎮皖。（《事略》）

五月，經安徽巡撫喬松年保奏，奉旨開缺，免補參將，以副將盡先補用，并賞加總兵銜。（《履歷檔案

全編》)

六月一日，太平天國天王洪秀全在南京病逝。七月十九日，天京陷落。七月二十二日，李秀成被俘，八月七日被殺。十一月，西北太平軍與捻軍合并，成立新捻軍，推舉賴文光爲領袖。在河南鄧州唐坡擊敗僧格林沁軍。

英翰擢安徽布政使。

同治四年(一八六五)　三十二歲

年初，新捻軍在河南魯山、鄢陵等地多次擊敗僧軍。

四月，程文炳、張得勝兩軍回顧皖防。

五月十七日，張宗禹等捻軍返回皖北，進攻雉河集。

程文炳總統皖軍，所部三千人，與捻軍任柱、賴文光戰於雉河集，相持五十餘日，餉糈不繼，兵疲饉，文炳邀擊之，軍士戰稍却。語所部曰：『此生死呼吸之際，汝輩尚不力耶？軍令在，不汝恕！』策馬陷陣，將弁繼之，呼聲震天，寇披靡。追戰至夜分，左臂中矛傷，裹創力戰。寇憚之。援至，因大破虜。論功，擢總兵。(《清史稿·程文炳傳》)

五月，新捻軍在山東曹州高家砦全殲僧格林沁馬隊，殺僧格林沁。清廷命欽差大臣曾國藩赴山東剿捻，以李鴻章署理兩江總督。

五月二十三日，新捻軍占於亳州義門集，失利。五月二十七日，新捻軍所據的安徽蒙城高爐集失守。

至此，皖北捻軍起義已接近尾聲，降者衆多。清廷因接受苗沛霖反復無常之教訓，對捻衆歸降者嚴酷以待，多有殺戮。程文炳上書兩江總督曾國藩，力陳原委，斷言『不至再有苗李之禍』，『願以身家性命保之』。曾國藩從之，并稱贊其『有古仁將風』。（《事略》、《清史稿·程文炳傳》）

六月一日，清廷爲防止雉河集一帶再次發生農民起義，劃亳州十三保、阜陽東北四集、宿州南十九集，批准設置安徽渦陽縣，以雉河集爲縣治，屬潁州府。

六月，任柱等竄圍雉河集，程文炳督隊防守，經兩江總督曾國藩等保奏，奉旨交軍機處記名，遇有總兵缺出，請旨簡放，并賞加提督銜。（《履歷檔案全編》、《曾國藩全集·奏稿九·附録·明諭·獎叙雉河解圍出力員弁》）

八月，上海江南製造局成立。

英國在滬設匯豐銀行。

十月二十五日，奉上諭：喬松年奏豫境竄賊又復東擾，漸將竄至陳州、歸德，距潁州甚近。喬松年現調英翰一軍駐扎潁州府屬之插花廟，張得勝一軍回駐潁州，相爲犄角，黄秉忠一軍改駐西陽集，程文炳一軍仍駐雉河集。即着督飭派出各軍分路設防，遇賊即擊，毋令賊闌入。（《曾國藩全集·奏稿九》）

同治五年（一八六六）　三十三歲

英翰擢安徽巡撫。初，文炳以軍事與英翰不相能，至是稱疾不出。英翰之母賢，諸將自史念祖以下

均母事之。英翰以母命召文炳，至則拜床下，誓捐前隙共生死。比出，即檄統前敵師干。（《清史稿·英翰傳》）

二月二十八日，賴文光等捻軍戰於安徽阜陽中心岡、薛店等地，失利。二月二十九日，又戰於安徽太和白果園，先勝後敗。

三月中旬，程文炳、張得勝會合劉銘傳於豫境追擊賴文光捻軍。（《清穆宗毅皇帝實録》（五）卷一百七十二《同治五年三月中》）

三月二十九日，在潁州之楊家圩一帶，劉銘傳軍與捻軍激戰。而皖軍程文炳、張得勝適率部從南路追來，兩面夾擊，共追殺二十八里，途中賊尸狼藉，奪獲器械數百件，戰馬四十餘匹。（《曾國藩全集·奏稿九·銘樹兩軍在皖豫剿賊獲勝折》）

三月，補貴州清江協副將。總統皖軍一萬五千人，駐軍皖北（亳州）。（《履歷檔案全編》）

四月初四日，安徽巡撫喬松年奏請程文炳、張得勝兩軍回顧皖防。得旨許可。（《清穆宗毅皇帝實録》（五）卷一百七十四《同治五年四月上》）

五月初六日，奉上諭：著喬松年嚴飭程文炳認真堵剿，勿令該匪（任、賴）乘間奔突。（同上卷一百七十六《同治五年五月上》）

五月十七日，牛宏州等部戰於安徽渦陽義門集，失利。五月二十六日，賴文光等部戰於安徽潁州烏江河上游，失利。

張曜統河南嵩武軍。

山東巡撫閻敬銘剿捻黄崖山，張積中被殺。

十月，捻軍在河南分爲東西兩支：東捻由賴文光統率，在中原地區堅持鬥爭；西捻由張宗禹統率，進軍陝甘。

十一月，清廷命英翰帶兵馳抵太和。亳州守將程文炳出隊往剿，該匪已向陳州一帶奔竄。（同上卷一百八十九《同治五年十一月中》）

十二月，清廷以曾國藩進攻捻軍無效，命回任兩江總督，以李鴻章爲欽差大臣，專辦剿捻事宜。李鴻章既定圈河策，程文炳統皖軍萬五千人，與總兵張得勝等進擊。英翰分撥皖軍，令黄秉均扼宿遷，張得勝扼猫兒窩灘，程文炳以騎兵備游擊，余承恩率水師由洪河入運河。東捻勢蹙，任柱死，其黨四散，大呼文炳名求降。鴻章逮降卒問故，咸曰：『昔皖北善後，程公以身家保鄉人。今我輩窮而乞憐，必能拯我。』其信義孚人如此。英翰上其功，擢（記名）提督。（《清史稿·程文炳傳》、《清史稿·英翰傳》）

同治六年（一八六七）　三十四歲

西捻張宗禹北犯，詔文炳率師入直會剿。（《清史稿·程文炳傳》）

正月，程文炳一軍由英翰調往商城，即著飭令扼要駐守，嚴密防堵，以杜鄂捻回竄之路。（《清穆宗毅皇帝實録》（五）卷一百九十五《同治六年正月下》）

二月，清廷令程文炳等自商城、葉集西路同進，迎剿任柱、賴文光等捻軍。（同上卷一百九十五《同

治六年二月上》）

三月，安徽巡撫英翰奏：捻竄皖省邊境，擬向潛山、太湖一帶迎剿。得旨：即著檄令程文炳等迎頭截擊。（同上卷一百九十八《三月上》）

五月，安徽巡撫英翰奏：捻逆由南陽、新鄭一帶東竄，派兵出境防剿。得旨：捻逆現擾山東寧陽一帶，該省防備，實未可松。著即嚴飭程文炳等軍相機進扎，不准稍有疏虞。（同上卷二百四《五月下》）

五月二十四日，李鴻章奏行抵歸德布置大略折：英翰酌調張得勝、黃秉忠、程文炳各軍，進扎宿遷至灘上運河西岸，以備接應前敵。（《李鴻章全集·奏疏》，安徽教育出版社二〇〇七年版，以下簡稱《李鴻章全集·奏疏》）

六月，英翰上奏朝廷，陳述圍剿之策：『論目前之情勢，必宜東南兩路統顧兼籌，而以全軍扼扎運河爲事機之最緊，奴才於接到李鴻章函牘後，即馳檄張得勝等三軍星夜兼程前赴運河西岸，分段駐守，以黃秉均之八營從宿遷向上游扼扎，張得勝之九營從灘上起向下游扼扎，令程文炳之步軍八營駐於兩軍之中，上下接應，分立營壘，認真設守，而以馬軍五營往來巡哨。』（《曾國藩全集·奏稿九·附録》）

六月初六日，李鴻章奏行抵濟寧籌防運河折：又，准安徽撫臣英翰咨復，已派黃秉忠英字一軍，赴宿遷運河，向上游扼扎；張得勝凱字一軍，赴猫兒窩灘上，向下游扼扎；程文炳強字一軍，居中策應，并調水師三營入運巡護，英翰擬隨後親往督率。（《李鴻章全集·奏疏》、《淮軍平捻記》卷五）

八月，清廷准英翰奏，派定步隊九千，馬隊一千，合成萬人，令總兵程文炳統帶，并嚴飭程文炳、黃秉

均等確探賊蹤，聯絡淮東各軍，以壯聲勢，認真堵截。（《清穆宗毅皇帝實録》（五）卷二百一十《同治六年八月下》）

八月二十二日，李鴻章上不罷運防片，皖軍程文炳、漕標姚廣武等晝夜扼擊，均甚出力。

九月初六日，皖營各統領官就近歸李鴻章調遣。清廷著英翰嚴檄黄秉均等軍，乘此聲威，痛加剿洗；并飭方長華趕緊前進，會同程文炳聯絡淮東各軍，覘賊所向，跟蹤夾擊，以竟全功。（同上卷二百十一《九月上》）

九月十七日，李鴻章上復陳剿辦情形片，解釋九月初六日寄諭：『皖軍擊賊之時，并未聞該臣派出一軍，乘機要截，初不料觀望遷延，一至於此。』及英翰奏皖軍在順河集擊退捻匪，劉銘傳、潘鼎新等何以并未緊追，互相夾擊，其爲意存忌刻，縱賊誤事，已可概見的指責。其中有：『英翰遠在潁郡，繫念運防，又力顧大局，派程文炳等出境助剿。臣與該撫交好有年，公義私情，均深敬佩，何至稍存忌刻，縱賊觀望，爲此悖義昧良之舉？』（《李鴻章全集·奏疏》、《淮軍平捻記》卷六第一二八頁）

九月二十三日，李鴻章復馬中丞：捻馬甚多，豈能必勝，但無懼焉而已。西林（即英翰）撥程文炳萬人，可助聲援。堅望清野，實爲急務。（同上）

十月，上諭：現在剿捻各營，淮軍以劉銘傳爲最，豫軍以宋慶爲最，皖軍以程文炳爲最。諭令李鴻章、丁寶楨請飭該三軍克日北向，繞出賊前，迎頭截剿。（《清穆宗毅皇帝實録》（五）卷二百十四《同治六年十月下》）

同月，又諭：英翰前派程文炳一軍入東助剿，尚能顧全大局。該軍既進抵郯城，即著檄令聽候李鴻章調度，與淮軍聯絡策應，合力截剿，不得各懷觀望，致誤戎機。（同上）

十月十八日，李鴻章奏現籌調度情形折：安徽撫臣英翰所派程文炳、方長華一軍，赴東協剿，又因皖軍宿遷運防力單，必須就近援應，臣商令進駐郯城，爲南路適中要地，賊蹤在二百里内，可以相機截擊。（《李鴻章全集・奏疏》）

十月二十五日，李鴻章奏銘軍安濰大勝賴逆被創略盡折：該逆大創之餘，必從諸、莒直趨海、贛，則南路運防又形吃重。郭松林武毅一軍，整練已齊，來濟候調，臣飭該提督與楊鼎新所部勳、開各營，合爲一路，克日遄發，取道沂、郯，探賊所向，與劉銘傳、程文炳等合力兜剿。若再能痛挫凶鋒，解散必衆，賊黨漸離，或可收聚殲之效。（《李鴻章全集・奏疏》）

十月三十日，附寄諭：李鴻章現已飭潘鼎新一軍，會合劉銘傳追剿，而令郭松林、楊鼎勳合軍一路，取道沂、郯，探蹤前進，期與劉銘傳、程文炳等合力兜剿。（同上）

同日，李鴻章奏銘軍贛榆大勝陣斃任柱折：任柱即任化邦剿斃後，惟其悍黨尚多，各軍乘機兜剿，解散協從，招納降酋，冀河漸次掃蕩。潘鼎新、唐仁廉已先後由莒州、日照向南兜追，郭松林、楊鼎勳二十六日自濟寧拔隊，由滕、嶧徑趨郯、贛。皖軍程文炳等亦由郯城就近迎剿。（同上）

十一月，清廷著李鴻章、英翰督令皖營程文炳所部，同淮軍并力殲剿。『任逆爲著名悍賊，現凶渠授首，賊膽愈寒。布政使潘鼎新、貴州安義鎮總兵唐仁廉已先後由莒州、日照向南兜追，郭松林、楊鼎勳由滕、嶧徑趨郯、沂，程文炳亦由郯城就近迎剿。着李鴻章迅催各軍倍道星馳，與劉銘傳前後夾擊，務須乘此鋭氣，將該逆就地聚殲，毋任再行鋌走。』（《清穆宗毅皇帝實録》（五）卷二百十五《同治六年十一月上》）

同月，安徽巡撫英翰奏：賊蹤由山東回竄，現飭征軍由郯城迎剿。得旨：捻蹤現竄贛榆一帶，該撫仍當懔遵前旨，檄飭程文炳等聯絡淮軍，會合剿辦。其運防各營，并著飭令實力梭巡，毋稍疏懈。（同上卷二百十六《十一月中》）

十一月十七日，李鴻章奏賊竄入東現籌調度折：又，慮敗賊西趨，檄調皖軍程文炳，挑帶六成行隊，由沂州進駐泰安適中之地，若賊由萊蕪清石關、沂水穆陵關翻山西竄，即據險邀截，與劉銘傳等前後夾擊；若賊由濟、泰西走，即與豫軍運守之張曜、宋慶等左右夾擊；若賊回竄沂、海，即回軍沂、郯，與方長華留郯之四成隊策應運防，庶爲面面周到。（《李鴻章全集·奏疏》）

同月，在宿遷、郯城剿賊出力，經安徽巡撫英翰保奏，奉旨免補總兵，以提督請旨簡放。十二月，帶兵馳赴直隸截剿捻匪。（《履歷檔案全編》）

十一月底，詔宋慶、程文炳、張曜三軍分道入晉，援防河北。（《淮軍平捻記》卷七）

十二月初八日，奉上諭：昨因山東捻股殲除將盡，李鴻章兵力有餘，已諭令該大臣將程文炳、宋慶兩軍由山東、直隸赴晉助剿；張曜一軍由山東移赴河北堵剿。該將領到晉、豫後，即着歸左宗棠調遣。……現在山東省軍務較松，陳國瑞着改發山西，交左宗棠差遣。即着該員與宋慶、程文炳合統兵赴晉，

與余承恩所部均歸左宗棠節制調遣。(《左宗棠全集·奏稿》,岳麓書社一九九六年版,以下簡稱《左宗棠全集·奏稿》)

十二月,上諭:根據侍郎毛昶熙奏稱:陜捻搶渡黄河,竄至山西吉州,恐其直走太行,漸達直隸邊界,晉省兵力不敷抵禦,請抽調宋慶、程文炳兩軍,屯扎太行東南兩面,探蹤扼截。……李鴻章所部兵力甚厚,足敷剿辦。著即飭令宋慶、程文炳各統所部,由山東直隸克日西行。入晉境後,覘賊所向,與陜晉各軍會籌夾擊,速掃賊氛。……現有宋慶、程文炳兩軍入晉,(所需)銀餉,即著李鶴年、英翰、張兆棟照舊發給。如有不敷,李鴻章亦當設法接濟。(《清穆宗毅皇帝實録》(五)卷二百十八《同治六年十二月上》)

又諭:李鴻章兵力有餘,已諭令該大臣等將程文炳、宋慶兩軍,由山東直隸赴晉助剿。(同上)

又諭:宋慶、程文炳兩軍,著李鴻章、英翰、張兆棟催令兼程前進,由直隸獲鹿大道進剿,會同劉松山、郭寶昌、陳湜等軍,兩面夾擊,以殄賊氛。(同上)

十二月十四日,奉上諭:宜川一帶捻逆雖多,而晉省無知兵大員督辦,事無稟承,恐未能迅速蕆事。且前調宋慶、程文炳等軍由獲鹿赴晉,張曜、余承恩兩軍由臨洺關進發,并將陳國瑞發往該大臣軍營差遣。(《左宗棠全集·奏稿》)

又諭:運河交冬水淺,防務尤關緊要。李鴻章、李鶴年、英翰、張兆棟等,務須添派兵勇,加意梭巡。儻任一賊一騎偷渡,必將分防將弁,按照軍法從事。并著丁寶楨、李鶴年、英翰、張兆棟等,分派勁旅，覘賊所向，與淮軍合力夾擊，毋稍觀望。其程文炳、宋慶、張曜等軍，著李鴻章等仍遵前旨，分别飭令移防赴晋，毋得藉詞逗留。（《清穆宗毅皇帝實録》（五）卷二百十九《同治六年十二月中》）

乙未，諭軍機大臣等：陜捻竄入晋疆，需兵助勦甚急。程文炳一軍，仍著英翰飭令迅速拔營，由直東一帶赴晋。（同上）

十二月十四日，李鴻章奏敗賊搶渡六塘河折：劉銘傳督帶馬隊，於初八日趕至宿遷，聞賊折竄沭陽，遂派陳振邦所部會同牛師韓馳往追勦。皖軍程文炳泰安途次聞賊敗回，亦於初八日回至宿遷，馳赴海沭搜捕。……再，臣欽奉初七、初九等日寄諭，陜捻搶渡黄河，竄至山西吉州，飭派張曜、宋慶、程文炳各軍分道入晋，兼防河北。……皖將程文炳現已追賊南下，臣飛檄行知，并飭候安徽撫臣英翰相機酌調。（《李鴻章全集·奏疏》、《淮軍平捻記》卷七）

十二月十七日，附寄諭：張曜、宋慶、程文炳各軍前已迭奉諭令，分道赴晋。著李鶴年、英翰仍遵前旨，飭令張曜由臨關進勦，宋慶、程文炳由獲鹿進發，毋許延緩。（《清穆宗毅皇帝實録》（五）卷二百十九《同治六年十二月中》）

又諭：前諭李鴻章，令宋慶、程文炳兩軍由獲鹿赴晋。現在捻逆趨重南路，情形稍異，著該大臣令宋慶等軍，迎賊所向，相機進勦，不可稍涉拘泥，致誤戎機。（同上卷二百十九《同治六年十二月中》）

諭軍機大臣等：晋省捻匪，已竄濟源、河北一帶，勢甚吃緊。著李鴻章仍遵昨日諭旨，迅飭程文炳等軍，兼程北上。飭令相機迎勦，毋稍延緩。（同上）

又諭：晉省捻匪，現已竄至濟源、河北一帶，情形吃重。著英翰速飭程文炳起程前進，徑赴直隸，或先赴河北彰懷等處迎剿。著英翰飭令該統將沿途探訪，相機辦理，不可拘泥。此軍行至直隸，即著聽候官文調遣。并著官文飛速催提此上，毋任延緩。（同上）

十二月十九日，李鴻章奏敗賊竄里河各軍兜追折：劉銘傳派令陳振邦，帶領馬隊會同皖軍程文炳、牛師韓追往沭陽搜剿，初九日遇賊酋任根柱百名乞降，運東方河塘以北已無餘匪。（《李鴻章全集·奏疏》、《淮軍平捻記》卷七）

諭軍機大臣等：賊蹤東趨河南衛輝府境，……張曜、宋慶、程文炳各軍，著官文、李鴻章、李鶴年催令該員等分途前進，星速會剿。……各軍到防後，均歸左宗棠節制調遣。（《清穆宗毅皇帝實録》（五）卷二百二十《同治六年十二月下》）

捻軍張宗禹部自陝西渡河北上，京師大震，詔程文炳率師入直會剿。愈歲，敗之滹沱河。（《事略》）

十二月二十二日，左宗棠奏捻逆東竄謹籌截剿情形折：竊臣於本年十二月十七日巳刻馳報率師入晉啓行日期，拜折後欽奉十二月初七日寄諭：『山東賊已窮蹙，李鴻章所部兵力甚厚，足敷剿辦。着即飭令宋慶、程文炳各統所部由山東、直隸克日西行，入晉境後，覘賊所向，與陝境各軍會籌夾擊。張曜軍着即移扎河北。』等因。欽此。是日酉刻始准兵部火票遞回臣十一月三十日拜發折片，欽奉寄諭：『左宗棠當懔遵迭諭，迅速入晉督剿。昨因東省捻股殲除將盡，李鴻章兵力有餘，已諭令該大臣等將程文炳、宋慶兩軍由山東移赴河北堵剿。該將領等到晉、豫後，即着歸左宗棠調遣，并着一面催提，以厚兵力。』等因。欽此。十八日酉刻在臨潼零口途次，欽奉十二月初九日寄諭，敕李鶴年將張曜、宋慶兩軍迅速調撥。而十二月初十日調張曜、余承恩兩軍由臨洺關進發，宋慶、程文炳兩軍由直隸獲鹿大道進剿之旨，已先於十二月十五日欽奉寄諭。是張曜、余承恩、宋慶、程文炳已均取道直隸以向山西矣。……臣於二十一日行抵潼關，二十二日飭前隊及隨營軍裝、輜重過河，窮日之力，尚難渡盡。臣於二十三日繼進，即由山西蒲州、聞喜、翼城一帶東趨，入直隸境後，自北而南，督諸軍迎剿，以期繞前攔截。惟臣所部悉屬步隊，遼、潞一帶山徑崎嶇，行走苦不能速。現據探報，賊蹤東趨河南衛輝府境……此時山西已無賊蹤，其張曜、余承恩、宋慶、程文炳各軍均可無庸入晉，應請旨敕令均赴直隸廣平、順德一帶進剿。

（《左宗棠全集·奏稿》）

十二月二十六日，東捻軍勢力已衰，清廷令皖軍程文炳、豫軍宋慶、張曜各部分道赴援河北、山西，令左宗棠兼管這些部隊。

十二月二十九日，奉上諭：左宗棠現由蒲州渡河，取道聞喜、翼城，東趨入直。應如何擇要駐扎，居中調度之處，着左宗棠妥籌辦理。喜昌等馬隊到河南彰德後，即可迎頭截剿，不必拘定指示道路，以免迂折。張曜、余承恩、宋慶、程文炳各軍着官文、李鴻章、李鶴年催令該員等分途前進，望速會剿。

（《左宗棠文集·奏稿》）

同月，東路捻軍敗於揚州，賴文光被殺。

李鴻章任湖廣總督。

同治七年（一八六八） 三十五歲

正月，總統强字馬步軍十六營記名提督程文炳駐亳州、渦北一帶。

壬寅，允英翰入衛畿疆，飭程文炳赴河間會剿。（《清史稿》卷二十二《穆宗本紀二》）

同月，西捻自宜川渡黄河犯山西，連陷吉州、鄉寧，南擾河津，逼解州、運城。詔張曜與宋慶、程文炳分道防河北。（清朱孔彰《中興將帥別傳》卷二十六上《張勤果公曜》，岳麓書社二〇〇八年版）

正月初旬，清廷連續六道上諭，嚴令程文炳等軍北上：

諭軍機大臣等：河北捻匪，現已竄至懷慶，并有擾及衛輝之説，勢甚剽疾。……程文炳一軍，仍著英翰飭令克期赴營，馳赴北路，探賊所向，迎頭截剿。

程文炳一軍，英翰現飭由臨清、鉅鹿一帶探明賊蹤，相機迎擊。

程文炳一軍，昨據英翰奏稱，飭由臨清、鉅鹿一帶前進。并續派牛師韓、方長華兩軍，由汴梁馳赴河北，著即飭令星速前行，以資剿擊。

賊蹤逼近畿疆，李鴻章、英翰務當嚴飭劉銘傳、程文炳各軍，并善慶、温德勒克西等馬隊，兼程前來，如有遲延玩誤等，惟李鴻章等是問。

程文炳一軍，近日行抵何處？著官文、英翰分別提催。

張總愚（宗禹）等股匪，前由陝省渡河入晉時，即須諭令李鴻章、李鶴年、英翰飭令張曜、宋慶并劉銘傳、程文炳等軍迅速渡河，分由直、豫迎頭截擊。……程文炳一軍，雖距直較遠，英翰仍當嚴催，星夜馳抵直境。并著飭令方長華一并入直，儻不趲行前進，即當以軍法從事，不可稍涉寬縱。

（《清穆宗毅皇帝實録》（六）卷二百二十一《同治七年正月上》）

正月中旬，上諭措辭更加嚴厲：

諭軍機大臣等：昨據官文奏稱，捻逆竄至平鄉、雞澤、南和等處，勢漸北趨，所調援軍尚未趕到，恐其分竄肆擾，震及近畿。……程文炳於上月二十六日，由宿遷拔隊北行，迄今已近半月，計早馳抵東境。并著官文嚴催，由德州河間大道前進，迎賊抽向，奮力截剿，毋稍片刻延緩。英翰前調程文炳各軍，至今尚未見到，著即催令前行，并著官文迎提。如程文炳等有意遷延，即著官文嚴加懲處。

近畿情形如此緊急，程文炳如遷延不行北上，著官文、英翰速行嚴懲治罪。

捻逆因北路防守綦嚴，暫向東南退竄。……其方長華、程文炳等軍，仍著官文催提，迎頭截擊，以厚兵力。

正月十九日，上諭：皖省程文炳等軍，計應早抵直境，著官文迅速迎提，以便會合諸軍，協力兜剿。

（同上卷二百二十二《同治七年正月中》）

正月下旬，上諭日催程文炳北上：

諭軍機大臣等：英翰奏，皖軍起程日期，請飭沿途接濟軍需。……英翰所派程文炳一軍，已於初十日由東河渡黄，著即歸官文節制調遣，并著迅速迎提北上，探賊所向，迎頭力剿。如有遲延

觀望，即由官文嚴懲。所需軍火糧餉，并由官文就近接濟。并檄程文炳一軍，迅由河間

英翰如渡河剿匪，務當慎選可靠之軍，妥籌調度，不可稍涉大意。

等處會合諸軍向南壓剿。

現在北路已有玉亮各軍，分段嚴防；　左宗棠駐扎井獲之交，李鶴年駐扎磁州，丁寶楨、程文炳兩軍，專爲東北兩面屏蔽。儻遇大股逆匪衝突，著各該督撫嚴飭各軍實力堵禦，不使一匪竄越。……正在寄諭間，據官文馳奏，捻逆由蠡縣、肅寧竄至饒陽，邊馬已及獻縣。　程文炳兼程趕到，其大隊正抵獻縣各等語。……現程文炳既抵獻縣，即著官文飭令迎頭痛剿。

程文炳一軍，昨據官文奏稱已抵獻縣，正可與賊邊馬相遇，由此西向進剿。

正月二十八日，李鴻章上請籌圈賊之策片：　二十四日於饒陽城東十餘里，皖軍程文炳、郭寶昌自西北來會，與潘鼎新部合兵一處，兵勢較盛，賊盡敗竄西南，各軍分路兜剿三十餘里，天晚暫駐，敗賊已趨深州一帶。（《李鴻章全集·奏疏》）

『乙亥，剿賊獲勝，該逆現向西南竄遁。……直隸前敵各軍，如劉松山、郭寶昌、喜昌、張曜、宋慶、程文炳等所部，均距賊蹤不遠，何以并未會合進攻，僅止王心安三千人孤軍深入？　天津槍隊練軍，與東軍同在一路，何以亦不會同前進，是否有推諉觀望情事？　著官文、崇厚查明具奏。……現在各路援軍雲集，深感進止不齊，未能協力同心，共圖掃蕩。　左宗棠現抵直境，所有前敵追剿各軍，均著歸該大臣總統，以一號令。　左宗棠未經接辦之先，仍著責成官文遵照前旨責令劉松山、郭寶昌、喜昌、張曜、宋慶、春

壽、余承恩、陳國瑞、程文炳等，專取犄角之勢，面面進攻，各分隊伍，更番迭戰，晝夜剿襲，以免耽延時日。』（《清穆宗毅皇帝實録》（六）卷二百二十三《同治七年正月下》）

二月初旬，程文炳所部稍事整休。

『諭軍機大臣等：潘鼎新、程文炳兩軍，甫徑趕到，著即在北面穩扎，以固京畿門户，藉可暫事休息。……俟休息稍定後，再行陸續相機進擊，不可徒事株守。

壬午，著官文於潘鼎新、程文炳兩軍内，速撥得力之軍，兼程馳赴雄縣、任邱、大城一帶，均匀分布，與丁寶楨所部東軍，聯絡聲勢，嚴行扼截，毋任賊蹤竄向東北。潘鼎新、程文炳等軍到後，兵力較厚，設津郡緊急，陳濟清等各隊，亦可隨時兼顧。

現在河津一帶吃緊，官文應先其所急，速飭由安州進剿之程文炳一軍，及春壽等所部馬隊，一并馳任邱、大城，協合防剿，保衛畿南矣。

逆蹤向西南奔竄，即著左宗棠、官文嚴飭各軍，乘勝追剿。并著程文炳、潘鼎新兩軍，節節進扼，以爲劉松山等後續。

捻逆在獻縣境内，被官軍剿敗，折向深州一帶竄擾。程文炳一軍，即著飭令由高陽一帶，視賊所向，節節進剿，毋庸調赴大城、任邱一帶。』（《清穆宗毅皇帝實録》（六）卷二百二十四《同治七年二月上》）

二月初十日，左宗棠奏行抵直隸省郊現籌進剿折：臣抵高陽後，如賊仍趨東路，臣即赴天津之北，

向南壓剿。如賊由深州西南竄走，即檄程文炳自高陽急起追截，臣亦即由東北而西南，檄諸軍奮擊。（《左宗棠全集·奏稿》）

二月十二日奉上諭：程文炳一軍，即着飭令由高陽一帶視賊所向，節節進剿，毋庸調赴大城、任邱一帶。（《左宗棠全集·奏稿》）

二月十六日，天大霧，捻軍乘官軍疲困，繞路竄逸。郭松林等復督隊急起追之，自西而南至饒陽之楊家村，捻軍回軍返鬥，戰五六合，張志清、劉琅、夏以仁領數百騎乞降，餘衆紛紛向東南敗走。追二十餘里，劉松山、郭寶昌、張曜、宋慶、程文炳等均率軍來會。（《李鴻章全集·奏疏·安平獲勝督軍進剿折》）

二月十八日，賊又折竄饒陽以北，劉松山、郭寶昌、張曜、宋慶、程文炳等軍，亦俱趕到，各派隊會剿。（《清穆宗毅皇帝實録》（六）卷三百二十五《同治七年二月下》）

二月十八日，左宗棠奏官軍兜剿迭勝現籌剿辦折：臣宗棠於十一月出高陽，與程文炳會晤。十二日至蠡縣。十三日將輜重分寄縣城，十四日西行追賊。知賊蹤南竄……亟檄程文炳趨正定，期蹙賊於河濱。（《左宗棠全集·奏稿》）

二月二十七日，左宗棠奏追捻迭勝現籌合力兜剿折：

先是，屢據探報，賊探滹沱河水勢甚涸，決意竄過。是日，臣宗棠行營在賊北五十餘里。賊騎東西橫出，有西南趨晉州境者。慮其於稾城、晉州交界之陳村、桃園涉淺，及由正定過橋，因與各將領計議，以宋慶、張曜赴東北路；劉松山、郭寶昌、喜昌馬步軍赴正北，兼顧西南；其程文炳一軍與臣宗棠親軍赴西路。十六日，據程文炳報稱，賊在深澤南路潰敗後，已折向東北。即飭程文炳改赴東北會剿，而自率親兵各營赴無極，擬蹙賊於陳村、桃園水濱。……

十七日，賊衆竄至饒陽東三十里左右之孔中旺、蔡家莊、前南旺村一帶。劉松山、郭寶昌、喜昌、程文炳、宋慶、張曜各軍均集饒陽，乘夜分路進剿。十八日丑刻，程文炳由西南面進攻前南旺村一帶，劉松山、郭寶昌、喜昌、宋慶、張曜由東北面分道齊進。程文炳一軍行二十餘里，聞賊中吹角聲，亟催軍急進。程文炳督同總兵李得勝、提督銜總兵李鎮國三路排進，以總兵劉先文在後策應。賊衆益棄輜重，向東南狂奔。當將前南旺村餘賊四五十名搜殺净盡，督隊躡追。劉松山等各軍由東北面壓剿而前，已將賊衆所踞各村奪回，斃賊甚夥。天明，各軍會合，四面兜擊。該逆力不能支，策馬紛竄，受傷不計其數，向南奪路而走。各軍躡追二十餘里，沿途擒斬甚多，直至獻縣西河低村，始各收隊。是役共斃悍賊七百餘名，生擒二百餘名，拔出難民數千人，奪獲騾馬、器械無算。此十八日劉松山、郭寶昌、喜昌、程文炳、宋慶、張曜各軍兜剿獲勝之大略情形也。

二十四日黎明，臣宗棠督親軍及各營跟蹤追剿。行約三十餘里，追及斷後賊騎。……訊據生賊供：

『二十三日，賊伺隙向東北奔竄，不意官軍突起迎擊，將賊截爲二段，直至二十四日午後，始繞避官軍，悉向西南合股。』等語。適程文炳馬隊馳至，即調集所部馬步各營向西南排進，復追二十餘里，至博野屬之莊河頭收隊。程文炳二鼓後即出隊，已飭向祁州躡剿。臣宗棠於二十五日西北向蠡縣，以顧高陽前路。此二十三、四兩日臣宗棠親軍截剿捻逆，跟蹤追擊，兩獲勝仗之實在情形也。

自初四日獻縣獲勝後，大小已十餘戰，以十二、十八日兩戰爲大捷。……十八日之役，程文炳陣獲賊目陳清允、王大中等。又據生賊供稱：『十八日之戰，賊首李老懷已於陣前伏誅。』等語。劉松山曾報陣斬賊目數名，未詳其名。凡臨陣擒斬賊中大小頭目，無暇審訊，非偶遇降人指認，則固不知誰何也。據程文炳面稱，二十二、三兩夜，劉松山、郭寶昌、喜昌、宋慶、張曜等軍均有戰事，尚未得其呈報。即十八日之捷，據程文炳呈報前來；而劉松山、郭寶昌、喜昌、宋慶、張曜呈報未至，尚未悉其戰事詳細情形。（《左宗棠全集·奏稿》）

二月二十七日，左宗棠與大學士署直隸總督官文會銜上皖豫兩軍另懸賞格片：

再，各省赴直之軍，由各督撫臣挑選勁旅，迅速啓行，其薪糧均由各省照舊章支放。而舊章多寡之數不同，即如楚、湘、淮各軍，勇丁每名每日一錢四分，親兵每名每日一錢五分，長夫或一錢二分，或一錢不等。大致不甚懸殊，勇、夫尚無異説。惟皖、豫兩省舊章，則每勇一名每日應領銀一錢或八分，長夫六分。當其在本省征剿，糧價平減，雖爲數無多，尚堪敷衍，又有别議津貼者，故軍情亦習而安之。

現在入直，正值年荒物貴之時，糧食翔貴，軍士所領餉銀無多，倍形支絀。欲普議增加，則於各該省餉章有礙；欲置之而不論，則彼此相形之下，未免厚薄攸分。

臣等何敢存見好要譽之心，然念此中關係軍情，慮無以鼓其樂事赴功之念。再四籌維，惟有於皖、豫兩軍懸立首級賞格：斬捻逆首級一顆，驗明髮長一尺以上者，給銀二十兩；髮長五寸以上者，給銀五兩；近尺者給銀十兩；其槍炮轟斃，不能指出出力之人，及群矛攢刺，接仗之際，未及割取首級者，亦由各將領據實報知，臨時議給犒賞銀兩；其奪獲騾馬者，亦准酌給賞銀。借鼓勵之資，爲津貼之費，庶可合衆志以賦同仇。楚、湘、淮各軍口糧優厚，自不能以此借口。至逆首張總愚、張五黑及賊中各頭目之稍著者，生擒、陣斬，從優懸立賞格，則各軍一律，無庸區别，以作士氣而速戎機，似較有益。此項犒賞銀兩應請旨准其作正開銷。是否有當？伏候聖鑒訓示施行。謹奏。

軍機大臣奉旨：『另有旨。』欽此。（《左宗棠全集·奏稿》）

二月二十九日，諭内閣各軍追剿獲勝者分别奬賞出力員弁并開復安住處分：官文、左宗棠奏追剿捻逆迭獲勝仗一折。前據官文、左宗棠奏報本月十三日以前剿賊獲勝情形，業經降旨宣示。十六日，宋慶、張曜、劉松山、郭寶昌、喜昌追賊於深澤境内，將西華集一帶賊巢攻拔，其小教村之賊亦擒殲殆盡，乘勝追殺，沿途斬賊甚夥。敗賊竄向安平，經郭松林等截擊大勝，已據李鴻章馳報。賊自安平擊敗後，竄入饒陽。劉松山、郭寶昌、喜昌、程文炳、宋慶、張曜各軍，於十八日分路進剿。程文炳催軍進擊，賊衆狂奔，當將南旺村餘賊搜殺，跟蹤進躡。劉松山等軍亦將賊踞各村奪回，會合兜剿。逆衆不支，紛紛敗遁。二十一、二等日，復追及於深州境内，均有斬擒。二十三日，賊敗竄至肅寧，副將楊鳳元率隊迎擊，短兵相接，賊又大敗。乘勢追襲，餘賊向西南狂奔。程文炳率所部跟追，直至博野縣境，先後共斃賊目方黑兒等多名，擒斬悍賊不計其數，救出難民數千，奪獲器械、牲畜無算，賊勢大蹙。剿辦頗爲得手。劉松山、郭寶昌、喜昌、程文炳、宋慶、張曜追剿此股賊匪，晝夜奔馳，迭獲勝仗，實屬奮勇出力。劉松山着賞換達桑阿巴圖魯名號，郭寶昌着賞換法福淩阿巴圖魯名號，宋慶着賞換格洪額巴圖魯名號，張曜着交部從優議叙，喜昌、程文炳均着交部議叙，以示鼓勵。仍着左宗棠等激勵各軍同心滅賊，迅竟全功。官文前奏張曜、宋慶北援迅速，安住亦督隊奮勉。當令傳旨嘉獎，俟立有戰功，即行獎勵。此次張曜、宋慶既因剿賊獲勝，予以恩施，已革副都統安住，着開復革職留營處分。其餘各營將士，俟立有功績再行分别加恩。朱批：『該部知道。』欽此。（《左宗棠全集·奏稿·附録上諭》）

二月二十九日，左宗棠與大學士署直隸總督官文合銜上奏追剿捻逆迭獲大勝折：

竊捻逆於二月二十二日由深州折向東北竄走，其前隊至肅寧者，經臣宗棠擊敗，復向西南。此二十三日薄暮事也。續據宋慶、張曜稟報，是日，兩軍疾追百餘里，探悉賊踞饒陽東北王莊、曲里、溝輪一帶，尚隔五十餘里。宋慶、張曜以各軍節次五更擊賊。賊數受創，輒於三更先行，覓路奔竄，以避官軍，乃各定計先時進剿，激勵將士銜枚疾趨。甫交三更，逼近賊館，當即揮軍猛撲，直指邱逆及僞幼沃王張五孩（即張五黑）所踞兩大村進擊，其零星賊騎則置之。賊於驚亂之際，猶思抗拒。官軍奮力衝擊，立將邱、張兩逆所踞大村攻毁，矛刀齊揮，斬殺無算，邱逆一股剿洗殆盡。逆首張總愚復糾集四面踞賊，抵死回撲。宋慶、張曜分股接戰，搶矛叢擊，計一時許。賊勢不支，亡命奔竄。其下馬死拒之賊皆不及上馬，驚遽失措。官軍乘勢掩殺，賊屍枕籍。敗賊向北狂竄，復遇臣宗棠親軍擊退。以時計之，正四更大霧中副將楊鳳元與哨長馮開先率輕騎追擊時也。宋慶、張曜兩軍是役生擒賊衆八百餘人，内有賊目張立堂、蘇付恩、陳小奎等三名，張立堂即七大隊賊酋之一，尚有積年髮捻二百十三名，均即訊明正法；陣斃悍賊甚多，奪獲騾馬二千數百匹，旗幟、長矛、槍炮共二千三百餘件。賊目龐四印率騎賊一百三十餘名，脅從難民四百餘名，跪道旁乞降，宋慶、張曜受之。此二十三日宋慶、張曜兩軍乘夜追剿大獲勝仗情形也。

其程文炳一軍，二十四日與臣宗棠追賊至安平北二十五里之莊河頭一帶，二更後由安平新店拔隊，疾馳六十餘里。甫交五更，偵知賊在深、晉接壤之王家莊、段家莊、馬村等處，將馬匆匆一秣，不敢入村，即向西南狂遁。程文炳即飭總兵李得勝向西南抄擊，總兵李鎮國等兩面齊進，槍炮環施，煙霧四塞。賊不測官軍多少，驚悸敗潰。官軍三面邀擊，追殺十餘里，至深澤縣西之梁村。計轟斃及陣斬之賊約三四百人，生擒數十名，奪獲騾馬五六百匹，拔出難民不下三千餘人。據難民供稱：『張五孩受槍子傷，故賊騎皆驚惶紛竄，不敢戀戰。』等語。程文炳恐賊由正定過橋，督隊向正定進發。此二十五日程文炳一軍追襲捻逆，大獲勝仗情形也。（《左宗棠全集·奏稿》）

三月初二日，捻軍在深、晉之交聞風狂竄，程文炳統軍追躡，督飭王心忠等馬步各隊兩面齊進，槍炮環施，捻軍驚悸敗潰。（《左宗棠全集·奏稿·附録上諭》）

三月庚戌，程文炳追賊深澤、昔州等處，將斷後悍賊痛剿，擒斬甚多。（《清穆宗毅皇帝實録》（六）卷二百二十六《同治七年三月上》）

三月初六日，左宗棠奏逆首張五孩伏誅折：　查二十三日，臣宗棠駐營肅寧城東五里，三更後聞南路槍炮聲緊，遥知官軍必有戰事。比次日追賊，途間晤程文炳，據言昨夜各軍襲破賊館均稱得手。該逆中槍，當在此時。（《左宗棠全集·奏稿》）

三月初七日，程文炳自湯陰前進。劉松山、喜昌初七日抵獲嘉縣東十里地方。

三月初八日，行二十餘里，聞賊由修武南竄，折而東趨，向原武、陽武一帶竄遁，即向東南躡追。

三月十七日，左宗棠與大學士署直隸總督官文、河南巡撫李鶴年合奏追捻迭勝現籌剿辦折：

據劉松山、喜昌、程文炳、張曜、宋慶呈報，均稱郭寶昌因身先士卒，思擒逆首張總愚，致頭被刀創，腿中槍子，傷甚重。俟得該軍禀報，再行續陳。其程文炳一軍，初九日向延津、封邱進發，夜見太行堤以南已有火光，催軍亟進。初十日辰刻，抵封邱東北二十餘里之白臺、梁谷一帶，遥見飛塵蔽天，詗爲賊騎。程文炳飭參將王心忠馬隊向東北抄擊，總兵劉先文、李鎮國自東截之，李得勝在後策應，自率馬步親兵營進剿。賊衆正向東趨，官軍出其不意，突前迎擊。守備韓大武率隊直搗中堅，各路馬步分途衝殺，約有一時許，斃賊無數。賊不測官軍虚實，紛紛潰竄。張總愚猝挾悍賊二千餘騎自東衝至，步賊蜂擁繼進，圍撲官軍。程文炳揮軍迎敵，適李得勝率隊馳至，士氣更壯。程文炳飭劉先文自右衝殺，李鎮國向前接戰，自率親兵回環策應，内外夾擊，回合十餘次，韓大武與都司支得勝手刃紅旗悍賊數名。賊勢披靡，悉向東北敗走。程文炳督隊追殺十餘里，至滑縣之老莊、寧莊等處始行收隊。計前後擒斬、陣斃及轟傷者共約一千餘名，奪獲騾馬、軍械甚夥。官軍陣亡守備范錫之一員，受傷十餘名。方劉松山收隊駐劉古村時，聞程文炳在北面自西而東遇賊大戰，遂督隊馳援。旋詗知程文炳已將賊擊敗，始令收隊。此初十日封邱境內劉松山等剿賊獲勝，并程文炳一軍大獲勝仗情形也。

張曜於初十日行抵滑縣之大劉莊，探悉賊騎已有由長垣直奔東北者，遂與宋慶會商劉松山等，擬由滑、濬繞赴南東、朝城截剿。十二日申酉之間，宋慶、張曜均抵滑縣東南吴村一帶，偵悉賊蹤不遠，正擬蓐食前進，該逆先向宋慶所部猛撲。宋慶督參將劉廷等整隊迎擊，營官馬玉坤、程允和、鄧林楓均下馬步戰，擊敗北面之賊，擒斬數百名。張曜督總兵程之偉等率隊繼進，由南兜繞，直抄賊後，奮力縱擊，敗其騎賊，副將蔣東才率隊壓擊。該逆三面受敵，紛紛敗潰，遺械遍野。追十餘里，賊復回拒。適劉松山、馬德昭馳至，賊向東奔。程文炳、牛師韓亦由東南來會，該逆復折奔東北。張曜又追十餘里至王新莊，日暮收隊。是役該逆搏鬥更猛，宋慶、張曜所部傷亡亦多，已飭查明開報。此十二日豫軍在滑縣東南克獲勝仗情形也。（《左宗棠全集・奏稿》）

三月二十日，程文炳、劉壽卿、張朗齋、宋祝三諸軍追賊至大名，與左宗棠會晤。（《左宗棠全集・書信二・同治七年》）

三月二十八日，左宗棠與大學士署直隸總督官文、河南巡撫李鶴年合奏官軍續勝現籌剿折：

竊捻逆自三月十三日受創後，向西南駛竄。十五日辰刻，程文炳一軍行抵衛輝城北十餘里地方，瞥見道左五里許飛塵蔽天，程文炳嚴陣以待，令馬隊潛抄賊後。賊果向步隊猛撲，分股盤旋。

程文炳督隊環施槍炮。賊勢稍却，旋又突死前鬥。官軍仍整隊環擊。賊衆却而復前者三，皆經擊退，悍賊帶傷墜馬者甚多。維時郭松林、楊鼎勳兩軍適從西南馳至，程文炳飭長矛隊乘勢猛進，賊向東北敗走。馬隊從北面横截而出，裹騎賊約四百餘名，殲擒殆盡。其大股賊仍向東北飛奔而逸。是役，陣斃悍賊三百餘名，生擒三百餘名，轟傷賊馬五六百匹。程文炳所部受傷十餘人。……十七日，劉松山、程文炳、全福馳抵延津縣東北二十里胡家莊，偵賊復由東北折竄西南，又由延津迤南徑向西竄。十八日辰刻，各軍由延津北向西南前進，至陽武屬延川寨。適賊已竄至寨西七八里一帶村莊。劉松山即商令程文炳由寨東進右路，自率所部與全福馬隊由寨西進左路，横出截之。……是役計共殺賊三四百名，生擒一百七十餘名，内有賊目趙四保、王正三、胡老元等數犯，立於陣前正法，解散脅從不計其數，奪獲騾馬四百餘匹，軍械無算。官軍陣亡五名，受傷十八名，記名總兵何明順單騎陷陣，被賊松子洞胸陣亡。此十八日劉松山、程文炳、全福等延津東北剿賊獲勝情形也。

臣宗棠時在大名營次，聞賊趨西南，即於十八日拔隊，三晝夜馳抵湯陰，擬親赴衛輝督剿。……現與劉松山、張曜、宋慶、程文炳晤商，飭各軍挑選馬步隊伍採備軍食，即日親率渡衛，向臨清州一帶前進，視賊所向，由北面壓剿而下，與李鴻章南路追軍合力夾擊，不敢以迭奉諭旨敕顧西路，拘泥不前。（《左宗棠全集·奏稿》）

三月，擊退賊匪，直隸肅清，經直隸總督官文等保奏，奉旨交部議叙。（《履歷檔案全編》）

三月三十日，東、直交界，平曠千里，逆騎任意盤旋，無險可扼，殊爲焦慮。左宗棠現督劉松山、張曜、宋慶、程文炳各軍，由大名循衛河東北游擊，以堵北竄。（《李鴻章全集·奏疏·東昌追剿獲勝折》）

四月甲申，諭軍機大臣等：皖軍程文炳、牛師韓、張華等，豫軍張曜、宋慶并喜慶、温德勒克西暨春壽等馬隊，此時均行抵何處？何以未見繞入直境，迎頭痛擊？著李鴻章嚴檄催提，合力兜剿。免致賊勢紛馳，益難收拾。（《清穆宗毅皇帝實録》（六）卷二百二十八《同治七年四月上》）

四月初六日，李鴻章至東昌，左宗棠率劉松山、張曜、宋慶、程文炳之師，由德州進景州。李鴻章慮各軍追急，賊折回南擾，致清軍奔命不遑，轉瞬復落賊後，乃緘商皖撫英翰，請督皖軍進駐臨清，豫籌防範。（《淮軍平捻記》卷九）

戊戌，左宗棠與程文炳一軍駐扎吴橋，著偵探賊蹤，相機扼剿，嚴守運河西北兩面，遏其北竄。（《清穆宗毅皇帝實録》（六）卷二百二十九《同治七年四月中》）

四月十七日，左宗棠奏馳抵闞橋會剿折：據探馬飛報，賊蹤已由定武竄及平原、禹城之間，追軍已跟蹤前進，相距不過十里，所有戰事尚未據各軍馳報。臣軍與程文炳暫駐吴橋，在賊之北。一面購備行糧，一面偵察賊蹤，相機速剿。（《左宗棠全集·奏稿》）

四月二十日，左宗棠已督程文炳等軍，由吴橋、寧津赴南皮一帶沿運河東岸扼剿。（《李鴻章全集·奏疏·賊起東北官軍分投兜剿折》）

四月二十三日，左宗棠奏追賊入直兩次獲勝折：二十日丑刻，臣率所部及提督程文炳各營，由吴橋抵寧津。是夜，會晤劉松山等，始悉是日戰勝情形。商議分四路追賊：劉松山、張曜、宋慶爲三支，向東北，春壽、喜昌率馬隊徑之；臣宗棠并程文炳爲一支，向正北，以指滄州捷地減河。……臣宗棠一面遵旨將張曜、宋慶、程文炳、春壽馬步各軍咨交李鴻章總統，聽其節制調度；其郭運昌一軍，則已歸英翰奏歸統帶矣。（《左宗棠全集·奏稿》）

四月二十八日，李鴻章復左宗棠：日來淮東分段墻工計將就緒，惟西林二十三日函稱，須候程文炳軍至乃可興築，須閏月中旬方有眉目等語。……從周昨來請示，批令由公指揮。賊果徑趨臨清，或令程軍緊躡前去，與爲牽制，其應派防與否，未敢獨斷。（《李鴻章全集·信札·復左爵帥》）

閏四月丙寅，程文炳、牛師韓在高塘擊賊獲勝。……東皖及陳國瑞等軍剿賊均各盡力。兼飭程文炳、牛師韓等軍與該侍弁合隊，實力痛剿，俾竟全功。（《清穆宗毅皇帝實録》（六）卷二百三十二《同治七年閏四月上》）

閏四月初一日，捻軍向臨邑沙河莊狂奔，仍圖北犯。左宗棠已飭劉松山、張曜、宋慶、喜昌、春壽相機兜擊。李鴻章過桑園，商令程文炳迅帶所部前往，與皖軍郭運昌、牛師韓等合隊迎剿。（《李鴻章全集·奏疏·馳往滄州仍回德州調度折》）

閏四月初二日，李鴻章復左宗棠：五月以後，天熱忝長，慮生他變，目前兵力又未能齊。鄙意猶疑劉、張、宋等久追疲乏，不易及賊也。程文炳由陵縣進，果得接仗否？尊疏每言賊可即滅，不即滅則朝廷必謾罵將帥之不盡力，似宜少參活筆。（《李鴻章全集·信札·復左爵帥》）

閏四月初三日，陵縣東二十里鳳凰店，遇捻軍張宗禹部騎兵往來游駛，其大股尚在五里以外，官軍馬步結陣齊進，直搗中堅。張衆突見官軍，不戰而潰，官軍馬隊躡之，斬捻百餘名，獲馬六十餘匹，奪回捻踞村莊二十餘處。追至何家莊，張捻突驅大股，結十餘團陣回撲，官軍迎擊，時捻勢已窮蹙，不敢戰，復向東路絶塵而奔，零騎分路折竄，又遇劉松山、張曜、宋慶、程文炳各軍，紛紛散走。（《淮軍平捻記》卷九）

同日，李鴻章復函左宗棠：西林中丞來咨，頗怪程文炳不即應調，幸已赴前敵，免起争端。程今日若從苦水鋪往曲履店一帶，去賊更遠矣。（《李鴻章全集·信札》）

閏四月初八日，劉松山、張曜等又追及下口迤東，有馬賊數十，竄至馬頭河邊，丁長春趕督炮船，前來轟擊，劉松山、張曜、宋慶、程文炳等均循河東追殺，頗有斬獲。

閏四月初十日，探捻已向西南平原、高唐一帶竄走，李鴻章飭周盛波等乘勝跟追，相機兜截。劉松山、張曜、宋慶、程文炳均帶隊過德州，并令分路躡進。（《李鴻章全集·奏疏·兜剿獲勝并布置大略折》）

閏四月十二日，皖軍程文炳、牛師韓等在高唐迤西截擊捻軍，迭有擒斬。（同上）

閏四月十六日，程文炳扎陵縣、吴橋一帶，遇捻軍回竄，整隊截擊捻軍，兼爲運防遮防。（同上）

閏四月十八日，左宗棠奏現籌防剿情形折：是夜四鼓，臣復引軍赴吴橋，初九日辰刻抵西關。則賊已於先夕由吴橋迤東向南竄去矣。比劉松山、張曜、宋慶、程文炳、郭運昌、喜昌馬步各軍馳至吴橋，

則已無及。……其張曜、宋慶、程文炳、春壽馬步各軍，均已咨交李鴻章調度，正緊躡賊蹤，向西南追剿。（《左宗棠全集·奏稿》）

丁卯，程文炳、陳國瑞、劉松山等軍擊張宗禹於高塘、茌平、博平，大捷。（《清史稿》卷二十二《穆宗本紀二》）

五月初二日，李鴻章奏《各軍兜剿獲勝折》：二十八日，各軍會追至臨邑城南，捻軍由禹城向西南一帶奔竄。皖軍程文炳、牛師韓二十七日繞出平原縣南，遇捻騎回竄，當即督隊迎剿，斃捻數十名，捻軍又向南敗走，追十餘里，迭有擒獲。（《李鴻章全集·奏稿》）

五月，安徽巡撫英翰奏：遵旨嚴督將士盡力固守，以防賊竄運西。得旨：著即督飭皖軍程文炳等，與陳國瑞盡力追賊。（《清穆宗毅皇帝實録》（六）卷二百三十二《同治七年五月上》）

五月十二日夜，李鴻章致函潘鼎新，叙説築圩剿匪一事：兄函商英西林，令程文炳、牛師韓追賊回時幫修一段，未必俯允（届時弟就近商留之）。將來守墻事宜，淮軍須認大半，所謂自作自受，我輩惟諸事吃虧，望賊速了而已。（《李鴻章全集·信札》）

五月十七日，李鴻章復函左宗棠，抱怨由於程、陳二軍未至，致使捻逆得竄：十五日午後，賊忽由濟陽城邊沿黄河岸空虚處東竄，蓋始偵知我軍欲困之矣。惜他軍未來，若填滿此九十里中，賊竟入羅網也。程文炳、陳國瑞不知所往，令人悶悶。（同上）

六月十三日，捻軍因陵縣、臨邑一帶添築長墻，折向東北。英翰現復添馬隊，令與張得勝、程文炳等

會合淮東各軍，隨地兜剿。（《清穆宗毅皇帝實録》（六）卷二百三十五《同治七年六月上》）

六月十五日，李鴻章奏劉銘傳銷假馳赴前敵折：連日大雨滂沱，平地水深二三尺，徒駭河與黄河水勢增漲，賊所盤踞之處，地形略高以外，一片水窪。潘鼎新、吴長慶由米家橋進，張曜、宋慶由林家橋進，袁保恒、郭松林會同皖軍張得勝、程文炳、東軍王心安，由多石橋進。皆由徒駭河北岸鳧渡而前，冀蹙水之濱，爲一鼓聚殲之計。頃據袁保恒、潘鼎新馳報，我軍搜捕散匿之賊，迭有斬獲。張曜、宋慶於十一日帶隊先至林家橋，繞出賊前攔擊，已獲大勝。郭松林、潘鼎新、張得勝、程文炳等均乘夜進兵兜追。（《李鴻章全集·奏稿》）

六月十八日，李鴻章奏豫軍濟陽獲勝折：是日，賊經豫軍擊敗，沿徒駭河西南走，適郭松林與東軍王心安、皖軍張得勝、程文炳，先後由多石橋兜進。據袁保恒函稱，十三日該統領等督隊，鳧水前進，張、程偏北，郭、王偏南。是夜五更，賊已闖至，各軍馬隊先與賊遇。比黎明，各營除追殺外，生擒二百餘名，郭松林等當即跟蹤向西追剿。其正東一路，張得勝先與賊接仗，捻衆驚竄，闖至程文炳隊内，奮力轟擊，斃賊甚多。并將其後隊截斷，各處迸散，生擒數百名，收降百餘人。（《李鴻章全集·奏疏》）

六月二十日，因迭剿有功，清廷准英翰奏請，將程文炳開副將底缺，仍著記名以提督遇缺優先提奏。（《清穆宗毅皇帝實録》（六）卷二百三十六《同治七年六月下》、《履歷檔案全編》）

六月二十二日，李鴻章上各軍追賊獲勝片：十七日，賊由德州、陵縣境内逃竄，周盛波挑帶馬步小隊二百餘名，横出韋家寨突擊之，賊駭而奔。吴長慶派馬隊三營，緊躡賊後，皖軍程文炳亦督隊追至。

十九日，張得勝、程文炳追至商河西，遇賊於兩湖之濱，張逆率衆拒敵。程文炳馬步涉水進戰，殺賊二百餘名，收降百餘人，賊又折走東北。袁保恒帶小隊，進駐德平之義渡口，派魏林起馬隊探賊，沿途擒獲零星散騎賊數十人。訊稱張總愚所部各頭目大半投降，僅剩張宗道、張宗先等兄弟相隨，賊黨精悍無多等語。（《李鴻章全集·奏疏》）

七月初五日，李鴻章復函左宗棠：二十八日茌平之役，面詢諸將，均云賊黨逸出徒駭者，蹤跡再四，至多不過數十人，聞初一日程文炳復收降矣。敝軍派餘道恩樞帶馬隊分西南、東北兩路搜捕，來信謂，數日追求，未見一賊，尚未回營。（《李鴻章全集·信札》）

七月，以安徽官軍勦辦捻匪出力，賞提督黄秉均頭品頂帶，總兵官徐登善一品封典，提督程文炳、張得勝、張從龍、總兵官牛師韓黄馬褂。（《清穆宗毅皇帝實録》（六）卷二百三十八《同治七年七月中》、《履歷檔案全編》）

八月己酉，諭軍機大臣等：英翰奏皖省各軍，現已一律渡黄，即著該署撫南旋後，悉心籌劃，妥爲遣撤。陳國瑞所部勇丁，現既分隸程文炳隊下，將來應如何遣散之處，英翰尤當妥爲辦理，毋令滋事生端。（《清穆宗毅皇帝實録》（六）卷二百四十《同治七年八月上》）

八月五日，西捻向陵縣、德平轉移，遭淮軍周盛波、吳長慶，皖軍張得勝、提督程文炳等部攻擊。

八月七日，西捻退向商河常莊，復受程文炳、李得勝和張得勝等部夾攻，一敗再敗。

八月十六日，西捻軍在茌平廣平鎮向東北轉移途中，被劉銘傳、郭松林、潘鼎新、袁保恒、善慶、温德勒克西與程文炳、張得勝等部截擊，經過激烈戰鬥，張宗禹之兄張宗道、弟張宗先、子張葵兒、侄張正江與程大老坎、程四老坎、馬老三、樊大均被殺，三四千將士也被殺或被俘。張宗禹率十八位馬隊將士衝出重圍，來至徒駭河邊，『穿秫梟水』而去。（郭豫明《捻軍史》第十章《西捻軍的征戰與覆亡》，上海人民出版社二〇〇一年版）

各軍至，捻狂奔，争先渡河，棄騾馬貲糧河干。文炳下令軍中曰：『速濟追賊，敢取物者斬！』於是皖軍先渡，躡賊而南，斬馘無算。（《清史稿·程文炳傳》）

八月，曾國藩任直隸總督。

西捻平，程文炳被朝廷賞穿黄馬褂，并賜火鐮刀、白玉柄小刀等件。還駐亳，鎮皖北。（《事略》）

同年，日本明治維新。

同治八年（一八六九） 三十六歲

駐軍亳州。

同治九年（一八七〇） 三十七歲

駐軍亳州。

三月十七日，李鴻章復函英翰：昨奉初七日手諭，代籌西事以辦糧運、集馬隊爲要務，并以先戰後守，守定後戰，就地勢爲裏圍外圍，先保秦，次圖隴。附録英中丞留皖營馬隊數：參將韓大武馬隊三起，共三百名，程文炳部下。副將劉保忠馬隊四起，共四百名，牛師韓部下。（《李鴻章全集·信札》）

六月十八日，天津教案發生。

李鴻章任直隸總督兼北洋大臣，開始興辦洋務運動。

同年，與族人程上達重修《潁東程氏支譜》。序云：『上達授書以來，閱舊傳宗譜，散佚不詳，高曾而上，幾忘所從出。茲幸九世裔孫文炳，以武功著於世，克念祖德，興懷木本，乃屬上達赴洛邑，謁兩夫子祠，拜掃先靈，緬閱譜牒。』

同治十年（一八七一）　三十八歲

駐軍亳州。

同治十一年（一八七二）　三十九歲

駐軍亳州。

三月，曾國藩去世。

英商在上海辦太古公司。

十月六日，同治帝載淳親政。

十一月，李鴻章奏請試辦輪船招商局。

同治十二年（一八七三）　四十歲

六月，以記名提督爲江西九江鎮總兵官。（《清穆宗毅皇帝實録》（七）卷三百五十三《同治十二年六月》）

七月四日，新授九江鎮總兵，奏爲恭謝天恩并請覲見。（清《軍機處檔折件》）

九月，奉詔赴京覲見。十一月，到京陛見。（《履歷檔案全編》）

同治十三年（一八七四）　四十一歲

三月，在江西九江鎮總兵官任上。

是年之任，會九江開埠，華洋雜處，當局者懾於天津之約，遇事優容，地方官與領事遇諸途，且避讓。公曰：『睦鄰，禮也！　而乃自貶若此，如國禮何？』因與領事約，不相侵犯。（《事略》）

九月二十二日，中日《北京專條》簽字，主要内容爲：中國承認日軍侵臺『爲保民義舉，中國不指以爲不是』；中國給『遇害難民』撫恤費并修道、建房之費七十五萬元折合白銀五十萬兩；中國設法約束臺灣『生番』。（《清史編年·同治十三年》）

十二月，載淳死，慈安、慈禧再度垂簾聽政。

英商怡和洋行擅建淞滬鐵路。

清光緒元年（一八七五）　四十二歲

江西九江鎮總兵官任上。

故舊某間乘公馬赴江濱，道經租界，西人阻之，强以人、馬送領事，羈留之，不放歸。公聞，即命左右傳呼，將往領事署詰問。九江關道沈公勸阻。領事懾公威，自知理屈，親至鎮署道歉。公開閣，將校帶刀侍立，領事免冠入見。公正言申明條約，領事唯唯而退。由是，華洋讋服，遂結齷齪。（《事略》）

光緒二年（一八七六）　四十三歲

四月，因病奏請開缺調理，奉旨允准。（《履歷檔案全編》）

兄程文尉卒。文炳素篤親友，聞噩悲泣，遂患目疾。乃疏請開缺，回籍養疴。（《事略》）

閏五月，淞滬鐵路通車。

六月，諭軍機大臣等：李鴻章奏，保舉總兵程文炳等各員，堪勝統領。該員等才具若何？李鴻章自必周知。著該督酌度具奏。（《清德宗景皇帝實録》（一）卷三十五《光緒二年六月下》）

七月，李鴻章專折薦舉程文炳。

十月，拆毁淞滬鐵路。

十二月十六日，祖程廷序卒。時程文炳在潁州，爲之送葬并立碑。此碑現存潁東區棗莊鎮童莊行政村後海子村。

光緒三年（一八七七）　四十四歲

秦、晉大饑，首捐巨資佐袁保恒辦賑濟，并在家鄉洄流集等處設粥廠十三處，饑民就食者約數萬人。（《事略》、《清史稿·程文炳傳》）

李鴻章籌辦開平礦務局。

光緒四年（一八七八）　四十五歲

盛宣懷以輪船招商局名義，購買旗昌洋行的輪船等。

十月二十一日，安徽巡撫裕禄奏報云：『自上年入冬以後，豫省災民相率南趨。……臣伏查上年十二月起，至本年八月止，先後在潁州府、六安州、亳州、壽州、宿州及潁上、蒙城、渦陽等縣設廠「放賑」，收養鄰省災民五萬六千餘口。阜陽縣在籍紳士、前任九江鎮總兵程文炳於官廠首先倡捐，又自赴鄉間洄溜等處倡設粥廠十二處之多，分養災民二萬七千餘口，綜計各廠收養八萬三千餘口。自七月起，在潁州、太和、界首集、亳州四處設立支遣局，將收養災民陸續資送回籍。其逃亡東南各路者，聞信亦相率由皖北行走，徑往蘭生。又飭於渦陽、蒙城、懷遠添設三處，又出資送過境災民三萬餘口。』（《録副檔》光緒四年十月二十一日裕禄折，見《清代海河灤河洪澇檔案史料》第四八二頁）

十一月，上諭：以皖北收養鄰省饑民，資遣完竣，辦賑出力，予倡辦賑捐紳士、前江西九江鎮總兵程文炳正一品封典。（《清德宗景皇帝實録》（二）卷八十一《光緒四年十一月上》）

納宋氏。

光緒五年（一八七九）　四十六歲

中俄分界事起，邊疆告急。程文炳奉召由潁州十日行二千里而抵京師。慈禧皇太后面論：赴召迅速，忠勇可嘉。（《事略》）

中國自建的唐山、胥各莊運煤鐵路動工。

光緒六年（一八八〇）　四十七歲

正月，上諭：『前江西九江鎮總兵程文炳，著裕禄傳旨飭令來京陛見。該前總兵曾經辦理軍務，尚屬得力。現在時事艱難，需才孔亟，務當懔遵諭旨，迅速來京，不准推諉遲延。將此諭令知之。』（《清德宗景皇帝實録》（二）卷一百八《光緒六年正月下》）

正月二十一日，諭旨飭令來京陛見。遵即起程到京。（《履歷檔案全編》）

三月，以前江西九江鎮總兵程文炳，發往江南交兩江總督劉坤一差遣委用。（《清德宗景皇帝實録》（二）卷一百十一《光緒六年三月》）

八月，李鴻章在天津設立電報局，由盛宣懷任總辦。

九月十八日，兵部尚書彭玉麟上保舉人才片：『奉前上諭保舉人才，臣敬舉所知，奉旨留中，欽遵在案。時事艱難，得人爲亟。臣殘年衰朽，竊托古人以人事君之義，其隨時留心物色者，不敢不據實以聞。玆查有前江西九江鎮總兵，現署安徽壽春鎮總兵程文炳，光明磊落，器局宏深；管帶安徽定海兵輪船記名提督張捷書，果毅誠樸，奮發精明。以上二員，堪以重用。臣爲愛惜人才起見，謹附片密陳，伏乞聖鑒採擇施行。謹奏。』（《彭玉麟集》上册《奏稿·光緒六年》，岳麓書社二〇〇三年版）

三子程垚章（叔岐）生。

光緒七年（一八八一） 四十八歲

前江西九江鎮總兵記名提督程文炳統領威靖馬步全軍進駐泗縣。（《泗縣志·泗縣駐軍歷史》）

三月，慈安死。

上諭：以前江西九江鎮總兵程文炳爲江西南贛鎮總兵官。（《清德宗景皇帝實録》（二）卷一百三

十一《光緒七年六月》）

奉命署壽春鎮總兵，尋授江西南贛鎮總兵。未之任，經左宗棠奏請留辦江防。是時兩淮盜熾，明火搶劫者日有所聞。京餉過境，屢被截劫，官民苦之。文炳寬猛相濟，輕重有度，一年之間，盜賊絶跡。（《事略》）

十月，英商創辦上海自來水公司。

唐山、胥各莊鐵路完工。

光緒八年（一八八二）　四十九歲

辦理長江江防。

十二月三十日，左宗棠密呈江蘇、安徽、江西三省提督、總兵各員考語清單：江西南贛鎮總兵程文炳，現在安徽留統防營，尚未到任。（《左宗棠全集·奏稿》）

同月，安徽巡撫裕祿上奏安徽省實缺提鎮及帶兵統領各員考語清單：統領靖威營遇缺題奏提督、江西贛南鎮總兵程文炳，年四十九歲，安徽阜陽縣人，軍功。該員智勇兼裕，血性過人；治軍紀律嚴明，尤能留心捕務。（《光緒朝朱批奏折》第三八輯第三七四條）》，華東師範大學出版社一九九七年版）

四子程錫章（恩普）生。

光緒九年（一八八三）　五十歲

正月，上諭：湖北提督傅振邦因傷疾解職，以江西南贛鎮總兵程文炳爲湖北提督。（《清德宗景皇

帝實録》(三)卷一百八十五《光緒九年正月》)

時緑營廢弛久,兵但食餉,應卯而已。文炳暨受事,實行加餉抽練法,申軍律,定課程。士既習爲驕息,咸不便之,因謀爲變。文炳知之,因大閱衆,命陳斧鉞,召首謀二人斬以徇,將士皆股慄,莫敢枝吾,軍容稱整焉。(《清史稿·程文炳傳》、《列傳稿》)

左宗棠評程文炳:『程文炳現放湖北提督,以近日頗知振作之故,然究非緩急可恃之人。……此間武職中人才不乏,選擇而使,替人易得也。』(《左宗棠全集·書信三·光緒九年》)

修古隆中古柏亭。該亭爲明成化初年吴綬所建。清初,趙宏恩在維修隆中古跡時,將三顧堂從東山涯遷到原來的位置,在原古柏亭處修建了草廬亭。乾隆年間,李敏學、永陞先後對諸葛故居進行了維修,將趙宏恩建在躬耕田旁的躬耕亭改爲古柏亭。光緒九年,程文炳又將古柏亭修建到三顧堂後數十步的半山腰上。

修復草廬亭。草廬亭位於隆中山畔,清初趙宏恩建。趙宏恩建的草廬亭是單層六角草亭,清嘉慶十六年(一八一一)改爲雙層六角草亭,并用石柱。

十二月,中法戰争爆發,程文炳率軍順長江而下,與江西陸軍合力赴閩。清廷嚴催程文炳迅速帶營東下,聽候調撥。

光緒十年(一八八四) 五十一歲

六月二十日,上諭:法人堅索巨款,萬難允許。本月十五日,臺北基隆炮臺被其攻占,殊堪髮指,閩防萬緊。著穆圖善等傳知彭楚漢，迅即募勇成營，豫籌戰守，并著卞寶第、彭祖賢傳知程文炳，或選帶湖北防營，或另籌新勇，克日乘輪船由長江順流而下，至江西會商潘霨，與前調江西陸兵，合力前進，赴閩應援。所需餉項，著卞寶第等力籌撥濟；并與曾國荃會商，撥給軍械。（《德宗景皇帝實録》（三）卷一百八十八《光緒十年六月下》）

六月二十日，諭軍機大臣等：法人在天津議立簡明條約後，於本年閏五月間，突犯凉山防營，當經官軍擊退。該國藉口尋釁，挾兵艦來華，施其恫喝之計，堅索巨款。迭經嚴旨駁斥，并令總理各國事務衙門屢次照會該國使臣，反復開導，彼乃悍然不顧，竟以兵船多隻，駛進閩洋。本月十五日攻占臺北基隆口岸，意在踞以爲質，狡謀叵測，曷勝憤懣。雖旋經劉銘傳接打獲勝，傷斃法兵百餘人，不足以示懲創，理宜整軍撻伐，力挫凶鋒。前迭諭沿海各省將軍督撫大臣，嚴申儆備，儻法兵竟來撲犯，即與決戰；復諭彭玉麟等撥兵應援閩省，并令潘霨調派陸兵，卞寶第、彭祖賢傳知程文炳，募帶隊伍，均由江西赴閩，以厚兵力。（《清德宗景皇帝實録》（三）卷一百八十八《光緒十年六月下》）

六月二十八日，李鴻章寄湖北督撫江西撫潘：頃接總署來電，二十七日奉旨：據張佩綸電稱，請止客軍，以省帑力等語。前調赴閩之程文炳各營，并令黄少春部下募營及江西已撥之鎮武兩營，均着暫行停止。（《李鴻章全集·信札》）

七月初一，曾國荃致電軍機處：『昨電旨派程文炳由江西援閩，路遠難達。若令章部（高元）援臺，程部扎江陰，自漢口下，三日可到似便。』（《曾國荃全集·電稿》，岳麓書社二〇〇六年版）

七月初三日，上諭：　著曾國荃傳知程文炳趕募數營，即日東下，填扎江陰。程文炳到後，再飭章高元舊部赴臺。（《清德宗景皇帝實録》（三）卷一百八十九《光緒十年七月上》）

七月初七日，上諭：　戰局已開，軍情萬緊。傳知程文炳趕募數營，即日東下，填扎江陰。程文炳啓行後，著卞寶第等迅募勁勇，克日成營，聽候調撥。（同上）

七月初八日，又諭：　電寄卞寶第，現在閩省情形萬緊，必須厚集兵力，以資援應。除程文炳各營及鎮武五營外，著卞寶第、彭祖賢、潘霨、龐際雲會商，召募勁旅一二萬人，選擇營哨，暫行管帶，候旨派員統領調遣。所須餉項，該省塾給，即飭户部籌撥。（同上）

七月初十日，曾國荃上銘武營勢難抽調疏：　『現在法據閩口，臺灣益警，亟須援兵。着曾國荃懔遵前旨，即飭章高元舊部迅速赴臺，一面傳知程文炳趕募數營，即日東下，填扎江陰。程文炳起行後，着卞寶第等等迅募勁勇，克日成營，聽候調撥。……且程文炳久無信來，不知何日乃可至吴，即到亦萬難遽以新集之勇扼守極要之關。』軍機大臣奉旨：　『覽奏，已悉。銘武各營既難更動，即著毋庸抽調赴臺，仍着督飭各軍嚴行扼守，并嚴催程文炳迅速帶營東下，聽候調撥。』欽此。（《曾國荃全集·奏疏》）

七月十二日，全權大臣曾國荃致樞垣撥兵援閩電：　程文炳不知何日可到，亦允撥與援閩，另募八營接此汛地。（臺灣文獻叢刊第一九八種《清季外交史料選輯》（一））

七月十三日，曾國荃又上海防添募新軍疏：　『旋准曹臣楊昌濬電稱，奉命援閩，欲調得力之勇四五營。臣立即允諾，并約程文炳一軍到日，亦請飭令楊昌濬援閩。』（同上）

七月十六日，曾國荃又致電軍機處：『程文炳來信云，調湖北成營似可。飭尊前旨，先率此三千人由江西入閩，不必候回皖招新營。楊漕督援閩，亦祇可携四千人，合程文炳之三千人，分兩路次第進發。』（《曾國荃全集·電稿》）

又諭：電寄李鴻章等，曾國荃電報：法謀犯吴淞長江，該署督當嚴行戒備，所稱『彼族詭計，萬不可聽。見法船即轟擊，見法兵即開槍』，均極是，實力爲之。程文炳一軍，著迅速催調，以厚兵力。（《清德宗景皇帝實録》（三）卷一百八十九《光緒十年七月上》）

七月十六日，上諭嚴催程文炳迅速帶營東下，聽候調撥。（同上）

七月二十日，曾國荃上《援軍赴閩派營守隘疏》：『湖北提臣程文炳所帶鄂軍六營，臣亦電致署兩湖督臣卞寶第咨會程文炳欽遵前奉諭旨，由江西陸路赴閩，以厚楊昌濬援閩之兵力。』（《曾國荃全集·奏疏》）

七月二十一日，又諭：卞寶第電稱程文炳援閩，湖北并無六營可調。……著卞寶第速撥鄂軍四營，并由程文炳另召二營，凑足六營之數，統率赴閩，不准稍延。（《清德宗景皇帝實録》（三）卷一百九十《光緒十年七月下》）

同日，又諭：電寄李鴻章，程文炳現由湖北率部赴閩，需用後膛槍炮。該省與南洋均少此項軍械，北洋如能撥給，著李鴻章迅速著解。（同上）

七月二十一日，譯署致電李鴻章。奉旨：程文炳現由湖北率師赴閩，需用後膛槍炮，該省及南洋均少此項軍械，北洋如能撥給，著李鴻章迅速酌解。欽此。

七月二十二日，李鴻章寄譯署：『程文炳需用後膛槍炮，奉旨令北洋酌撥。查此間所購後膛槍炮早經發給海防各營，現存無多，僅敷新募勇營之需。續購者尚未起運，未知能否運到，實無可撥，請代奏。鴻。』（《李鴻章全集・電稿》）

八月初八日，曾國荃上援軍次第啓行疏，陳述支援程文炳鄂軍槍械事：『准署湖廣總督臣卞寶第、湖北巡撫彭祖賢遵旨募勇需用槍炮等件，臣騰出林明敦後膛槍一千杆，交程文炳領回鄂省。先是楊昌濬新募親軍赴閩，亦請撥後膛槍及各項軍器資之以行，比撥付林明敦槍五百杆，子彈五萬顆，馬梯呢槍一百杆，子彈一萬五千顆。』軍機大臣奉旨：『該部知道。』欽此。（《曾國荃全集・奏疏》）

九月初二日，又諭：電寄曾國荃，崇明孤懸海中，防兵尚嫌單薄，現在閩省援兵已厚，程文炳援閩各營無論行抵何處，著曾國荃傳知赴崇明駐扎，認真辦防。（《清德宗景皇帝實録》（三）卷一百九十三《光緒十年九月上》）

九月初五日，曾國荃致電軍機處：『旨飭傳知程文炳改赴崇明駐扎等因。查崇明原係沙州，居民稠密，孤懸海邊，別無産出，爲商賈所不集之地。附近數十里皆淺水，各港衹能通漁艇小船，即中華小兵船亦難行走，良以水淺沙活，恐淺擱也。既非彼所垂涎，我軍派水師巡邏即可。若以大枝陸師駐扎，實不相宜。李成謀、楊明海當派劃板巡守，已可無虞。又，該處教民有教堂數十處，今以程文炳六營集於偏地，轉恐民恃兵勢，民教不合，致滋後患。荃與左相意見相同。左相謂程文炳六營係湖北認餉，意欲

請旨即調該六營北上，以資拱衛。是否有當，乞代奏。』（《曾國荃全集·電稿》）

九月初六日，諭軍機大臣等：前諭曾國荃傳知程文炳毋庸赴閩，即率營隊駐崇明，現據該督電稱，崇明無須屯扎重兵等語。程文炳一軍，如已入閩境，即著迅赴臺援剿。……如程文炳所帶各營離閩尚遠，折回較易，著即統帶北來，歸李鴻章節制調遣。（《清德宗景皇帝實録》（三）卷一百九十三《光緒十年九月上》）

九月初七日辰刻，李鴻章電寄南洋曾國荃：『奉初六日寄諭：據曾國荃電稱，崇明無須屯扎重兵，程文炳一軍如已入閩境，即著迅速赴臺灣援剿。周盛波新募各營已到津，法已封臺灣各口，無輪船可雇裝運，應仍留津助防，請酌度轉飭遵辦。并乞復電。鴻。』（《李鴻章全集·電稿》）

九月初九日，又諭：程文炳、周盛波兩軍中，亦必有一軍赴閩。（《清德宗景皇帝實録》（三）卷一百九十三《光緒十年九月中》）

九月十四日，又諭：程文炳、周盛波兩軍調度，著李鴻章等遵照九月初六日諭旨辦理。（同上）

九月二十二日，曾國荃上請飭程文炳擇地駐扎疏：

奏爲湖北提督統領六營行抵瓜州，請旨飭遵駐扎之地，恭折陳奏，仰祈聖鑒事。

竊臣於九月二十日接准湖北提督程文炳咨開：竊文炳前准署湖廣總督卞寶第咨，奉旨統率六營赴閩應援。遵即酌調襄防練軍及本省防營，一面派員趕赴淮北招募勇營，旋又迭次飛催，於八月二十前後始經陸續到齊，當即點驗成軍，於二十五日統率由舟起程。因風色不順，至九月初二日行抵湖口。連日阻風，鄱湖水勢湍急，自下而上未能徑渡。於初五日奉電寄諭旨：「崇明孤懸海中，防兵尚嫌單薄。現在閩省援兵已厚，程文炳援閩各營無論行抵何處，着曾國荃傳知改赴崇明駐扎，認真辦防。」欽此。文炳當即統率各營迅速折回，順流東下。行至皖省，又接江西寄到電音，奉旨：「據曾國荃電稱，崇明無須屯扎重兵。程文炳一軍如已入閩境，即速赴臺灣援剿。周盛波新募各營改赴天津北塘一帶助防。如程文炳所帶各營離閩尚遠，折回較易，着即統帶北來，歸李鴻章節制調遣。周盛波赴臺灣。該督即電知曾國荃遵照辦理。」等因。欽此。嗣經左宗棠以崇明原係沙洲，各港水淺，僅漁船可通，小兵輪亦難駛入。該處教民最多，若以大營駐扎其間，轉恐兵民雜處，致啓釁端，奏請將程文炳一軍調駐畿輔重地，交李鴻章節制，抑或歸神機營統轄。欽奉九月十四日電旨：「程文炳、周盛波兩軍調度，着李鴻章遵照九月初六日諭旨辦理。」等因。欽此。刻已統率所部各營行抵瓜洲，趕備車馬盤運器械，豫備北上。應否即日啓程，咨請酌復前來。

臣查該軍係湖北所立之營，其餉項由湖北接濟。督臣卞寶第、撫臣彭祖賢素顧大局，必已奏明咨請部撥，源源接濟。九月二十日，程文炳到寧與臣相見，談論最久，觀其忠愛溢於詞色，軍事長於陸戰。查詢所部，多潁、亳、壽州之人，利於防守平原。於是，該軍在鄂起程之日，臣在江南協濟程文炳林明敦洋槍一千杆，配搭子彈，程文炳已轉發該各營。今已馳抵瓜洲，正好及時操演，恭候諭旨施行。若欽遵九月初三日電旨，駐扎崇明，則崇明一洲無須屯駐大軍。自應欽遵九月十四日電旨，飭令李鴻章遵照九月初六日諭旨辦理。該提督既經咨會到臣，酌度見復，臣未敢率爾咨復。理合據情陳奏，請旨飭示該軍北上駐扎之地，俾程文炳有所遵循。謹繕折由驛馳奏，伏乞皇太后、皇上聖鑒訓示。謹奏。』(《曾國荃全集·奏疏》)

九月二十四日，上諭：前有旨：程文炳一軍，如已入閩，即赴臺援剿。茲據楊昌濬電稱，該軍將抵閩境等語。程文炳一軍，即遵前旨留於閩省防剿。(《清德宗景皇帝實録》(三)卷一百九十四《光緒十年九月下》)

九月二十八日，又諭：程文炳一軍，著遵二十四日電旨，迅即赴閩。(同上)

十月初八日，諭軍機大臣等：左宗棠在江西省城奏報折内，有抵閩後或添勇營等語。福建陸兵本已不少，該大臣統帶十一營前往，并會程文炳帶六營，楊岳斌帶十二營，先後繼進，兵力已厚。若再添募所營，徒費餉需，難資得力。著左宗棠即就現有之營，擇要駐扎，認真訓練。(同上卷一百九十五《光緒十年十月上》)

十月二十二日，曾國荃上程文炳軍赴閩疏：

奏爲湖北提督程文炳一軍由瓜洲口次第起程，向江西湖口，由河口一路赴閩，恭折馳奏，仰祈聖鑒事。

竊臣接准湖北提督程文炳咨稱，統領六營行抵瓜洲，恭候諭旨，飭遵駐扎之地，旋於十月初六日原折回寧，奉批：另有旨。查九月二十八日電寄諭旨：『程文炳一軍，着仍即赴閩。』等因。欽此。當經恭録咨行，欽遵在案。嗣准程文炳咨稱，前因軍務吃緊，早經迅飭各營料理行裝。一俟諭旨指定飭赴何處，即行欽遵辦理。惟自鄂啓行，僅帶三月之餉，迭次轉折，業經告罄，兼以時届冬令，各營製造冬衣尚未竣工，未能令其忍凍就道。且所領洋槍機括欠靈，演試未能應手，亟應趕緊修整，俾利器得以適用。一面委員赴鄂請領餉項，一面嚴飭各營星夜製造棉衣，修整軍械，即日啓程。并咨請派撥輪船，將該軍送至湖口，换船前進，以利遄行，等情前來。臣即飛咨長江提臣李成謀，派撥兵輪船開赴瓜洲，分批裝送湖口。兹准程文炳咨報，由瓜洲次第拔隊，取道江西吴城河口，所需内河民船由江西撫臣飭屬辦理。所有程文炳一軍由瓜洲口次第起程，向江西湖口，由河口一路赴閩緣由，理合恭折馳奏，伏乞皇太后、皇上聖鑒。謹奏。』軍機大臣奉旨：知道了。欽此。（《曾國荃全集·奏疏》）

十月，曾國荃復函程從周：『奉上月二十七日瓜步舟次賜書，知登瀛州、威靖兩船先後報到，貴軍中、後兩營業經分起成行，引領旌幢，以爲欣慰。至槍炮爲行軍利器，誠不可不預購待用，承示已囑湯道等代辦黎意快槍及過山鋼炮各件，并已將價銀解送寧局存儲，以備應付。既佩事前部署之藎籌，復感格外體恤之厚誼。惟以月餉挪爲購械之款，係屬萬不得已辦法，想鄂中接到續發之函，當能多方設法，不令執事獨爲其難。敝處當於折便附片代爲奏明，俾大部據以立案，以爲將來銷款之地，亦使鄂中知事在已行，或得從速接濟，無誤餉期也。謹竭愚忱，以報臺命。此外力不能及之處，想荷鑒原。』（《曾國荃全集·書札》）

同月，曾國荃在復潘琴帥函中稱：『朝廷深以臺事爲急，恪靖相國三軍早經抵閩，繼之者尚有程從

周軍門之軍，現在厚庵宫之軍亦由湖口取道入閩，陸師之力不謂不厚，然隔海無從飛渡也。』（同上）

十一月初七日，又諭：臺北兵力尚單，程文炳一軍，由江入閩，著楊昌濬催令速進，到閩後即令照吴鴻源渡臺之路，迅往臺北助剿，速復基隆。（《清德宗景皇帝實録》（三）卷一百九十七《光緒十年十一月上》）

十一月十三日，又諭：程文炳一軍，著楊昌濬催令迅渡臺北助剿。（同上）

十一月十三日，迭經諭令楊岳斌、程文炳等帶營赴臺助剿，現在海道可通，援軍抵臺後，兵力較前已厚。川省各營，毋庸調往。（同上）

十一月二十日，諭軍機大臣等：法添艦裝多兵赴基隆，復謀叵測，著左宗棠、楊昌濬飭恪靖各營及程文炳軍，克日渡臺。（同上卷一百九十八《光緒十年十一月下》）

十一月二十五日，南洋大臣曾國荃奏：爲湖北提督程文炳一軍由瓜洲口次軍起程，向江西湖口，由河口一路赴閩。恭折馳奏，仰祈聖鑒事。竊臣接准湖北提督程文炳咨稱：統領六營行抵瓜洲，恭候諭旨飭遵駐扎之地。旋於十月初六日原折回寧，奉批：『另有旨。』查九月二十八日電寄諭旨：『程文炳一軍，著仍即赴閩。』等因，欽此。當經恭録咨行，欽遵在案。嗣准程文炳咨稱：『前因軍務吃緊，早經迅飭各營料理行裝，一俟諭旨指定飭赴何處，即行欽遵辦理。惟自鄂啓行，僅帶三月之餉，迭次轉折，業經告罄。兼以時届冬令，各營製造冬衣尚未竣工，未能令其忍凍就道。且所領洋槍機括欠靈，演試未能應手，亟應趕緊修整，俾利器得以適用。一面委員赴鄂請領餉項，一面嚴飭各營星夜製造棉衣，修整軍械，即日啓程。并咨請派撥輪船，將該軍送至湖口，換船前進，以利遄行，等情前來。』臣即飛咨長江提督李成謀派撥兵輪船，開赴瓜洲分批裝送湖口。茲准程文炳咨報由瓜洲次第撥隊，取道江西吴城、河口；所需内河民船，由江西撫臣飭屬辦理。所有程文炳一軍由瓜洲口次第起程，向江西湖口，由河口一路赴閩緣由，理合恭折馳奏，伏乞皇太后、皇上聖鑒。謹奏。（《中法越南交涉檔》一三四六）

同日，南洋大臣曾國荃咨呈《撥發程文炳營槍彈并代購槍炮子彈價銀片稿》：再，據湖北提督程文炳咨稱：『奉旨赴閩所需軍械甚夥，入閩以後必有戰事，若不預備外洋利器，則臨敵制勝殊無把握。業已在滬購買外洋黎意兵槍八百杆，每杆銀價十四兩，共計規銀一萬一千二百兩；黎意槍彈四十萬顆，每千顆銀價十七兩，共計規銀六千八百兩；二磅過山後膛鋼炮十尊，炮前車十架，炮用零星各件十副，每尊連車架零星各件計價規銀三百八十八兩，共計規銀三千八百八十兩；二磅過山平常開花彈二千五百個，每個銀價一兩二錢，共計規銀三千兩；過山炮用拉火一萬枝，每千枝銀價二十五兩，共計規銀二百五十兩。以上五項，總共合計規銀二萬五千一百三十兩。惟前已咨請鄂省趕將部撥銀八萬兩迅速解營，至今未據咨復解到；而外洋購械價銀，不能久延。刻值軍行在即，自不得不通融辦理，祇得在於本軍月餉内先行挪提，如數照付洋行，以便啓行。至此項價銀，除咨會湖北督臣、撫臣查照核銷外，理合就近咨請代奏備案。』等情前來，臣復核無異。查該軍業已湖口入閩，謹據情附片陳明，伏乞聖鑒，敕部咨令鄂省查照應付，以利遄行。謹奏。（《中法越南交涉檔》一三五六）

十一月二十七日，諭軍機大臣等：臺防關係大局，迭飭楊岳斌、程文炳帶營馳援，尚恐緩不濟急。

恪靖三營、方恭五營赴臺較近，著左宗棠、張之洞加緊催飭，覓船潛渡。（同上）

十二月二十四日，又諭：臺北雖經添兵，而攻復基隆，必須援軍四集，方易奏功。楊岳斌、程文炳兩軍，即著左宗棠等飭已到者先行渡臺。其餘陸續徑進，不准逗留。（《清德宗景皇帝實録》（三）卷二百《光緒十年十二月下》）

十二月二十五日，又諭：聞法又以七船泊南干塘，并布告各船，其計甚狡。著劉銘傳趁此勁兵新集，餉械已足，設計進攻，力圖克復。如稍存畏葸，該撫自問當得何罪！楊岳斌、程文炳兩軍，務即陸續渡臺，不准逗留。（同上卷二百《光緒十年十二月下》）

同月，曾國荃復函程從周：『奉十一月二十七日河口賜書，知途次得奉廷諭，即舍舟登陸，兼程前進。忠勇之概，令人欽佩無已，目下當已安抵榕垣矣。法酋近來於海面偵邏我船，其勢更緊。傳聞吴鎮鴻源之勇乘坐民船東渡，有被該酋牽去之事。而此間五輪甫經於此月初九日出洋，旋得楊石帥、劉省帥信，知該酋亦有欲於洋次邀截之意，下私懸繫之至。執事一軍，關係甚重，應如何設法應援，尚望與石帥從長計議，務出萬全，是爲至要，國家聲望所繫，不但爲執事一人計也。餉項未能應手，殊代焦灼。竊意兩湖固當急謀釜庚之益，即閩中亦難坐聽庚癸之呼，諸公體國之忠，似不至令貴部枵腹荷戈，重煩宸廑。所苦者該兩處均非充裕之況，不知侯相四百萬洋款已借得否？循誦來書，可勝扼腕。』（《曾國荃全集·書札》）

秋抵厦門，覓船不得，馬尾失利，臺圍益急。文炳擬用漁船載軍暗渡，被厦門道臺奎俊勸止。適法

軍攻定海，浙江戒嚴。朝廷令文炳往援。欽差大臣左宗棠以閩防正在吃緊，奏留文炳軍暫緩援浙。旨許可。（《事略》）

光緒十一年（一八八五）　五十二歲

正月初二日，諭軍機大臣等：法人添兵日衆，我軍亟應迅渡助剿，著左宗棠等催令楊岳斌、程文炳兩軍，設法潛渡，以厚兵力，并竭力撥濟軍械，毋令缺乏，餉項亦應預籌接濟。（《清德宗景皇帝實録》（三）卷二百一《光緒十一年正月上》）

正月初三日，又諭：程文炳一軍，何日拔隊？務須分日潛渡，不准逗留。（同上）

正月初四日，左宗棠與福州將軍穆圖善、閩浙總督楊昌濬合銜連奏帶片：儻與法船決戰，得托福庇，乘勝衝出抵閩，自當會商楊岳斌、程文炳設法援臺，以紓宵旰，斷不敢因循遲誤，再蹈從前覆轍。再，頃又奉到正月初二日電旨：『法人添兵日衆，我軍亟應迅渡助剿，著左宗棠等催令楊岳斌、程文炳兩軍設法潛渡，以厚兵力。』等因，欽此。查楊岳斌業已進駐泉州，程文炳亦克日開撥前進。該兩軍選奉諭旨嚴催渡臺，但有一綫可乘之機，斷不敢因循坐視，上煩宸廑。（《左宗棠全集·奏稿》）

正月初五日，又諭：程文炳、楊岳斌兩軍，催速渡臺，不准逗留。（《清德宗景皇帝實録》（三）卷二百一《光緒十一年正月上》）

正月初九日，閩督楊昌濬致樞垣王詩正籌援臺分期出發電：程文炳頭起兩營已於本月初六拔行，程提督擬自守候船初九起程。（《臺灣文獻叢刊第一九八種《清季外交史料》（二））

正月十二日，又諭：楊岳斌、程文炳兩軍，著懔遵迭次諭旨，迅速渡臺。（《清德宗景皇帝實録》（三）卷二百一《光緒十一年正月上》）

正月十八日，江督曾國荃致樞垣法船在鎮口開炮電：浙省來電：『法船四隻在鎮口開炮，鎮標本單，乞速調吳淞曹德慶六營星夜赴乍浦。』曹營專守吳淞炮臺，兩年來操防、布置皆其一手，未敢輕調。閩省兵力尚厚，程文炳尚未渡臺，請旨飭調該提督六營由閩赴浙，較爲妥便。（臺灣文獻叢刊第一九八種《清季外交史料》（二））

正月十九日，諭軍機大臣等：電寄劉秉璋，曾國荃電稱：江南防軍，實無可撥，擬請飭調程文炳六營赴浙等語。江南各營，未能調動，自係實情。程文炳赴泉援臺，更關緊要，亦難更調。浙江防營尚多，著劉秉璋移緩就急，調赴前敵，實力防剿。（《清德宗景皇帝實録》（三）卷二百二《光緒十一年正月下》）

正月十九日未刻，李鴻章寄譯署：江督曾十八日來電：此間防軍實情昨已電聞。現接邵道電，法船又至大赤山，瞬息可犯長江，萬難分兵他往。已電求總署，請旨速飭程文炳六營赴浙，似趁春水未生，法巨艦難深入鎮口之時，救援尚可及，望早賜復云。查法船漸北向，浙防軍甚單，孤撥必思添兵報復，江南實難籌助。程文炳尚未抵泉，渡臺非易，若令就近援浙，較有實濟。乞代奏。鴻。（《李鴻章全集·電稿》）

正月二十日酉未，譯署來電：本日奉旨：據李鴻章、曾國荃等電奏，法船撲犯鎮口，兩次擊退，尚未遠去。江南無營可撥，請仍飭調程文炳六營赴援等語。程文炳業已赴泉候渡，回軍較遠。福州兵力較厚，着左宗棠、楊昌濬於省防各軍酌撥五六營，取道福、寧、温、臺，迅速赴寧助剿。（同上）

正月二十二日，浙撫劉秉璋致樞垣請派程文炳來浙防守電：程文炳前在江西與璋共事，情義易於聯絡；自泉來浙，亦不過多數日程。頃電飭閩督、撫，其復電亦云援臺兵力已厚，可無須程文炳一軍，屬璋自行奏請等語。請代奏，以固浙防。（《臺灣文獻叢刊》第一九八種《清季外交史料》（二））

正月二十三日，論軍機大臣等：程文炳已赴泉州，著即趕催隊伍，渡臺援剿，不得再有游移。（《清德宗景皇帝實録》（三）卷二百二《光緒十一年正月下》）

正月二十四日，又諭：法人去來無定，臺防萬不可松，趁此海道暢行，正可運兵運餉，程文炳一軍，著仍遵前旨迅速渡臺。（同上）

正月二十七日，奉旨：程文炳一軍仍著速行渡臺，以厚兵力。欽此。（同上）

正月二十八日亥刻，李鴻章寄譯署：又，程文炳二十日泉州來電，渡臺無船，焦急萬分。奉調援浙未准，置閑散，懇再奏，當速往。（《臺灣文獻叢刊》第一三一種《李文忠公選集・光緒十一年》）

正月二十九日，論軍機大臣等：楊岳斌已抵卑南登岸，深慰廑繫，著率所部迅赴臺北，或分路扼守，或合力進兵，會商妥辦。現在臺事更急，程文炳一軍，左宗棠等飭屬速爲雇船渡臺，勿再延緩。（《清德宗景皇帝實録》（三）卷二百二《光緒十一年正月下》）

正月，曾國荃在復彭雪琴函中稱：『竊以閩中防軍已多，若以程提督文炳一軍赴浙設防，於閩無損，於浙實有裨益。聖意以程軍業經赴泉州，不欲令其折回，未俞所請，幸飭恪靖相國、石泉制軍就閩垣抽調五六營赴浙，想閩中自當遵旨辦理。』（《曾國荃全集·書札》）

曾國荃致衛静帥函中稱：『竊念閩中防營已多，若以程從周軍門一軍調赴乍浦，似爲兩得之道。聖意未允，仍飭浙中就地經營，未知仲帥能俯諒南洋之窘，不見怪否？爲謀之心，似已不敢不盡，想卓見當以爲然也。』（同上）

曾國荃又致劉仲帥，談及程軍調遣一事：『竊念閩中防營已多，若將程從周軍門一軍調赴貴省，心志既一，呼應自靈，軍器又精，實屬彼此兩得之道。聖意未俞所請，言念執事支持之苦，下私萬分欠然，而搜索枯腸，實無他義。』（《曾國荃全集·書札》）

二月初一日，欽差大臣左宗棠呈北洋大臣李鴻章轉達旨催電文：楊岳斌、程文炳兩軍，催速渡臺，不准逗留。（《中法越南交涉檔》一四九九）

二月初六日，閩浙總督楊昌濬接鈞處來電：本日奉旨：楊岳斌所部及程文炳一軍，著左宗棠、楊昌濬迭諭嚴催迅即渡臺，飭屬將雇船等事妥速辦理，毋再遲干咎。欽此。（《中法越南交涉檔》一六六八）

二月十二日，楊岳斌恭報臺灣籌辦情形折：湖北提臣程文炳，久歷戎行，威望夙著，屢奉旨催渡臺。該臣一片血誠，急如星火，以臣愚妄之見，應請旨飭令提臣程文炳統率部營，暫先渡扎澎湖，督同該協廳嚴密布置，一面相機策應全臺，有裨大局匪淺。（臺灣文獻叢刊第六二種《楊勇慤公奏議》）

同日，楊岳斌致總署：總理衙門鑒：密號。斌正月二十四日卑南起程，二月初三日到臺灣府。所部無論雇商輪、民船，必設法整、散暗渡。所有斌在臺催候兵到，現與劉璈等籌防，及請旨飭程文炳先渡澎湖各情形，已具折密請左宗棠代遞。竊思欲守全臺，必先守澎湖，該地必得威重大員鎮守，擬請旨飭程文炳先渡澎湖，再相繼渡臺。乞代表。斌叩。震。（《淮軍電稿》）

二月十七日，又諭：楊岳斌當速赴臺北合力剿辦。程文炳趕緊覓船東渡。（《清德宗景皇帝實録》（三）卷二百四《光緒十一年二月下》）

二月二十三日，本日奉旨：法人現來請和，於津約外別無所請，業經允其所請。約定：越南宣光以東，三月初一日停戰；臺灣定於三月初一日停戰，法國即開各封口，已由李鴻章分電沿海，雲、桂各督撫如約遵行矣。（《中法越南交涉檔》一六六八）

三月初十日，諭軍機大臣等：中法約定，條款未定之前，彼此將調兵運軍火前往臺灣等事，停止不辦。巴德諾已於初九日到津，約之成否，月內當可定局。此時既議修好，即應示信，所有接濟兵械，自應暫行停運。程文炳一軍，亦著暫緩前進。（《清德宗景皇帝實録》（三）卷二百五《光緒十一年三月》）

五月十七日，又諭：電寄左宗棠等：程文炳一軍，著即撤回湖北。應需餉項，著左宗棠、楊昌濬於洋款内發給，將來由鄂結算；所有餘存洋款，仍著存庫，聽候撥用。（同上卷二百八《光緒十一年五月下》）

六月，中法議和成，程文炳回湖北提督本任。

六月初十日，李鴻章復湖北提督程文炳：『從周尊兄軍門麾下：頃奉惠書，感承飾注。借諗雄軍月内全撤回鄂，比想接船横海，早整歸帆。笳鼓重洋，發景宗之浩唱；襄樊舊部，喜妹子之遥臨。引睇牙麾，式符遠頌。法人孤軍渡海，勾結内匪，戰則爲之前軀，入則爲之引港，甚且暗傳消息，隱濟煤糧。固由重利之誘惑，亦由各國商船出入如常，彼得從中影射。中國雖申屢禁，勢不能於通好各國逐細查禁，致開釁端。此所以屢禁屢犯，未能永絶也。尊意於稽核保甲之中，寓查緝奸民之意，誠屬一舉兩得。但須沿海文武認真巡察，實力奉行，庶可漸清弊竇。否則兵械雖精，人才雖足，而内奸不去，終難致敵死命也。專復，祇頌勳祺，謹璧謙柬。不具。愚弟。』（《李鴻章全集·信札》）

同月，曾國荃復函程從周：

再肅者，展誦另箋，具徵大君子嫉惡之義，甚佩甚佩！惟不揣冒昧，尚欲爲執事更進一解也。自庚辛以後，爲寺人貂、爲中行説者，實繁有徒，此誠我輩疾首痛心之事。第平心而論，教養無素，馴致走胡走越，爲民上者，固亦與有過焉。若夫售賣煤、糧等事，蚩蚩者氓，不以爲接濟也，直以爲貿易之常事而已。

漢武時，匈奴入塞，民坐與互市論死者數十家，汲黯之言曰：愚民無知，市賣長安中，而文吏以爲闌出財物與邊關乎？其言甚痛，武帝不之罪也。且事定之後，與民更始之時，而非除惡務盡之時也。王郎之變，光武取將吏所與私書盡焚之，曰令反側子自安。又，袁、曹相持於官渡，曹軍將士有通袁者，事定後吏請按之。魏武曰：『當袁氏盛時，孤尚不能自保，況他人乎？』遂盡置不問。

嘗歎帝王之大度，足以服人，即奸雄坦易之處，亦復可愛，抑執事第就吾民言之耳。當法事熾時，各國陰持兩端，規鷸蚌之利，而任牛馬之走者不一而足。吾民可治也，以治吾民者治外人，目下度尚非吾力之所能及，勢將同罪異罰。置彼論此，是曲法而法存，持法而法亡也。且即所謂吾民者，城社依托，枝節横生，固亦有不能盡行吾意之時，或綱漏吞舟而株累者累累，更將奈何？張志均、張志瀛一案，近已奉到恩旨，吾輩所當仰體德意以從事，若夫食葚懷音，則更有道焉。聖人所謂『子爲政，焉用殺』也。因素叨摯愛，不敢以委蛇之談，上負垂教苦心，知大君子不以爲罪也。（《曾國荃全集·書札》）

十月，臺灣正式建省，劉銘傳爲首任巡撫。

清政府設總理海軍事務衙門，由奕環、李鴻章主持。

十二月，湖廣總督裕禄上奏湖北、湖南在任提督、總兵各官密注考語清單：湖北省提督程文炳，年五十二歲，安徽阜陽縣人，由軍功。該員才明識練，任事忠勤；久歷戎行，治軍嚴整。（《光緒朝朱批奏折·軍務·人事》第三九輯第一七〇條）

光緒十二年（一八八六）　五十三歲

湖北提督本任。

光緒十三年（一八八七）　五十四歲

湖北提督本任。

三月初一日，會同湖廣總督裕禄、湖北巡撫奎斌奏爲《揀員請補守備員缺折》。朱批：兵部議奏。（《光緒朝朱批奏折·軍務·人事》第三九輯第五四四條）

三月十九日，會同湖廣總督裕禄、湖北巡撫奎斌奏爲《查明光緒十二年七月起至十二月底止湖北各州縣應行承襲接襲發標學習并改作文生應試各世職開列清單折》。朱批：兵部議奏，單并發。（同上第五七八條）

四月初八日，會同湖廣總督裕禄、湖北巡撫奎斌奏爲《揀員請補守備員缺以實營伍折》。朱批：兵部議奏。（同上第六四九條）

四月十一日，湖廣總督裕禄上奏爲《遵旨保奏武職人員以備任使》折。折中評價程文炳：『久經戰陣，鈐略素優，馭衆嚴明，持躬廉約。平日才守戰績，久在聖明洞見。近則該提督閱歷益深，於邊防戰守，治兵練械，因時制宜各軍，莫不刻意講求，嫻習曉暢。遇有緊要機宜，以之統率陸軍，其才略干濟，洵堪備獨當一路之選。』（同上第六五三條）

九月十八日，會同署湖廣總督、湖北巡撫奎斌奏爲《查明光緒十三年正月起至六月底止湖北各縣應行承襲接襲發標學習各世職開列清單折》。朱批：兵部議奏，單并發。（同上第八八七條）

十二月初四日，會同湖廣總督裕禄奏爲《三省會哨事竣邊界静謐折》。朱批：知道了。（同上《軍務·防務》第五四輯第二三三條）

十二月二十日，會同湖廣總督裕禄、湖北巡撫奎斌奏爲《湖北各營損失軍械尚未一律補製足額請將

年例盤查仍行展緩題奏以昭核實折》。朱批：著照所請，該部知道。（同上《軍務・軍防》第五七輯第六六六條）

同日，上呈奏爲《湖北省各標鎮協營原額增添裁汰缺額折》。朱批：該部知道。（同上第〇八四條）

九月，黄河南岸在鄭州以下汛十堡處决口三百餘丈，全河斷流，下游大水成災。

光緒十四年（一八八八）　五十五歲

湖北提督本任。

三月二十六日，會同湖廣總督裕禄、湖北巡撫奎斌奏爲《揀員請補守備員缺折》。朱批：兵部議奏。（《光緒朝朱批奏折・軍務・人事》第四〇輯第四六五條）

同日，再次合詞奏爲《查明光緒十三年七月起至十二月底止湖北各州縣應行承襲接襲兼襲各世職開列清單折》。朱批：該部議奏，單并發。（同上第一八九條）

六月二十四日，同上合詞奏爲《揀員陞補游擊要缺以實營伍折》。朱批：兵部議奏。（同上第三一六條）

九月初一日，同上合詞奏爲《查明光緒十四年正月起至六月底止湖北各州縣應行承襲世職及應承蔭人員開列清單折》。朱批：該部議奏，單并發。（同上第四一一條）

十一月十七日，同上合詞奏爲《揀員陞補參將員缺以實營伍折》。朱批：兵部議奏。（同上第四九

四條）

同一日，有人奏請將湖北提督仍駐谷城并抽撥省城防軍分札楚豫交界一折。湖廣總督裕祿、湖北巡撫奎斌會商程文炳，奏請湖北提督仍駐襄陽。朱批：　知道了。（同上《軍務・防務》第五四輯第二六四條）

同月，同上呈片合奏，薦舉施南協副將張言和、盡先補用都司任效文等人揀員請補，以重地方。朱批：　著照所請，兵部知道。（同上《軍務・人事》第四〇輯第六〇六、六〇七條）

十二月初七日，同上合詞奏爲《湖北省各標鎮協營原額增添裁汰缺額兵丁馬匹戰船各數目仍暫照案改題爲奏折》。朱批：　該部知道。（同上《軍務・軍需》第五八輯第一八〇條）

同日，同上合詞奏爲《湖北各營損失軍械尚未一律補製足額以昭核實折》。朱批：　該部知道。（同上第五八輯第一八一條）

十二月十九日，會同湖廣總督裕祿奏爲《三省會哨事竣邊界静謐折》。朱批：　知道了。（同上《軍務・防務》第五四輯第二六七條）

同日，附片陳述理由，請將湖北提督仍駐扎襄陽。朱批：　知道了。（同上第五四輯第二六九條）

是年，重修古隆中諸葛亮故居。重建抱膝亭。修三顧堂。將躬耕田部分改爲荷花池。

康有爲第一次上書光緒皇帝萬言書，建議學習西方，變法維新。

十二月，清政府組建北洋艦隊。

光緒十五年（一八八九） 五十六歲

湖北提督本任。

春正月庚午（二十四日），欽奉慈禧皇太后懿旨：各省封疆大吏，均爲國家倚任之臣。其久歷戎旃，熟諳韜略者，懋建殊勳，賢勞尤著。現任提鎮諸臣，類皆起自行間，漸膺專閫。各該文武大臣爲國宣勤，歷久不懈；現在歸政伊邇，允宜分別施恩。……湖北提督程文炳，著賞加二級。（《清德宗景皇帝實録》（四）卷之二百六十五《光緒十五年正月下》）

二月十七日，會同湖廣總督裕禄等合詞奏爲《甄別庸劣不職及年力衰退之游擊守備各員請旨分別革職勒休折》。朱批：著照所請，該部知道。（《光緒朝朱批奏議・軍務・人事》第四〇輯第六八一條）

三月，載湉親政。

三月十六日，會同湖廣總督裕禄等奏爲《查明光緒十四年七月起至十二月底止湖北各縣應行承襲接襲兼襲世職開列清單折》。朱批：該部議奏，單并發。（同上第四〇輯第七二五條）

四月，張之洞奏請築蘆漢鐵路。

五月十七日，會同湖廣總督裕禄、湖北巡撫奎斌奏爲《揀員陞補都司要缺以實營伍折》。朱批：兵部議奏。（同上第八一四條）

同日，會同湖廣總督裕禄等再次奏爲《揀員請補守備員缺以重營伍折》。朱批：兵部議奏。（同上第八一五條）

六月十九日，同上合詞奏爲《揀員請補守備員缺折》。朱批：兵部議奏。（同上第四十一輯第〇二〇條）

九月十五日，同上合詞奏爲《查明光緒十五年正月起至六月底止湖北各縣應行承襲接襲各世職開列清單折》。朱批：該部知道，單并發。（同上第四一輯第一四〇條）

十月二十六日，同上合詞奏爲《揀員請補游擊員缺以實營伍折》。朱批：兵部議奏。（同上第一八五條）

十一月庚申，湖廣總督裕禄奏：提督程文炳任滿，例應請覲。唯值籌辦賑務，懇准暫緩。得旨：程文炳著候明春賑務完竣，即行來京陛見。（《清德宗景皇帝實録》（四）卷二百七十七《光緒十五年十一月》）

十一月初二日，同上合詞奏爲《都司因瘋自戕查明并無别故折》。朱批：該部知道。（《光緒朝朱批奏折·軍務·人事》第四一輯第一九六條）

阜陽各界群衆反對天主教，驅逐馬神甫（法籍）出境。（《阜陽縣志·大事記·清》，黄山書社一九九四年版）

十二月初九日，會同湖廣總督張之洞、湖北巡撫奎斌合詞奏爲《湖北省各標鎮協營原額增添裁汰缺額兵丁馬匹戰船各數目仍暫照案改題爲奏折》。朱批：該部知道。（《光緒朝朱批奏折·軍務·軍需》第四一輯第一四九條）

十二月初十日，同上合詞奏爲《湖北各營損失軍械尚未一律補製足額，請將年例盤查仍行暫緩以昭核實折》。朱批：兵部知道。（同上第五八輯第四三九條）

十二月十八日，同上合詞奏爲《總兵丁憂開缺請旨迅賜簡放以重職守折》。朱批：另有旨。（同上第四一輯第二五九條）

光緒十六年（一八九〇） 五十七歲

湖北提督本任。

正月初四日，會同湖廣總督張之洞、湖北巡撫奎斌合詞奏爲《總兵因病出缺請旨迅賜簡放并先行揀員接署折》。朱批：另有旨。（《光緒朝朱批奏折·軍務·人事》第四一輯第三三四條）

閏二月初四日，同上合詞奏爲《查明光緒十五年七月起至十二月底止湖北各縣應行承襲接襲各世職開列清單折》。朱批：兵部議奏，單并發。（同上第三九一條）

四月乙卯，上諭：命湖北提督程文炳來京陛見。以湖廣總督張之洞兼署湖北提督。（《清德宗景皇帝實録》（四）卷二百八十四《光緒十六年四月》）

五月十五日，會同湖廣總督張之洞、湖北巡撫譚繼洵奏爲《揀員陞補副將要缺以實營伍折》。朱批：兵部議奏。（《光緒朝朱批奏折·軍務·人事》第四一輯第五〇〇條）

六月十三日，程文炳委員將湖北提督印信等件送交湖廣總督兼署湖北提督張之洞。（同上第五三二條）

九月十二日，赴京師。受邀赴帝師翁同龢家宴。翁記：『從周初見，其人通敏，不類武人，極言湖北煉鐵可得大利。織布機器亦然，槍炮機器亦然。』九月十四日，返湖北。翁同龢出城親送，晤談良久。（《翁同龢日記》光緒十六年）

十二月初三日，返回湖北抵達襄樊。

十二月初四日，湖廣總督兼署湖北提督張之洞交回湖北提督印信、王命旗牌以及文卷等件，程文炳設香案拜受。（《光緒朝朱批奏折·軍務·人事》第四一輯第七四〇條、張之洞奏折）

十二月初十日，會同湖廣總督張之洞合并上奏《甄别千總實無可劾之員片》。朱批：兵部知道。（同上第七四八條）

同日，會同湖廣總督張之洞、湖北巡撫譚繼洵合詞奏爲《湖北各營損失軍械尚未一律補製足額折》。朱批：兵部知道。（《光緒朝朱批奏折·軍務·軍需》第五八輯第七〇三條）

同日，會同湖廣總督張之洞奏爲《三省會哨事竣邊界静謐折》。朱批：知道了。（同上《軍務·防務》第五四輯第三二五條）

十二月，上奏陳詞，請允鄂防淮軍武毅營記名提督宋德鴻所部自行建祠，以祀歷次陣亡傷亡員弁兵丁，由地方官春秋致祭，以彰義烈。朱批：著照所請，該部知道。（同上《軍務·人事》第四一輯第七八五條）

同月，張之洞在湖北辦漢陽鐵廠。

光緒十七年(一八九一) 五十八歲

湖北提督本任。

二月二十九日,會同湖廣總督張之洞、湖北巡撫譚繼洵,片奏推薦湖北撫標左營期滿差官、盡先守備使左清擔任湖北漢陽協中軍守備一職。朱批:兵部議奏。(《光緒朝朱批奏折·軍務·人事》第四一輯第九〇三條)

五月十一日,同上合詞奏爲《查明光緒十六年七月起至十二月底止湖北各州縣應行承襲接襲兼襲各世職清單折》。朱批:該部議奏,單并發。(同上《軍務·人事》第四二輯第〇六九條)

同日,同上合詞附片具陳補授湖北施南協中軍都司一職,由游擊銜盡先補用都司趙金棠擔任。朱批:兵部議奏。(同上第〇七一條)

同日,再奏薦都司銜盡先補用守備李國明,擔任湖北施南協右營守備。朱批:兵部議奏。(同上第〇七二條)

七月初,程文炳因患頭目暈眩等症,致函湖廣總督張之洞,請求將所統鳳字馬隊,另行委員統帶。

七月初七日,張之洞咨復程軍門鳳字馬隊兩營現委丁季陞兼管并檄巡緝:『爲咨復事。案准貴軍門咨稱:「本軍門自接統鳳字馬隊,兼理緝私,時蒞數載,前以精力差强,勉矢督率,惟自去歲患有痞疾,停滯在胸,飲食難化。今年入夏以來,屢次發動,兼時患頭目暈眩等證,自覺精神短少。查馬隊、緝私兩務,責任綦繁,病體驟難大愈,督飭照料,深恐不周,擬請另行委員,接統馬隊,緝私差使,亦并委人接替，俾資調養，實爲公便」等因，到本部堂。准此，查襄陽一帶查緝潞私事務，自貴軍門兼理以來，督率馬步各隊，巡緝認真，官銷漸見暢旺，深資協助之力，本難照辦，惟來咨病體尚未大愈，馬隊、緝私兩務，責任綦繁，自係實在情形。查本年夏間以來，沿江匪徒生事，教案迭出，奉旨嚴加防範。武漢人情浮動，根本尤關緊要，省垣防營，不敷分撥，當經飛調原駐麻城一帶之鼎字副營，來省巡防。惟該處緝私地段，過形遼闊，北私不免乘間闌入，銷售漸絀。昨准兩江鹽督部堂劉咨：「麻城等處，北私偷越，緝營單薄，請再調撥，以顧緝私」等因。并准電同前由。查楚省勇營，止有此數，殊難另行調撥，正費籌維。適於六月間，豫省邊界商、固、光、息一帶，謠言四起，以致麻城、黄岡、黄陂等處，聞風擾動生事，居民紛紛遷徙。漢口亦多謠言，而其時并無陸隊可以派往彈壓，焦急殊深。以後豫邊巡防，亦難置之度外。查潞私漸已斂跡，而北私日見囂張，且襄陽尚有練軍，足敷緝私之用。又有豫省南陽鎮、府協力查禁，自應移緩就急，以期兼顧。准咨前因，應即審酌事勢，分别如咨辦理。所有鳳字馬隊，擬由本部堂另行派員接統，另行分派地段，刻即分撥，馳赴麻、黄、羅田一帶，彈壓巡防，兼管巡緝北私事宜。此時統帶，尚未得其人，即暫委馬隊營務處參將丁季陞，暫行兼管該兩營事務。該營一切事宜，即由該兩營官參將丁季陞、游擊楊紹文，徑禀本部堂核示辦理。要事由營務處禀請核辦。至襄陽緝私事宜，近年以來，經貴軍門督察巡緝，不憚勤勞，并會商豫省文武籌辦，私鹽各店，概行撤退，聲威遠播，成效昭然，自未便更易生手，致棄前功，盡可一面督率籌辦，一面從容調養，以後仍希督飭貴標練軍，懸賞購綫，認真巡緝，實深企望。除分行外，相應咨復，爲此合咨貴軍門，煩爲查照，分别辦理，飭令馬隊營務處丁季陞等遵照，仍希將緝私

事宜，督飭襄陽練軍，認真巡緝，望切施行。』（《張之洞全集》卷一百六《咨札二十一》）

八月二十一日，會同湖廣總督張之洞、湖北巡撫譚繼洵合詞奏爲《揀員請補游擊員缺以實營伍折》。朱批：兵部議奏。（《光緒朝朱批奏折·軍務·人事》第三四輯第二三三條）

十一月初三日，同上合詞奏爲《揀員借補守備要缺以重營伍折》。朱批：兵部議奏。（同上第三四〇條）

十二月初七日，會同湖廣總督張之洞奏爲《三省會哨事竣邊界静謐折》。朱批：知道了。（《光緒朝朱批奏折·軍務·防務》第五四輯第三六七條）

十二月初九日，會同湖廣總督張之洞、湖北巡撫譚繼洵合詞奏爲《湖北省各標鎮協營原額增添裁汰缺額折》。朱批：該部知道。（《光緒朝朱批奏折·軍務·營制》第三四輯第二一二條）

同日，同上合詞奏爲《湖北各營損失軍械尚未一律補製足額折》。朱批：著照所請，該部知道。（《光緒朝朱批奏折·軍務·軍需》第五九輯第一六〇條）

同日，同上合詞附片奏請宜昌鎮標後營游擊劉步瀛以傷病之軀即行開缺，所遺之缺，另行揀員請補。朱批：著照所請，兵部知道。（《光緒朝朱批奏折·軍務·人事》第四二輯第三九八條）

十二月十三日，同上合詞奏爲《查明光緒十七年正月起至六月底止湖北各州縣應行承襲接襲各世職清單折》。朱批：兵部議奏，單并發。（同上第四〇一條）

十二月二十七日，會同湖廣總督張之洞奏爲《湖北各標營年終查無應劾千總折》。朱批：兵部知

道。（同上第四三三條）

光緒十八年（一八九二）　五十九歲

湖北提督本任。

二月十八日，劉坤一復函云：『月示云云，未免過慮。香帥雖有崖岸，尚非深險之人，陽與周旋，陰相傾軋者。況以方今事勢，正在倚重英賢，詎肯自棄良輔，致形孤立？前席研香宫保，頗有疑於左文襄，弟曾以此喻之，卒爲所料。香帥之於執事，亦猶是矣！至香帥於各處公牘私函，往往遲久不復。上年沿江哥匪情形吃緊，弟電詢機密重件，催至三次，延至兩月，始得回音。其餘可以想見，非獨於尊處爲然，盡可冰釋也。東南專閫，祇此數公。朝廷自有權衡，非外間敢參末議。襄樊形勝之地，瓜代亦不易得人。萬望仰體九重倚畀之意，萬姓愛戴之忱，耐久勉留，勿以乞身爲請。』（《劉坤一遺集·書牘》卷九，沈雲龍主編《近代中國史料叢刊》，文海出版社印行）

七月，題寫『抱膝處』碑文。

七月初九日，致電張之洞：『電悉。魏家沖僅有居民數家，燒毀柴堆，距魏全義住房有三四丈遠。是否楊家崗放火，候縣訊明。炳叩。』（《張之洞全集》卷一百八十五《電牘十六》）

七月十三日，張之洞致襄陽程提臺、朱道臺、襄陽府縣蒯參將：『谷城距襄陽不甚遠，紫金峒一帶至今民教未安，匪徒未散，岌岌可虞，郡城現有府、縣、提臺彈壓，該道可迅速親往一巡，令馬隊數十人隨往，蒯將率練軍約百名助之，星馳前往，到彼拿獲造言生事痞匪數名，就地正法，自然匪散民安。此處解散，他處自平。如不能查獲造謠者，能獲刀痞數人，亦可誅以儆衆。往返不過十日八日。此事機括甚緊，鐵字營到襄總須十日，緩不濟急，若遷延不速解散，必致釀成教堂巨案，不可收拾，地方文武難當此重咎也。切望程軍門與朱觀察迅商速辦，并電復。文。』（同上）

七月十三日，致電張之洞：『電悉。懸賞拿匿名揭貼者，已經出示懸賞嚴拿。前營陳把總玉貴，業已轉飭鼓勵。昨已派王哨官帶兵四十名，赴紫金峒、石花街，會同營、縣擇要駐扎彈壓，以保教堂，竭力布置，不避嫌怨。請放懷。炳叩。』（同上）

七月十四日，朱道致電張之洞并稟撫臺：『電諭謹悉。職道遵即往商程軍門，擬即日督領馬隊，會同蒯將帶練前往。』（同上）

七月十五日，又致電張之洞并撫臺，稱紫金峒、石花街等處已妥爲布置，可保無虞。（同上）

七月十四日，致電張之洞并致撫臺，稱石花街、紫金峒一帶謠言漸息，民心少定。（同上）

八月初，赴京覲見。

八月初三日，會同湖廣總督張之洞、湖北巡撫譚繼洵合詞奏爲《揀員請補副將要缺以重營伍折》。朱批：兵部議奏。（《光緒朝朱批奏折·軍務·人事》第四二輯第八二二條）

同日，同上合詞連奏兩片，因都司二員病故舉薦二人遞補。朱批：兵部議奏。（同上第八二五、八二六條）

八月初四日，同上合詞奏爲《揀員借補游擊要缺以重營伍折》。朱批：兵部議奏。（同上第八三三

條）

八月初六日，同上合詞奏爲《揀員請補游擊以實營伍折》。朱批：兵部議奏。（同上第八三八條）

八月初七日，同上合詞奏爲《游擊員缺緊要揀員借補以重營伍折》。朱批：兵部議奏。（同上第八四二條）

同日，同上合詞奏爲《查明光緒十七年七月起至十二月底止湖北各州縣應行承襲接襲各世職折》。朱批：兵部議奏，單并發。（同上第八四四條）

八月十六日，張之洞致電：『滬函十四電悉。賤恙已愈，承念感謝。敬賀覲喜。尊寓電示。諫。』（《張之洞全集》卷一百八十五《電牘十六》）

九月十三日，會同湖廣總督張之洞、湖北巡撫譚繼洵奏爲《總兵因病出缺先行委員接署請旨迅賜簡放以重職守折》。朱批：另有旨。（《光緒朝朱批奏折·軍務·人事》第四二輯第九〇二條）

山東巡撫福潤保薦劉鶚赴北京總理衙門考試，不合例，未試而歸。

十二月初七日，會同湖廣總督張之洞、湖北巡撫譚繼洵奏爲《湖北省各標鎮協營原額增添裁汰缺額折》。朱批：該部知道。（《光緒朝朱批奏折·軍務·營制》第三四輯第二三六條）

同日，同上合詞奏爲《楚省北路邊界盜匪日滋派委文武專員辦理沿邊緝匪事宜以靖邊圉而遏亂源折》。朱批：知道了。（《光緒朝朱批奏折·軍務·防務》第五四輯第四〇一條）

同日，會同湖廣總督張之洞奏爲《三省會哨事竣邊界静謐折》。朱批：知道了。（同上第四〇二

條）

十二月初九日，會同湖廣總督張之洞、湖北巡撫譚繼洵奏爲《湖北各營損失軍械尚未一律補製足額折》。朱批：兵部知道。（同上《軍務·軍需》第五九輯第四六二條）

光緒十九年（一八九三） 六十歲

二月初二日，會同湖廣總督張之洞、湖北巡撫譚繼洵合詞奏爲《揀員請補副將要缺以重營伍折》。朱批：兵部議奏。（《光緒朝朱批奏折·軍務·人事》第四三輯第二四一條）

二月二十一日，同上合詞片奏《請補湖北施南協右營守備折》。朱批：兵部議奏。（同上第二六九條）

再修古隆中，於古隆中山口處，建『古隆中』石牌坊，爲四柱三牌樓廡殿頂式結構，由六十塊青石徑雕鑿組合而成。撰《隆中圖》文。

六月初一日，會同湖廣總督張之洞合詞奏爲《查明光緒十八年正月起至閏六月底止湖北各州縣應行承襲接襲各世職折》。朱批：兵部議奏，單并發。（《光緒朝朱批奏折·軍務·人事》第四三輯第三九六條）

同日，接家信報喪，本生繼母韓氏於本年五月十六日在安徽阜陽縣原籍病故。文炳係由長房承嗣三房，例應於本生繼母降服憂，相應咨請奏報開缺。（同上第四〇一條、張之洞奏折）

六月初九日，湖廣總督張之洞上奏（程文炳）《提督丁憂開缺請旨迅賜簡放以重職守折》。朱批：

另有旨。（同上）

丁本生繼母艱，終喪，去官，回潁州。文炳孝思純篤，哀痛備至。（《事略》）

同年，與族人程文思、程文焕、程傳銘重修《潁東程氏支譜》。

光緒二十年（一八九四） 六十一歲

正月十四日，劉坤一復函程從周：『岢鄉自改州爲府以來，迄今百有餘歲。以州學爲府學而縣學，黌宫尚屬闕如。鉅典攸關，亟宜及時興建。承示闔邑紳董欲仿照積穀之法，計畝均收，爲建立學宫之用。民捐民辦，極爲善舉。敝處先據蕭令，稟牘當以事關，按畝輸捐，批飭安藩司核議。此事將來仍應由撫院主政，一俟該藩司議復，自當與中丞妥籌辦理，以副執事重道崇儒、振興學校之至意。』（《劉坤一遺集·書牘》卷十）

七月，中日甲午戰争爆發。

七月二十一日，上諭：前任湖北提督程文炳，係淮軍宿將，現丁憂在籍，應否令其赴津帶營助剿，以資得力之處。著李鴻章熟籌具奏。（《清德宗景皇帝實録》（五）卷三百四十五《光緒二十年七月》）

七月二十二日，李鴻章復譯署：欽奉電旨：前湖北提督程文炳應否令其赴津帶營助剿，熟籌具奏等因。遵查，程文炳向在皖軍防剿，未隸淮部。津郡新募各營統領皆係百戰宿將，未便再令程文炳統帶，致難調和。若令添募一軍，又苦無此餉力，似可從緩察辦。謹請代奏。鴻。（《李鴻章全集·電稿》）

七月二十三日，又諭：電寄劉坤一，著傳知湖北提督程文炳，募勇數營，即行北上。所需軍械餉

項，由劉坤一撥給。（同上卷三百四十五《光緒二十年七月》）

七月二十四日，劉坤一致總署：『中。程文炳服滿入都，日昨行抵江寧，正擬北上，奉旨飭令招勇營，即傳諭。據稱舊部現無多人，招募非兩三月不能成軍，可否先行入都陛見，恭候驅策之處，請代奏等因。請鈞署酌復代奏。坤。敬。』（《淮軍電稿·淮軍與中日甲午戰争》，海軍航空學院蘇小東編著（未刊稿），以下簡稱《淮軍電稿》）

七月二十五日，又諭：電寄劉坤一，電奏已悉。程文炳仍著飭令如募數營，迅速統帶北上，毋庸先行來京。（《清德宗景皇帝實録》（五）卷三百四十五《光緒二十年七月》）

七月二十七日，又諭：電寄劉坤一，平壤後路空虚，北洋各海口，亦須添兵填扎。著劉坤一迅催陳湜、程文炳趕緊帶營北上，并即電復。（同上）

同日，程文炳由南京致李鴻章：『文炳到寧，廿三日峴帥傳知，電諭募勇北上。現定募淮勇威靖十營，俟到京，再求指示另稟。炳叩。』（《淮軍電稿》）

同月，傳廷臣署理湖北提督。

八月初六日，軍機處電寄劉坤一諭旨。奉旨：『現在平壤進兵，北洋海口防務亦亟，著劉坤一催陳湜、程文炳趕緊招募，克日啓程，以資厚集。欽此。』（《淮軍電稿》）

八月，清政府下詔正式對日宣戰。

上諭：劉坤一電奏：陳湜已召募五千人，於八月内兼程北上；程文炳亦經召募五千人，陸續起程。該兩軍所需子藥，到直隸後著李鴻章隨時撥給，毋於缺乏。應需月餉着户部照數籌撥所請。如部款不敷，准在豫征兩淮鹽釐内支應，以濟要需等語，著户部酌量辦理。（《清德宗景皇帝實録》（五）卷三百四十六《光緒二十年八月》）

八月二十一日，軍機處電寄劉坤一諭旨。奉旨：『現在倭兵趨重朝鮮北路，奉省邊防吃緊。前諭程文炳募勇北上，著劉坤一催令迅速遄行，毋稍延緩。欽此。』（《淮軍電稿》）

八月二十二日，裕禄致總署：『左寶貴在平壤前敵陣亡事已確實，……惟奉天失此良將，一軍統率無人，刻值倭勢披猖，奉省沿邊布防事機緊要，尤須有老成夙將共相助理，方能有補時局。查前任湖北提督程文炳，戰陣久經，忠誠勇干，裕禄與該提督皖、鄂共事年久，知之最悉。現在該提督丁憂在籍，業經服滿，可否仰懇天恩，將程文炳派來奉省共辦邊防？如蒙俞允，并請旨電飭兩江總督劉坤一傳諭該提督克日來奉，俾奉軍統率得人，藉收指臂之助。請代奏。裕禄肅。』（《淮軍電稿》）

八月二十三日，總署復裕禄：『來電已進呈。程文炳前已奉旨令其募勇十營北上，到尚需時，赴奉一節，届時再候諭旨。漾。』（《淮軍電稿》）

又諭：劉坤一電奏：程文炳督隊北上，需用馬五百匹。已派員赴張家口外採購。經過各處，請飭免税放行等語。即著兵部轉直隸總督察哈爾都統，飭屬一體免税放行。（《清德宗景皇帝實録》（五）卷三百四十七《光緒二十年八月》）

八月二十九日酉刻，李鴻章寄譯署：昨遵旨電商南洋，頃接電復：前三年，遵部章停購外洋槍炮，在先購存之哈乞開斯槍萬枝，撥解海署三千枝，餘七千枝。又，舊存之黎意、馬梯尼各一二千枝，經此次撥給新老防營與陳湜、程文炳新募北上之二十營，搜括殆盡。（《李鴻章全集·電稿》）

九月初二日，又諭：程文炳於八月二十一日，由清江赴亳州，帶隊北上。刻下奉直軍情甚緊，著劉坤一電催迅速啓行，趲程前進，不得在籍逗留。（《清德宗景皇帝實録》（五）卷三百四十八《光緒二十年九月》）

九月初四日，軍機處電寄劉坤一諭旨。奉旨：『劉坤一電奏均悉。現南洋僅五船，分防吴淞、江陰等處，實嫌單薄，請免赴北洋等語。所奏尚係實情，即著無庸派撥。程文炳所部各營應令馳抵天津再行候旨。欽此。』（《淮軍電稿》）

九月十四日，劉坤一復函程從周：『飛電往還，如親偉度藉，審慷慨長征，聲威遐播。舊時袍澤之士，莫不争先恐後，效奔走於大纛之前。非執事義膽忠肝，有以淪浹其性情，而激發其志氣，曷克臻此！敝處前接總署來電，貴軍行抵天津，一切進止，聽候諭旨遵行，自應欽遵辦理。届時即由臺端電請總署，代奏請旨。至加撥二萬金一節，力所能及，不敢不勉。當經飭局，照數撥交轉運，委員趕速匯運，以資支應。目下吉林等處，望援甚殷。絡繹北上各軍，一切布置，惟貴部爲最密，紀律亦惟貴部爲最嚴，威惠兼施，用能指揮如意。伏願益宏遠略，懋建膚功。祖豫州誓清朔冀，霍嫖姚志滅匈奴，不能不專望於執事已。』（《劉坤一遺集·書牘》卷十一）

九月十七日，劉坤一再復函程從周：『貴軍餉項，前據支應局折呈，按照營制，十營滿餉，每大建月共支湘平銀二萬八千九百二十二兩，小建月共支二萬八千二十四兩六錢。若有馬隊，尚應減支，其統費、親項，無從懸擬。業經該局咨查，冰案尚未見復，兹承惠示，每月約需三萬五千之譜是，月餉之外，計多六千餘兩，未知統費等項，究需若干？敝處現未接准，大咨應候尊處册報，再行飭局，按照向章，核明辦理。至轉運一節，鄙意仍交貴軍委員收解爲宜。現在敵氛日熾，薄海同仇，各該州縣具有天良，自應妥速照料，以資軍食。儻敢稽延貽誤，盡可由臺端咨請該省主政，查明參辦，似不致呼應不靈，抑或由鄧道設法匯兑，尤爲便捷。此間各軍絡繹北上，支應局實難兼顧，尚希諒之。』（同上）

九月十七日，軍機處電寄劉坤一諭旨。奉旨：『劉坤一電奏程文炳已抵濟寧，李光久已由江寧起程，仍著催令趲程北上，毋稍延緩。欽此。』（《淮軍電稿》）

九月十九日，程文炳致李鴻章：『此次所募之隊皆農民，總須緊急操練，方可臨敵。遵赴静海，日夜操練。』（《淮軍電稿》）

九月二十七日，軍機處電寄程文炳諭旨。奉旨：『程文炳電奏已抵德州，著即來京陛見。欽此。』（《淮軍電稿》）

九月三十日，軍機處電寄李鴻章諭旨。奉旨：『程文炳於九月二十七日已到德州，計日將抵天津。著李鴻章趕緊催令趲程來京陛見，毋稍延緩。欽此。』（《淮軍電稿》）

上諭：命前湖北提督程文炳來京陛見。（《清德宗景皇帝實録》（五）卷三百四十九《光緒二十年九月》）

十月，步兵統領榮禄上《用宿將前湖北提督程文炳甘肅新疆提督董福祥凉州總兵閃殿魁募重兵駐京畿以備緩急》折，上皆報可。（《榮禄傳》，中國社會科學院近代史研究所圖書資料室收藏）

十月初一日，李鴻章寄譯署：程文炳三十日過津，即行赴京。鴻。（《李鴻章全集·電稿》）

十月初一日，劉坤一致總署：『嗣聞軍情益緊，北路能多一營，究得一營之力。又經電飭皖撫，現福潤飭令提督宋朝儒統帶省城練軍一千五百人迅速起程，亦遵陸北上。該提督係淮軍宿將，可期得力。惟三營兵單，該提督與前湖北提督程文炳同是淮人，似可合札。請代奏。坤一。先。』（《淮軍電稿》）

十一月十六日，清廷任命前湖北提督程文炳爲福建陸路提督。

十二月十九日，張之洞致天津李鴻章、張家灣程文炳：『煙台探報，倭有圖犯海州以横截清江以北運道之説。雖難遽信，然餉械運道關係重要，不可不防。此道一梗，諸軍束手。此等地方必須北將馬隊，擬請飭丁大文來江速募馬隊三營，防遏淮、徐一帶運道。若渠不嫻馬隊，步隊亦可。特奉商，是可派丁來江，望速示復。此外，有何可用北將，并見示爲感。嘯。』（《淮軍電稿》）

十二月二十日，程文炳復電張之洞：『電敬悉。傳詢丁大文，據云向未帶過馬隊。向來皖北馬隊歸炳總統，現有馬隊上等舊將、記名提督徐恩忠、記名總兵王心忠二員，現在皖帶隊，打仗調度素稱得力。請探聽擇用。炳敬復。』（《淮軍電稿》）

同月，孫中山在檀香山成立興中會。

上諭：准水操學堂委員、户部主事程恩培，投效福建陸路提督程文炳軍營，差遣委用。（《清德宗

景皇帝實録》（五）卷三百五十四《光緒二十年十一月》）

十二月，諭軍機大臣等：賊（倭寇）之據榮城、逼威海，其親似乃在占據海口，窺伺近畿。程文炳、董福祥兩軍，未便輕議移動。該大臣請令前赴山東保護運道，尚亦當務之急，著勿庸議。（同上卷三百五十七《光緒二十年十二月》）

十二月十三日，兩江總督劉坤一致張之洞函稱：『允撥新購槍枝五千，僅敷餘鎮及程提督兩軍之用。將續購比槍，解到務求全數運津，分撥前敵，以利師行。』（《劉坤一遺集·書牘》卷十一）

十二月二十九日巳刻，李鴻章復煙台劉道并寄威海丁提督戴劉統領煙台劉道：『成山倭船四十是否回倭，隨時確探具報。現商峴帥添調南來勁旅，并請調程文炳、董福祥兩軍東來援剿，雖緩不濟急，祇要威防水陸合力堅守，以待援師，汝須時與諸將電商妥辦。鴻。』『現在情形不同，似可暫留牛師韓、馬必勝等營守護近畿，而令程文炳、董福祥即行，由德州、濟南一路前進，以期迎頭堵剿。請代奏并候復電云。鴻。』（《李鴻章全集·電稿》）

同年，程恩培赴日考察。據《事略》記載：時天津、滄州一帶，屢獲日人偵探，公聞而心動，曰：『軍事偵探，彼粗材，烏足任之？且偵不得實，貽誤滋大。』乃密遣子恩培往，命之曰：『不得確耗，勿遽歸。』

光緒二十一年（一八九五）　六十二歲

正月初四日，兩江總督劉坤一上《查明李培榮參款改派統軍折》，中有『臣因遵旨赴關，刻期上道，未敢羈留，當經咨委駐扎張家灣之福建提督程文炳，就近并案確查」一語。程文炳將所查情況，及時上報劉坤一而轉奏朝廷。（《劉坤一遺集·奏疏》卷二十三）

同日，盛宣懷致威海戴宗騫：『戴大人，守營不如守嶺，槍不如炮。日來得勝否？宜懸重賞。峴帥請派程文炳、董福祥，旨未允，改派丁槐、陳鳳樓。能支持待援否？宣。友。』（《淮軍電稿》）

正月，上諭：御史王鵬運奏請飭辦近畿沿海漁團一折。據稱直隸沿海一帶，可以用劃登岸之處甚多，逐節設防，無此兵力，惟有令沿海各州縣舉辦漁團。辦團之法，先將漁户（雇爲保甲），分置棚長、哨長、隊長，每月酌給口糧，旗幟器械，由官給發。州縣操閲，每月兩次。將此塘、大沽迤東北分爲四段，迤西南分爲兩段，以道府知兵者一員充總辦。而於董福祥、程文炳各營内抽六營，會同分段駐扎等語，除董福祥、程文炳兩軍疑難抽調外，其餘所陳各節，著王文韶體察情形，妥爲籌辦。（《清德宗景皇帝實録》（五）卷之三百六十《光緒二十一年正月》）

正月二十三日，張之洞致電總署：『長江提督彭請派已革提督沈茂勝爲分統，又記名提督鄧正峰現在粤，記名總兵丁大文現在程提督文炳行營。洞擬調該三員來江帶勇，與粤都李及程提督均商妥。相應請旨將沈茂勝、鄧正峰、丁大文三員，均調赴江南交洞差委，實於防務有裨。』（《張之洞全集》卷七十七《電奏五》）

正月二十四日，總署來電：奉旨：『張之洞兩電均悉。沈茂勝、鄧正峰二員，著准其調赴江南差委。丁大文一員，現在程文炳營中，此時畿輔防務緊要，正在需人之際，著毋庸調往。』（同上）

二月，又諭：董福祥、程文炳兩軍駐扎京東，保衛近畿，未便移動。如有應商之事，著先與籌議，即飭回防。（《清德宗景皇帝實録》（五）卷之三百六十一《光緒二十一年二月》）

二月初八日，兩江總督劉坤一在潼關與福建提督程文炳、新疆提督董福祥、前廣東陸路提督曹志忠及聶士成等四大軍公會商戰守之策。（《劉坤一遺集·奏疏》卷二十三）

同月初，清政府派李鴻章赴日本簽訂《馬關條約》。

三月十七日，監察御史鍾德祥上《提督程文炳等勇謀兼備可以制敵折》。

三月二十三日，李鴻章在日本下關簽署《馬關條約》。

三月二十四日，劉坤一復函程從周：『連日停戰，期内前敵各軍，静守以待，均無戰事。澎湖不守之後，倭奴并力攻臺，旋因該處時疫大行，敵艦悉數遁回，不知所往。唐薇卿、劉淵亭諸軍，備禦亦甚周密，方謂全臺可以保全，不意迭得津電，謂合肥在馬關將訂和局，彼酋肆意要求，索地索償，悉如所欲，臺灣全省、遼東等處一并割與，且賠兵費至三百萬萬之多。中國既有割地之羞，亦安得如許金錢爲和戎之用？目下關内外屯兵十萬餘人，又安見其不能一戰而遽出此？昨以兵尚可用，和可暫緩，電請軍務處代奏，頃聞廿三和約業已畫押，則時事更無可言已！』（《劉坤一遺集·書牘》卷十一）

三月三十日，山東巡撫李秉衡奏議和條約尚須斟酌折：『自海上告警以來，召將征兵，已遍天下，籌餉購械，糜帑數逾千萬。近以布置稍定，兵機可期漸利。即謂海軍復没，彼水師不能制，而曩者法越之役，全以陸師克復關、凉，法夷震懾乞款，是陸師得力，而彼水師亦不得逞也。關内外宿將自宋慶、依克唐阿、唐仁廉而外，如聶士成、程文炳、董福祥、熊鐵生、余承恩各員均素稱敢戰，以劉坤一老成碩望爲之主持而指揮之，戰爭必大有轉機。』（臺灣文獻叢刊第二一〇種《清光緒朝中日交涉史料》（二））

兵部主事方家澍等呈文，主張對日作戰：『今之言戰者，大有人矣。問其何以一戰？則曰餉宜足，兵宜精，將帥宜用命也。……伏乞統籌全局，伸明大義，先以定策遷都詔示中外，召還全權大臣，不聽倭人要挾；命沿海各統兵大臣人自爲戰，不爲遥制。倭人聞之，知恫喝之謀進無所施，必當減損條款以就和局。若竟兵船北來，則決計西行，以恭親王督關内外各軍節節堵禦，以董福祥、程文炳兩軍扈蹕就道。倭人用兵向極慎重，望遼陽而不進，得威海而不前，必不敢勞師襲遠，深入腹地，是遷都之策實出萬全。』（臺灣文獻叢刊第二一〇種《清光緒朝中日交涉史料》（三））

四月，康有爲公車上書。

四月八日，程文炳上《請重訂和議折》。折中首先陳述了條約的苛刻，接着提出戰有可轉折之機會，并指出了條約的危害：『此約一成，不但京師無以立足，遼瀋不能庇根』，而且各國效尤，國將四分五裂。懇請朝廷不要批准該條約。折中分析了當前敵我態勢，提出了『持久以弊彼』的思想，還建議繼續與日軍作戰，并表示『粉身碎骨，一死以報國家』。最後提醒朝廷：仿中俄改約之便，『另遣使臣重訂和議，如其不從，惟有一戰，一意堅持，始終不衰，國事庶終有轉圜之日』。議弗納。（《列傳稿》、《中日甲午戰争全史·人物篇·程文炳》，吉林人民出版社二〇〇五年版）

四月十四日，張之洞致電總理各國事務衙門：『聞和議各條，不勝焦灼痛憤！倭寇狂悖至此，種種利害，顯然可見，中外諸臣均已懇切陳奏，無待瀆陳。』他分析了『溯自咸豐、同治以來，中國與外國凡三次用兵：一曰咸豐十年庚申之役，一曰光緒六年庚辰之役，一曰光緒十年甲申之役』。三役之結局，除均有少量賠款外，『未聞割尺寸土地也』。而此次除『賠巨款二十千萬』『猶以爲不足，竟舉腹心根本膏腴要害一二千餘里之地，開門而延寇，拱手以與人』。『伏思割地一事，尤爲萬不可行』。縱使倭人進兵，不外水陸兩途。由遼瀋進兵，則尚有依克唐阿、長順、裕禄、周仁廉在；由錦州進兵，則尚有宋慶、魏光燾在；由榆關進兵，則尚有劉坤一及余承恩、熊鐵生諸將在；由津沽南北進兵，則尚有王文韶、聶士成、曹克忠等在。即使内犯京畿，亦尚有程文炳、董福祥在，而諸臣等亦莫不在。然而倭人亦有不足慮者，一曰倭人不能持久，一曰倭人不能疾驅，一曰倭人不能深入。夫以中國之地大物博，餉足兵多，尚以曠日持久爲憂，蕞爾之倭，更何能堪！如擅深入，而自津至通，一綫長途，兩旁皆水，沿途一帶皆有重兵，程文炳、董福祥可以禦敵於前，聶士成、曹克忠可以合圍於左右，劉坤一率領諸將可以追躡於後，彼非深入送死而何！（清光緒朝《東華續録》卷一百二十六）

同日，陝西巡撫鹿傳霖奏《和款狂悖太甚萬不可從折》，感歎和約一簽，我『兵財兩亡，何以自存』？『即庚申之變，遍地皆賊，泰西三大國逼處京師，國勢岌岌，百倍今日，然當日議和，不過止通商而止。今以天下全力制一逆倭，何至貶辱如此之甚！若皇上因而激勵將士，申明賞罰，統兵文武諸臣必有能忠義奮發，力挫凶鋒以伸天討者。若宋慶、依克唐阿、聶士成諸軍屢次拒敵獲勝，著有明效；此外如董福祥、程文炳、劉永福、曹克忠諸將咸懷忠義，誓翦國讎徑，陷陣摧鋒，可以預決。……臣僻在西陲，傳聞已遲，中情憤激，不避斧鉞，謹冒死馳陳，伏乞皇太后、皇上聖鑒。謹奏。』（臺灣文獻叢刊第二一〇種《清光緒朝中日交涉史料（三）》）

七月，康有爲在北京創辦《中外新聞》（初名《萬國公報》）。

又諭：黄少春著俟程文炳到任後，再赴長江提督新任。（《清德宗景皇帝實録》（五）卷三百七十二《光緒二十一年七月》）

八月，督辦軍務大臣奏：福建陸路提督程文炳所帶防軍，現移扎南苑，以勤訓練。（同上卷三百七十四《光緒二十一年八月》）

八月辛巳，命程文炳統軍駐潼關。（《清史稿》卷二十四《德宗本紀二》）

八月，劉坤一復函程從周：『頃三少君來津，出示惠書，誦悉一一。所需快炮、快槍及無煙藥彈等件，當即查照來指，商請夔帥，如數撥發，以利師行。狪氛飄忽靡常，追剿包抄馬隊，必不可少；但須兵力稍厚，方足以供指揮，而輔步勇之不逮。吕鎮以五營爲少，續經督辦處改調陳鎮鳳樓一軍，昨已欽奉電旨，飭令該鎮隨同麾下前往。唯查陳軍五營，本有漕標兩營在内，已於上月先撤回防。所餘三營，原留兩哨在清江、山東一帶護送北洋餉項，現在所部，實衹兩營三哨，合計六百五十四，尚不如吕軍之多；而陳鎮又因病請假，不能遠征，必須由執事另派接統，庶免貽誤。業經據實電復，未議督辦處如何調遣。儻仍用陳軍，務請臺端迅速派員前來，方可克期開行。連接董星五軍門電，所部已過洮河，屢獲勝仗，軍事似已得手。再得大軍進發協剿，則西疆底定，當在指顧之間。少君器局俊爽，氣度安和，雛鳳清聲，益

徵德蔭。可勝豫賀！』（《劉坤一遺集·書牘》卷十一）

九月，孫中山廣州起義失敗。

九月二十二日己未，諭軍機大臣等：程文炳著統率所部，迅速馳往甘肅，會同董福祥剿辦回匪，著即行來京請訓。并許專折奏事。行抵衛輝而回平。（《清德宗景皇帝實録》（五）卷三百七十六《光緒二十一年九月》、《事略》）

十月初八日乙亥，諭軍機大臣等：電寄劉坤一，現令程文炳帶兵赴甘，於本月十五日啓行。惟兵力尚單，著劉坤一飭令陳鳳樓統帶所部馬隊五營，隨同程文炳前往。（《清德宗景皇帝實録》（五）卷三百七十七《光緒二十一年十月》）

又諭：福建陸路提督程文炳此次統軍赴甘，遇有緊要事件著准其專折具奏。（同上）

諭軍機大臣等：程文炳援甘之師，候行抵衛輝時，著暫行駐扎，聽候諭旨。該提督當嚴加部勒，毋得騷擾地方。（同上卷三百七十八《光緒二十一年十月》）

又諭：電寄劉樹堂：程文炳已令暫緩赴甘，在衛輝駐扎，聽候諭旨。（同上）

十月二十五日，兩江總督劉坤一電飭程文炳，委員史道，將該馬隊交還陳鳳樓，仍歸該鎮統帶。（《劉坤一遺集·電奏》卷一）

十一月，劉坤一復函程從周：『甘肅軍事，近日甚爲得手。兵力既厚，不難刻日蕩平，自可無煩大軍前往。全隊既扎衛輝，將來或别有調度，或就地遣散，督辦處必有權衡，執事盡可在京商辦。至於悠悠之口，何代無之？雖古名臣有時不免。吾輩受恩深重，當以竭誠圖報爲先，但求心地之坦平，即不計浮言之毀譽。所謂「禦寒莫如重裘，止謗莫如自修」者，竊願與執事共勉之也。時難孔亟，宿將寥寥。求其材略冠時、文武兼備如麾下者，誠不數覯。即使時局大定，裁撤勇營，而八閩提封，朝廷方隆。倚畀乞退一節，目下尚未易言。』（《劉坤一遺集·書牘》卷十一）

十一月，又諭：有人奏，福建提督程文炳所部各營，駐扎張家灣時，縱兵擾害。及將赴甘肅，步卒迫於饑寒，搶奪務本錢鋪，因而潰散者甚多等語。上諭：著孫家鼐等，就近確切查明，據實具奏。原片著抄給閱看，將此諭令知之。尋奏：程文炳被參各節，查無其事。報聞。（《清德宗景皇帝實録》（五）卷三百八十《光緒二十一年十一月》）

十二月，又諭：電寄劉樹堂、程文炳一軍，前令在衛輝駐扎候旨。現在甘省兵力已厚，該軍毋庸前往，所統各營，應即酌量裁撤，妥爲遣散。著劉樹堂轉電程文炳知之。（同上卷三百八十二《光緒二十一年十二月》）

清政府禁北京强學會。

王文韶任直隸總督。

張之洞再次奏請建蘆漢鐵路。

光緒二十二年（一八九六）　六十三歲

正月，諭軍機大臣等：電寄劉樹堂，電悉。程文炳一軍，著全行裁撤，毋庸半撤半留。所短餉項，已飭部照數撥給，此外不得請款。該軍既給恩餉，即著妥送回籍，不可就地遣散，致滋事端。此旨著劉樹堂轉電程文炳知之。（《清德宗景皇帝實録》（六）卷三百八十三《光緒二十二四年正月上》）

又諭：北洋軍火需用甚殷，所有程文炳交存汴省槍械，仍著王文韶派員照數領回支應局，以資分撥。（同上）

二月初四日，兩江總督劉坤一上《被議徐州鎮總兵仍請接署原缺折》，以程文炳統帶徐州鎮總兵陳鳳樓馬隊西征一事，爲陳鳳樓開脱，請朝廷免責仍接署原缺。（《劉坤一遺集·奏疏》卷二十五）

二月，諭軍機大臣等：電寄劉樹堂，據奏請將程文炳交存軍械全數截留等語。此項軍械，前已有旨令王韶文全數領回北洋。著遵前旨辦理，毋庸留豫。（《清德宗景皇帝實録》（六）卷三百八十六《光緒二十二年二月下》）

福建陸路提督本任。駐軍張家灣。

三月，李鴻章出使歐洲，與沙俄訂《中俄密約》，與比利時王國商談借款築蘆漢鐵路。

六月二十五日，劉坤一復函程從周：『查淞滬蘇鐵路，先經香帥奏歸官辦，提存巨款二百五十萬金，并委洋員錫樂巴勘丈繪圖，刻期開局。唯自江浦以至保定左右，言之津津，并以大義責之，鄙人不敢不勉副盛意。第計里太遠，爲費不貲，一經舉行，便難中止。而區區於工程，非所素習，不能妄贊一詞，應請尊處先與李運同切實考求，自江浦至保定，經過何省、府、州、縣？共若干里？擬於何處渡黄？沿途山川若干？橋梁若干？約共需費幾何？以及如何集股？欽遵諭旨：不許洋人干與。華商有無此種財力？誰總誰分？務須確有把握，明定章程，而後呈請具奏敝署。唯俟察酌，能有成規，即依諄囑，爲之入告。此外無能爲役，高明諒之。承示大稿，甚妥。未審福少帥以爲然否？』（《劉坤一遺集·書牘》卷十二）

七月，汪康軍在滬創辦《時務報》，請梁啓超爲主筆。

八月二十四日，馳抵福建泉州府城，即上疏奏爲《奴才到閩接印任事日期恭謝天恩折》。折中陳述了自光緒二十年十一月十六日接受任命以來，時值駐防畿輔，旋奉命援甘，事竣遣撤，請假回籍省墓，因患病醫治，病愈銷假視事等因。朱批：知道了。（故宫文獻特刊《宫中檔光緒朝奏折》第十二輯，臺灣國立故宫博物院一九七四年版，以下簡稱《宫中檔光緒朝奏折》）

八月，中俄簽訂合辦東省鐵路合同章程。

九月二十八日，會同閩浙總督邊寶泉合詞奏爲《遴員請補省會陸路都司折》。朱批：兵部議奏。（《光緒朝朱批奏折·軍務·人事》第四五輯第四七三條）

十二月十八日，會同閩浙總督邊寶泉合詞奏爲《遴員請補省會陸路副將折》。朱批：兵部議奏。（同上第五九七條）

同日，同上合詞奏爲《遴員請補陸路守備折》。朱批：兵部議奏。（同上第五九八條）

美中合辦門頭溝煤礦，此爲外資入侵中國礦業之始。

同年，清政府開始向日本派遣留學生。

光緒二十三年（一八九七） 六十四歲

正月二十日，會同閩浙總督邊寶泉合詞奏爲《遴員陞補沿海陸路副將員缺折》。朱批：兵部議奏。（《光緒朝朱批奏折·軍務·人事》第四五輯第六七三條）

二月二十一日，同上合詞奏爲《遴員請補陸路守備折》。朱批：兵部議奏。（同上第七一〇條）

同日，附片奏請病假。朱批：程文炳著賞假一個月。（同上）

三月，江標、唐才常在湖南創辦《湘學新報》，後改名爲《强學報》。

四月十四日，會同閩浙總督邊寶泉奏爲《閩省裁減額兵名數及籌支餉項情形折》。朱批：户部知道。（《光緒朝朱批奏折·軍務·營制》第三四輯第三六四條）

四月十五日，同上合詞奏爲《遴員請補省會陸路副將折》。朱批：兵部議奏。（《光緒朝朱批奏折·軍務·人事》第四五輯第七七二條）

五月十九日，同上合詞奏爲《遴員請補陸路游擊折》。朱批：兵部議奏。（同上第八〇八條）

同日，因舊病復發，附片奏請病假。朱批：程文炳著再賞假一個月。（同上第八〇九條）

八月二十六日，同上合詞奏爲《遴補陸路守備員缺折》。朱批：兵部議奏。（同上第九三二條）

同日，附片銷假視事。（同上第九三四條）

九月，長沙成立時務學堂，梁啓超受聘爲講席。

十月二十六日，同上合詞奏爲《遴員請補沿海陸路參將員缺折》。朱批：兵部議奏。（同上第九九同年，程文炳集資約二百萬兩白銀，雇工三百多人，開辦兩淮織布廠，爲阜陽最早的工廠。（《阜陽地區志》第十章《大事記·清》，方志出版社一九九九年版）

光緒二十四年（一八九八）六十五歲

二月初四日，會同閩浙總督邊寶泉合詞奏爲《遴員請補陸路守備折》。朱批：兵部議奏。（《光緒朝朱批奏折·軍務·人事》第四六輯第〇九六條）

同日，同上合詞奏爲《遴員請補陸路守備折》。朱批：兵部議奏。（同上第〇九七條）

三月二十四日，會同閩浙總督邊寶泉奏爲《遴員請補陸路游擊折》。朱批：兵部議奏。（同上第一五二條）

三月二十八日，閩浙總督邊寶泉代爲奏請病假折，并懇請朝廷開缺回籍調養。朱批：程文炳著賞假一個月，毋庸開缺。（同上第一九〇條）

四月二十三日至八月六日，戊戌變法。八月十三日，譚嗣同等六君子殉難。

十二月初一，劉坤一復函程從周：『本年皖北等屬，被水較重，秋成歉薄。當經飭委，分投查勘，酌量賑撫。雖庫儲奇絀，籌款維艱，而民瘼所關，不得不竭力設法。隨與筱赤中丞，往返函商，奏明酌提漕折正項銀十萬兩，匀撥各處，以資散放。阜、潁、霍、渦四屬，較之鳳陽、五河一帶，災情稍輕，亦於奏提款内撥給銀二萬五千兩。有此巨款，似可暫濟目前，與來指一律施賑之意相符，念此哀鴻，誰非赤子？而限於款力，博濟爲難。當局權度重輕，不得不統籌辦理，惟是災區既廣，爲日方長，撫恤或恐未周，又苦無從挹注。安得好善紳士，量力捐助，以輔官力之不逮耶！』（《劉坤一遺集·書牘》卷十三）

在閩之日，致力於治理當地民風民俗，告誡官兵不准絲毫擾民，數月而治。官兵都守以下時有饋贈，提督辦公費名曰『汛費』，文炳『却之，一無所授』，并通知下屬『著爲厲禁』。故文炳在閩，兵民服其威惠。去之日，送者塞途。（《事略》）

同年，程恩培赴日考察結束歸來。『蓋是時，恩培適自東歸，所偵皆實情也』。（《事略》）

光緒二十五年（一八九九） 六十六歲

二月，毓賢任山東巡撫。

四月初二日，會同閩浙總督邊寶泉奏爲《酌裁閩省緑營官兵騰餉練軍情形折》。朱批：著照所請，兵部知道。（《光緒朝朱批奏折·軍務·營制》第三四輯第四六五條）

六月二十三日，因舊病復發久治不愈，閩浙總督邊寶泉代爲請假，并再次懇請開缺回籍調理。八月初二日奏到朱批：程文炳著再賞假一個月，毋庸開缺。（同上《軍務·人事》第四六輯第二八六條）

八月初八日，三年任期已滿，上奏懇請陛見。朱批：著來見。（《宫中檔光緒朝奏折》）

九月初二日，假期已滿，銷假視事。（《光緒朝朱批奏折·軍務·營制》第三七三條）

同日，附片薦舉部發武進士林國端請補福建汀州鎮標左營守備。朱批：兵部議奏。（同上第八六八條）

九月十三日，會同閩浙總督兼署福州將軍許應騤附片保舉漳州鎮標城守營都司林廷祚爲福建順昌營都司。朱批：兵部議奏。（同上第八八三條）

同日，同上附片保舉漳州城守營守備崑山爲福建平和營守備。朱批：兵部議奏。（同上第八八四條）

十月初二日，遵旨晉京陛見。

同日，附片保舉閩浙盡先補用陸路守備高飛鴻爲福寧鎮標中營守備。朱批：兵部議奏。（同上第九一四條）

十一月，福建陸路提督程文炳奏請仿西洋常備、後備諸法改練新軍，於錢糧中飽鹽斤加價二端籌餉。得旨：户部查覈辦理。（《清德宗景皇帝實録》（六）卷四百五十四《光緒二十五年十一月上》）

十一月，袁世凱署理山東巡撫，殺義和團領袖朱紅燈、本明和尚。

任滿入覲。賜乾隆御製《耕織圖》、墨一盒、十笏、鼻煙壺、小荷包、伽南手串等。因與時論相左，忌者欲中傷，榮禄勸之出京避禍，乃乞假三月，回潁州，修祖塋。（《事略》）

期滿當代，朝京師，上言救國大計，務遠交歐美，牽制日俄，薦食疆土之禍，而根本則在自强。自强之道，莫如開礦通商，裕餉以練兵。太后嘉納，使與王大臣議，不合。拜疏請歸田。（《列傳稿》）

《袁昶奏稿》云：他於一八九九年曾『詢提督程文炳，該提督乙未年（一八九五）駐軍近畿，有山東義和拳，又自稱金鐘罩、紅燈照名目四五十人投效』。（《義和團》（四）第一五九頁）

是年，在中國的外國企業已達九百三十三個。

清與英、德簽訂《津鎮鐵路借款合同》。

光緒二十六年（一九〇〇） 六十七歲

歸里，會疾作，復續假兩月。

四月二十一日，李鴻章復陳户部籌款各條折：又准户部咨：大理寺少卿盛宣懷、福建提督程文炳，奏請鹽斤加價，應令斟酌情形妥協辦理，當經轉行遵辦。（《李鴻章全集·奏疏》）

五月，義和團於山東起義。

七月，上諭：現在軍情緊迫，著劉坤一籌撥數營，交提督程文炳帶領北上。如無營可撥，著程文炳召募四五營，所需餉項，即著劉坤一籌給。將此由六百里加緊諭令劉坤一、程文炳知之。（《清德宗景皇帝實録》（七）卷四百六十六《光緒二十六年七月上》）

七月二十一日，程提督致電李鴻章：『奉電示：病愈。現無營可撥，餉亦難籌，奈何？請訓示。』

七月二十二日，李鴻章復程提督：『電悉，洋兵已近通州，往援無益，衹可略候進止。』（《李鴻章全集·電稿》）

又諭：福建陸路提督程文炳力疾行抵江寧，俟痊北上。得旨：著即飭催趕緊料理，兼程北上，毋稍刻延。（《清德宗景皇帝實録》（七）卷四百六十七《光緒二十六年七月下》）

八月，又諭：程文炳著即統領吴隆海等各軍，馳赴潼關外秦豫連界地方，酌度情形，扼要駐扎。

(《清德宗景皇帝實録》(七)卷四百六十八《光緒二十六年八月上》)

丙申，諭軍機大臣等：榮禄奏，馳抵保定日期，并請飭查恩祥等下落及程文炳一軍，應否開赴行在各折片，事機萬難，是在意中。……程文炳總統各軍，前已有旨飭赴潼關外秦豫連界地方扼要駐扎。(同上卷四百六十九《光緒二十六年八月下》)

閏八月，又奏：請飭回籍修墓之福建陸路提督程文炳速回本任。得旨：程文炳已有旨諭令統領吴隆海等各軍，馳赴潼關外扼要扎駐矣。(同上卷四百七十《光緒二十六年閏八月上》)

甲寅，節制三江閩浙五省援軍福建陸路提督程文炳奏：遵旨督隊西上，馳赴潼關。報聞。(同上)

又諭：著程文炳詳查關外地方情形，將已到及續到各軍，分扎靈寶、陝州及河洛一帶，嚴密防守，但期聯絡一氣，毋庸麇困聚一處，庶幾軍民兩便。原片著抄給閲看。將此由六百里諭令知之。(《清德宗景皇帝實録》(七)卷四百七十一《光緒二十六年閏八月下》)

袁世凱致李鴻章(盛宣懷轉)：慰微電，頃接晉探馬會奏件六，人皆知某相廿八銷假，條陳幸奏，仍主戰，飭董添兵，調鄭增同赴前敵，馬玉崑、程文炳守潼關，已飭多備車輛。宣轉。(《淮軍電稿》)

夏，義和團擾京師，焚使館，十一國聯軍攻天津，勢甚急。上諭募兵北上。文炳慷慨誓師，數日成軍，行抵河南。

八國聯軍攻占北京，慈禧、光緒帝西逃。命李鴻章任全權大使議和。

八月，詔福建、江南、浙江、安徽、江西勤王軍受程文炳節度，赴彰、衛、懷備守禦。(《事略》)

同月，致函榮禄，稟告奉召一路北上之情形，舉薦武陟縣令孫多祺爲全軍營務處。俟抵馳彰郡後，『再將防守情形隨時呈報』。

上諭：前因吴隆海所統安徽一軍，沿途騷擾，諭令端方前往查辦。兹據查明奏稱：該軍騷擾特甚，營官李恩孝，滋生事端，尤有確據，記名提督吴隆海治軍漫無紀律，不勝統率之任。即著程文炳將吴隆海先行撤去統領，聽候查辦。仍迅速商明王之春，派員接統，以資得力。其所部兵丁，如有老弱充數情弊，即著認真沙汰，毋稍遷就。將此令由六百里諭令知之。（《清德宗景皇帝實録》（七）卷四百七十二《光緒二十六年九月上》）

戊子，諭軍機大臣等：近聞有漢奸溷入各營，充當勇丁夫役，探聽消息。此事關係甚大，亟應嚴密稽察，著程文炳等，不動聲色，留心查看，如各營中有形跡可疑之人，立即嚴拿研究，儻有證據，即行就地正法。（同上卷四百七十三《光緒二十六年九月下》）

又諭：程文炳節制各軍，責任綦重，務當約束弁兵，嚴申紀律，如各該營查有滋擾地方等情，即著嚴行查辦，毋稍回護。（同上）

十月，程文炳查明楚軍統領吴隆海及部屬亂軍事實并即行撤换。得旨：仍著嚴申紀律，督飭各營，認真訓練，以資戰守。（同上卷四百七十四《光緒二十六年十月》）

同月，會同閩浙總督許應騤合片奏報查辦吴隆海一事，稱吴隆海湘軍夙將，百戰餘生，乃失察弁勇滋事，負恩實深，仰荷鴻慈，僅予革職。其安徽武衛楚軍，以該軍幫統候選道劉篤烈接統。朱批：知道

了。（《光緒朝朱批奏折·軍務·人事》第四七輯第三九三條）

十月，節制三江閩浙五省援軍福建陸路提督程文炳奏：翰林院編修顧瑗講求時務，曉暢戎機，擬請暫留辦理軍務。得旨：所請著不准行。（《清德宗景皇帝實録》（七）卷四百七十六《光緒二十六年十月上》）

又諭：現在和約大綱雖已畫押，而洋兵未撤，防範仍不可稍疏。河南地方關係緊要，程文炳所練各營，係屬各省援軍湊集，究竟能否得力，著於蔭霖確切查明。如果尚屬可用，即會商程文炳認真整頓操防。（同上）

十月十四日，錫良、宋慶、馬玉崑致軍機處：劉光才入晉，鑾、趙宫虚，恐洋兵乘隙南下，可否飭程文炳進扎趙州，以資堵禦，伏乞聖裁。（《淮軍電稿》）

光緒二十七年（一九〇一） 六十八歲

正月，河南巡撫於蔭霖奏：遵查駐豫援軍，業與提臣程文炳會商整頓。豫省防營，亦經分布防守，加意訓練。（《清德宗景皇帝實録（七）》卷四百七十九《光緒二十七年正月下》）

三月，上諭：電寄程文炳，現在宋慶、馬玉崑各軍，已先後調赴河北。即著該提督等，會商河南巡撫，擇要分布填扎。程文炳所統五省十七營，著即全數帶回。分飭各原省，由各該督撫酌量裁留，以節餉項。（同上卷四百八十一《光緒二十七年三月》）

四月初六日，盛宣懷轉西安來電：程文炳所統各省援軍，計已陸續遣散，河北一帶即著宋慶統率

所部各營前往填扎。(《李鴻章全集·電稿》)

四月，上諭：調福建陸路提督程文炳爲長江水師提督。長江水師提督黄少春爲福建陸路提督。(《清德宗景皇帝實録》(七)卷四百八十二《光緒二十七年四月》)

辛丑，諭軍機大臣等：程文炳所統各省援軍，計已陸續遣散。河北一帶，即著宋慶統率所部各營，前往填扎。(同上)

五月庚辰，福建陸路提督程文炳奏：所統五省援軍，一律撤竣。報聞。(同上卷四百八十三《光緒二十七年五月》)

七月，新任長江水師提督程從周軍門，於七月初十日行抵太平府(今安徽當塗縣)。闔屬文武各官，咸至江干迎迓。(《申報》一九〇一年九月二十三日)

目睹長江水師船械窳敝，乃牒商劉坤一、張之洞改用快槍；調師船二百，編爲游擊備策應。又以師船舊炮不能擊遠，與緣江各省籌易快炮，增餉益師，軍威始壯。(《清史稿·程文炳傳》)

八國聯軍撤離北京，清政府與十一國公使簽訂《辛丑條約》。

八月，李鴻章去世。袁世凱爲直隸總督兼北洋大臣賞太子少保銜。

總理各國事務衙門改名爲外務部。

九月十五日，程文炳遣弁員王澤邦持書看望賦閑在江蘇常熟老家的兩代帝師翁同龢。翁同龢復函答之，并且贈來人扇對。(《翁同龢日記》光緒二十七年)

九月二十七日，會同兩江總督劉坤一合詞奏爲《長江水師蕪湖營右哨都司各缺遴員請補折》。朱批：兵部議奏，單并發。（《光緒朝朱批奏折·軍務·人事》第四七輯第八四一條）

是年，程恩培以觀兵官浙江營務處候補道員身份，率團赴日考察軍事演習，并參觀學校和工廠，歷時兩月。回國著《東瀛觀兵紀事》，刊行於世。

三子程垚章隨中國第三批留學生赴日本陸軍士官學校留學，爲期四年。

光緒二十八年（一九〇二） 六十九歲

正月，梁啓超在日本創辦《新民叢報》。

三月，致函榮禄，回顧自前年七月，統五省援軍行抵潼關，面奉懿旨，駐軍彰、衛，以扼中路，以及長江水師提督任上，承乏提封，兢兢夙夜，嚴加整頓，營伍可以改觀諸事。

同月，再次致函榮禄，分析英、日聯盟與俄國垂涎遼東之關係，預言『將來遼東恐爲一大戰場，毋論孰爲勝負，其患仍種於中國。是非練兵自强，無以立國』。坦言：『文炳受恩深重，未報涓埃，管窺之見，聊同獻曝，未知有當萬一否耶？』（《榮禄存札》，齊魯書社一九九六年版）

長江水師提督本任。整頓長江航道秩序，獲匪首唐連黨、曾少卿等五人，正法。通匪都司劉自連畏罪自盡。（《事略》）

《申報》一九〇二年三月二十七日報道：去冬長江水師提督程從周軍門，在安徽太平府節轅度歲，途時秉節來省，於二月初九日戾止，假湖軍公所暫駐詹帷。次日趨詣督轅，拜會兩江總督兼南洋通商大臣劉峴莊宮太保。宮太保時方示疾，扶病延見，頃談良久，然後興辭。次日即命駕赴上游，查閱各營伍。

十一月十六日，程文炳致函翁同龢，并寄送袍褂料兩副、燕菜兩匣、棗兩匣、安息香四包。翁作書復之。（《翁同龢日記》光緒二十八年）

十一月，京師大學堂開學。

光緒二十九年（一九〇三） 七十歲

正月初九日，子程恩培自蘇州扁舟來常熟拜訪翁同龢。翁同龢在日記中對恩培有詳細記載，并於次日設家宴款待。（《翁同龢日記》光緒二十九年）

繼續整頓長江航運秩序，并加大搜捕力度，共獲大小匪首七十餘人。會匪絶跡，爲中興後數十年未有之事。（《事略》）

四月初一日，會同兩江總督魏光濤奏爲《長江水師江陰營守備各缺遴員請補折》。朱批：兵部議奏，單并發。（《宫中檔光緒朝奏折》第十七册）

四月十八日，翁同龢『得程從周并其子少周書，專人來，即各復訖，并致劉清之一函，托其轉交』。（《翁同龢日記》光緒二十九年）

五月十九日，翁同龢爲程文炳、程恩培父子集漢張遷碑名句兩聯：『克纘家聲，决勝千里；賡籌民利，不閉四門。』上切乃翁程從周，下切現督銷浙鹽。（《翁同龢日記》光緒二十九年）

五月二十八日，程恩培從蘇州來訪翁同龢，以嵌竹隸條四扇、日本白米四筒爲饋，直談至酉初乃去。

（《翁同龢日記》光緒二十九年）

六月十五日，程恩培致函翁同龢，云調武備學堂提調。（《翁同龢日記》光緒二十九年）

六月二十日，會同兩江總督魏光濤奏爲《本届長江水師舉辦軍政薦舉卓異人員遵章改題爲奏折》。朱批：兵部知道，單并發。（《宫中檔光緒朝奏折》第十七册）

十月十四日，會同兩江總督魏光濤奏爲《長江水師總兵因病出缺遵章保舉堪勝總兵人員擬定正陪請旨迅賜簡放以重職守折》。朱批：著擬正之楊福田補授。（《宫中檔光緒朝奏折》第十七册）

十月二十三日，同上合詞奏爲《長江水師提中等營都司各缺遴員陞補折》。朱批：兵部議奏，單并發。（同上）

十二月十九日，同上合詞奏請新任長江水師湖口鎮總兵楊福田暫緩入覲。朱批：著照所請。（同上）

十二月，兩江總督魏光濤密呈考語：長江水師提督程文炳，年七十歲，安徽阜陽縣人。該提督素嫻韜略，治軍嚴明，周歷長江上下游，調度有方，緩急可任。（《光緒朝朱批奏折·軍務·人事》第四九輯第一三九條）

同年，與程允和、程文葆督修《潁東程氏支譜》。

光緒三十年（一九〇四）　七十一歲

正月，黄興策劃長沙成立『華興會』。

二月，《申報》發表緝私被禍消息。蕪湖訪事人云：安徽太平府屬金柱關一帶河道，上通徽寧，向爲私販出没之地。上憲前派余祖喜、李清池二哨弁，在彼巡緝。某日，緝獲水師前哨三隊船上，藏有私鹽三十餘包，就近解送緝私總局，權之重一千四百七十二斤。越數日，余督勇巡至某處，突來惡少若干人，短裝快靴，頭裹黑布，狀似營伍中人，不問情由，便肆毆擊，餘以衆寡不敵，大受傷痍。除據實禀知局中總辦高通刺外，復赴當塗報案。縣主世大令，委典史某少尉驗得余及勇丁某姓頭上均有刀傷，飭即嚴緝凶手到案究懲。既而通刺以後患難防，禀水師提督程從周軍門，從嚴查辦。（《申報》一九〇四年二月八日）

三月十三日，會同兩江總督魏光燾奏爲《長江水師提標中營副將各缺遴員陞補折》。朱批：兵部議奏，單并發。（《宫中檔光緒朝奏折》第十七册）

四月十九日，同上合詞奏爲《長江水師湖口等營游擊各缺遴選陞補折》。朱批：兵部議奏，單并發。（同上）

同日，同上合詞奏爲《長江水師各營光緒二十六年分官兵俸餉等項銀兩報銷遵照新章改題爲奏折》。朱批：該部知道，單并發。（同上）

同日，同上合詞奏請將長江水師准補大通營前哨守備李文科舉動輕浮，貪鄙不職，亟應撤參，以肅戎政，即行革職，以儆效尤。朱批：著照所請，兵部知道。（同上）

五月二十四日，同上合詞奏請恩准長江水師吴城營右哨都司陳勝德歸宗復史氏本姓，以續祠祀。

朱批：兵部知道。（同上）

八月初十日，同上合詞奏爲《長江水師各營光緒二十七年分官兵俸餉等項銀兩報銷遵照新章改題爲奏折》。（同上）

九月，黄興策劃長沙起義失敗。

十月，蔡元培在上海成立『光復會』。

十一月二十七日，會同兩江總督劉坤一奏爲《長江水師金陵營參將各缺遴員請補折》。朱批：兵部議奏，單并發。（《光緒朝朱批奏折·軍務·人事》第四九輯第五〇三條）

端方任江蘇巡撫。

周馥任兩江總督。

程垚章留日歸來。

光緒三十一年（一九〇五）　七十二歲

三月初四日，奏爲《長江水師金陵營前哨守備各缺遴員請補折》。朱批：兵部議奏，單并發。（《光緒朝朱批奏折·軍務·人事》第四九輯第六九八條）

三月十五日，兩江總督周馥密呈考語：長江水師提督程文炳，年七十二歲，安徽阜陽縣人，光緒二十七年七月到任。威略著聞，將士用命；近年長江梟會各匪，聾服斂跡。（同上第七二五條）

日俄戰争爆發。敗船潰卒，闖入吴淞。江督魏光燾奏請沿江各炮臺歸程軍門節制。文炳疏請以崇

明爲第一門户，江陰爲第二門户，與海軍相輔，以固藩籬。（《事略》）

蕪湖消息：長江水師提督程從周軍門，現定於四月初旬，由太郡啓節，溯流而上，察看沿江各水師操防。（《申報》一九〇五年五月十二日）

四月上旬，由太平郡（今安徽省當塗縣）啓節，溯流而上，察看沿江各水師操防。（《申報》一九〇五年五月十二日）

五月二十二日，赴上海看望劉鶚。『程軍門來，着馬車來接，往晤談後，海天春吃飯，飯後謝客。晚至新鼎陞，同程軍門九華樓晚飯，便道至張家小坐。次日，約繼美來，同往新鼎陞，陪程姻伯也，即往高昌廟散步。』（劉鶚《抱殘守缺齋日記》光緒三十一年）

五月二十七日，會同兩江總督周馥奏爲《長江水師吴城營左哨都司各缺遴員請補折》。朱批：兵部議奏，單并發。（《光緒朝朱批奏折·軍務·人事》第四九輯第八〇四條）

赴下游江陰、吴淞等處，校閲水師各營防務操演。隨乘吉和輪船西上，徑回太平節轅。（《申報》一九〇五年六月十日）

五月丙子，諭軍機大臣等：電寄周馥，電悉。程文炳暫緩巡閲。（《清德宗景皇帝實録》（八）卷五百四十五《光緒三十一年五月》）

七月，清政府贖回粤漢鐵路修築權，由湘、鄂、粤三省籌款公築。

八月，附片具奏長江水師蕪湖營左哨都司劉德馨等歷俸均滿一年，請敕部各换給都司實授札付，以

昭信守。朱批：兵部知道。（《光緒朝朱批奏折·軍務·人事》第四九輯第八九七條）

八月，孫中山在日本成立『同盟會』。

端方等五大臣出國考察。

十月初六日，會同兩江總督周馥奏爲《長江水師游擊各缺遴員請補折》。朱批：兵部議奏，單并發。（《光緒朝朱批奏折·軍務·人事》第五〇輯第〇三〇條）

是年，與劉鶚合伙購買了江浦縣九濮洲元亨兩個地塊的全部六股土地和永生洲的一小部分——一股二毫五，合計約三八九〇畝，人各一半。

十二月辛亥，諭軍機大臣等：有人奏長江水師提督程文炳因鐵路築造有期，私集洋股，攬買洲地，請飭徹底清查等語。著周馥按照所奏各節，確具查奏，毋稍徇隱。原折抄給閱看，將此諭令知之。尋奏：程文炳并無私集洋股，攬買洲地情事。報聞。（《清德宗景皇帝實録》（八）卷五百五十二《光緒三十一年十二月上》）

十二月，兩江總督周馥密呈考語：長江水師提督程文炳，年七十二歲，安徽阜陽縣人。光緒二十七年七月到任。營規整肅，軍民皆服；精力强健，振作有爲。（《光緒朝朱批奏折·軍務·人事》第五〇輯第一八一條）

同年，四子程恩普（稚周）東渡日本，入同文書院，結識孫中山，參加同盟會。

改清穎書院爲清穎學堂，於貢院創辦達成學堂。辛亥革命爆發，二學堂停辦。（《阜陽縣志·大事

記·清》，黄山書社一九九四年版）

光緒三十二年（一九〇六） 七十三歲

正月，奏請長江水師大通營右哨都司楊毓魁，年邁力衰，以原品休致。朱批：著照所請，兵部知道。（《光緒朝朱批奏折·軍務·人事》第五〇輯第二〇四條）

三月十五日，會同兩江總督周馥奏爲《長江水師都司守備各缺遴員請補折》。朱批：兵部議奏，單并發。（同上第二九一條）

五月十二日，兩江總督周馥奏爲《查明長江水師提督（程文炳）被參各節據實復陳折》。結論是：所有查明提督程文炳并無私集洋股，攬買洲地事實。朱批：知道了。（同上第四〇五條）

五月十五日，會同兩江總督周馥奏爲《長江水師都司守備各缺遴員請補折》。朱批：兵部議奏，單并發。（同上第四〇六條）

周馥調任閩浙總督，旋調兩廣總督。

端方任兩江總督。

清政府設學部。

長江水師嚴防匪黨。蕪湖消息：長江水師提督程從周軍門，去冬因聞有匪黨到處煽惑，親往上游一帶巡閲。旋於歲底回轅。兹又遴派干員分布長江上下，嚴密偵探，并分飭標下各營員，一體嚴防，以昭慎重。（《申報》一九〇六年二月二十日）

十月二日，在上海《申報》發表消息：擬在太平府（安徽省當塗縣）城外，設立水師學堂。關於籌款一事，本報十月十日消息稱：茲江南鹽巡道，以淮南局發商存本銀五萬兩，八釐生息，每年約有息銀四千餘兩，所有提、瓜、湖三標，每年公銀二千四百兩。通、海二營，每年恤賞銀三百二十兩。又長江提臺，每年出巡費津貼銀一千兩，均在此項息款内開支，若將存本提回，則此後即無款應放等情，詳經江督咨復程軍門，軍門復請設法另籌，每年指撥五千金，并聲明如江南財力不充，可否咨商皖、贛兩省協力代籌，以成此舉云。（《申報》一九〇六年十月十日）

同月，長江水師請發新式槍炮。南京消息：長江水師擬換新式槍炮一事，已志前報。茲程軍門又咨江督略謂：三標十四營更換後膛槍炮，業經貴部堂允定，計更換炮位七十尊，七米里快槍三千二百二十八杆，即請飭局照發。所有炮車，配帶子盒以及各零件，并請飭局配齊，每年需用炮費暨子彈等項，應請查照定章，盡數發給，至炮架已由數處派弁，前赴鎮江占造，一俟工竣，所有銀數，即飭金陵營參將，就近請領云。（《申報》一九〇六年十月十一日）

十一月，創設水師學堂。鎮江消息：長江水師提督程軍門現擬在太平府城外，設立水師學堂一區，額定學生一百二十名，并通飭沿江各鎮，於提標營内挑送粗通文義之弁兵，入堂肄業，以備將來派充水師教員之選。日昨瓜洲鎮總兵高蓋臣鎮軍，奉扎之下，已遵照辦理矣。（《申報》一九〇六年十一月十四日）

同月，籌款設立長江水師學堂。南京消息：長江水師提督程軍門，飭提淮南局發商存息之本銀五萬兩，悉數繳還。由營生息，備充設立長江水師學堂之用，已兩志前報。茲淮南局以邇來銀根太松，盡數追繳，恐礙市面，先行提撥三萬兩，呈由運庫轉解。其餘二萬，乃由各商按季繳息，以供支用。現軍門已准，如所請扎飭各營，妥議生息辦法矣。（《申報》一九〇六年十一月二十二日）

十二月，創設水師學堂。鎮江消息：長江水師提督程從周軍門，前會同周玉帥奏請於太平府城外，設立水師學堂一區，定額一百二十名，已三志前報。現由軍門通飭所屬五省二十二營，各將官挑送粗通文義之弁兵，入堂肄業，以備造就水師教員之選。日昨孟河園由江陰水師各營游擊，奉扎之下，均即挑選營兵申送提轅，聽候考驗。（《申報》一九〇六年十二月二十五日）

同月，南京消息：長江水師籌款設立學堂一節，已四志報端。茲悉端午帥以現在正擬整頓，長江水師設立學堂，應從緩議。昨已諭令江南鹽道，將淮南局繳來之款，如數發回，仍舊發商，照常生息。刻下朱菊尊觀察，已遵照發還。據報收到，遵照辦理矣。（《申報》一九〇六年十二月二十九日）

十二月，兩江總督端方密呈考語：長江水師提督程文炳，年七十三歲，安徽阜陽縣人，於光緒二十七年七月到任。淮軍宿將，威望素孚。本年萍醴匪亂，長江一帶，伏莽甚多，巡緝籌防，地方資其鎮攝。（《光緒朝朱批奏折·軍務·人事》第五〇輯第六二七條）

與族叔其濬再次重修《潁東程氏支譜》。其序云：『癸卯（光緒二十九年，即公元一九〇三年）春，族侄文炳手出上達兄所輯支譜，屬再搜訪，期無遺漏。其濬於是與同族侄文煥、族侄曾孫傳銘奔走鄉里，越兩寒暑，始克告成。舉凡墳墓、生卒、官階、旌賞、傳志，皆詳細焉。其有不可考者，概付闕如，以昭慎重。』

潁州府清潁書院改爲清潁中學堂，旋更名爲潁州府立中學堂。（《阜陽地區志》第六章《教育與科技》，方志出版社一九九九年版）

同盟會會員程恩普、張江韜自日本返阜，爲避清廷忌，遵照孫中山指示，在阜陽成立安仁會，誓詞與同盟會相同。（《阜陽縣志·大事記·清》）

光緒三十三年（一九〇七） 七十四歲

二月，派員巡查長江江防。上海《申報》一九〇七年二月二十日蕪湖消息：長江水師程從周軍門，去冬因聞有匪黨到處煽惑，親往上游一帶巡閱，旋於歲底回轅。兹又遴派干員分布長江上下，嚴密偵探，并分飭標下各營員，一體嚴防，以昭慎重。

同月，被參劾。上海《申報》一九〇七年三月十二日江寧消息：長江水師提督程文炳軍門，近被某言官參劾。謂其任用私人，不次超擢，甚有不習駕駛、不諳操法之人，亦擢至都守等官。出巡營伍，尤以供應之豐，設定人材之優劣，是非顛倒，黑白混淆。若不迅簡大員，認真淘汰，則疲弛情形，必不堪設想云云。現聞已交江、鄂兩督查復矣。

程文炳曾三度被劾，均有驚無險。『兩宫終始以彭玉麟舉薦故，甚眷畀文炳，有摭細故彈文炳者，輒詔勿劾。』（《列傳稿》）

三月，太平府貧民搶米。蕪湖消息：安徽太平府河下，本月初三日，有緑綢船一艘經過，載米二百餘石。被匪徒煽動貧民數百人，上船搶劫，兩岸觀者，聚集三千餘人，勢甚洶涌。長江提督程從周軍門聞警，即派中協張有亮協戎，督率親兵數十人，馳往河邊，竭力彈壓。并由柴巷開放舢板至該處，將米船帶至河北。新任當塗縣段建章大令，亦到場開導，始各解散。現段大令已出示諭禁，并將爲首煽惑之衆，飭令緝拿懲辦矣。（《申報》一九〇七年三月二十日）

安慶消息：前紀太平府貧民搶米，兹得確實訪函云：太平府當塗縣馬驛街德昌米行，本月初三日，有貧民數人來行買米，行夥答以本行向不零賣，貧民等問之辯詰。適有靖江米販王慶森在該行辦米九十餘石，運往河下。貧民見之，大起鼓噪。行夥亦素性暴躁，當即扭獲一人，擬送官辦，貧民大憤，一時聚集多人，蜂擁上船，搶去米二十餘石。行夥隨即赴各署報案。提督程從周軍門，聞警趕派中協張有亮協戎，右哨楊巨峰都戎，調集杉板，前往彈壓，貧民始一哄而散。次日，當塗縣段慎徽大令，協戎恐衆怒難犯，即赴府、縣衙門，妥議解散之策。嗣經店董鳳尊三等將枷號之貧民，保請釋放，風潮始息。（《申報》一九〇七年三月二十八日）

五月，光復會員徐錫麟刺死安徽巡撫恩銘，安慶騷動。徐錫麟被殺。

六月，秋瑾在紹興聯合會黨准備響應，事後，被清政府殺害於紹興軒亭口下。

六月初八日，諭軍機大臣等：近來沿江一帶，匪徒充斥，引誘勾結，藉端生事，摇惑人心，亟應嚴密查緝。水師提督本有巡查長江之責，著端方會商沿江督撫及該水師提督，妥議巡緝章程，詳細具奏。并著程文炳即行常川梭巡沿江各處，認真查緝，勿得拘守分閡上下游常例，總期有匪必獲，不准稍涉疏懈，

以專責成而弭隱患。(《清德宗景皇帝實録》(八)同上卷五百七十五《光緒三十三年六月》)

六月十七日,張之洞致電江寧端制臺、太平長江程提臺:『昨奉真電。正籌核間,復接十五日電示奏稿。長江地方緊要,巡緝不容疏懈。……至程軍門巡查重任,鄙人深願竭力幫助。至需用輪船巡緝,敝處亦可酌撥一號,供其調遣。惟艦隊須編練始能成立,鄂省淺水兵輪購到不久,兵弁、機手尚待學習。又因餉需過巨,此時有船無人,無從編隊。且匪蹤隱密飄忽,要在偵查兵輪梭巡,耗費鮮效,亦與敝意未合。……湖口爲兩江所轄,似未便責之湖北,容再妥籌,另電詳達,敬請兩公大教。』(《張之洞全集》卷二百六十八《電牘九十九》)

六月二十二日,張之洞致電江寧端制臺、太平長江程提臺、蘇州陳撫臺、南昌瑞撫臺、安慶馮撫臺、長沙岑撫臺:『管見五條,請諸公賜教:一曰密訪匪蹤。……二曰派輪應用。查密緝匪黨,與攻擊大敵不同,艦隊似無大用。惟乘坐赴機、裝載兵勇、拖帶兵船,則必需中號輪船。江南既派兵輪一艘供程軍門用,湖北亦派兵輪一艘供程軍門用。如實不敷,臨時騰挪租雇應用。……三曰師船換炮。長江水師長龍舢板,前於四年前,業經洞在兩江署任時,全行發給後膛槍,今擬將各船炮位一律換用後膛炮,由江、鄂兩省各按本轄船隻,設法湊足應用。四曰五省協助。程軍門巡查全江,無論至何省境内,如有需用師船、運船、步隊一切器械經費,皆由該省籌備應付,極力協助,斷不諉延。惟各省責成,應以轄境爲限。湖北下游管至武穴爲止,上游至岳州爲止。五曰酌籌綫費。程軍門所部皆係水師,若無眼綫,則匪黨無從覺察,應酌籌養綫探訪經費,每月約銀一千兩,或酌加。即由江南、湖北兩省分籌,各認其半,數目請午帥酌定。以上五條，請午帥、程軍門等酌核示復。如有可採，即請午帥叙入奏稿。至長江本標及五鎮之兵，應由程軍門會同各該省督撫，切實隨事整頓。』

六月三十日，端制臺端方來電并致長沙岑撫臺、南昌瑞撫臺、安慶馮撫臺、蘇州陳撫臺、太平程提臺、清江浦蔭提臺：『六月初八日奉電旨：「沿江一帶，匪徒充斥，亟應嚴密查緝，著會商妥議，詳細具奏，并著程文炳常川梭巡，勿得拘守分閱上下游常例。等因。欽此。」……欽奉前因，公同往返電商量，悉心籌酌，略分三項辦法。一曰嚴密探訪。……一曰整頓水師。長江水師爲文炳專責，應將本標及各鎮師船切實整理，仍遵旨不時梭巡上下游，督飭查緝。惟舊有船隻，形式笨重，阻風滯水，未能迅赴事機。由江、鄂各撥兵輪一艘，權交文炳應用。如有不敷，臨時再行酌撥。所部皆係水師，若無眼綫，無從覺察，應酌籌探訪經費，每月銀一千兩，由江、鄂分認籌撥，擬請作正開銷。師船槍炮最關重要，四年前，之洞在兩江署任内，已全行發給後膛槍。惟炮位一仍舊式，今擬換給後膛快炮，每營以五尊爲率，由江、鄂各按本轄船隻凑撥應用。此外，無論在何省境内，如有需用運船、步隊一切器械經費，均由該省酌撥應付。一曰預備精兵。』（同上）

七月壬辰，江南水師提督程文炳奏：巡閱長江各營，適聞安徽戕殺巡撫事，赴皖協同防捕。又奏：長江匪徒充斥，遵飭員弁加意梭巡。均報聞。（《清德宗景皇帝實録》（八）卷五百七十六《光緒三十三年七月》）

七月十九日，接張之洞來電：『急。文電悉。承示臺旗欲來鄂相送，感甚。惟病體未愈，加以部署行計，忙通萬分，即旌節既臨，亦恐難圖暢叙。用特專肅電馳謝，千萬不必遠勞。如有要事，請由函電互商可也。巧。』（《張之洞全集》卷二百六十九《電牘一百》）

七月，稟辦長江水師哨弁假公舞弊案。安慶消息：安徽長江水師炮船哨弁嚴國興，假沿江上下緝匪之名，每代客商夾帶米鹽，并包攬行店雜貨。事爲牙釐總局訪悉，於日前稟奉省臺，咨請程文炳軍門嚴行懲辦。（《申報》一九〇七年七月二十六日）

八月，咨請派兵預防匪亂。安慶消息：長江水師程軍門，聞有幫會黨三項匪徒，潛伏九華山中，思乘該處七月三十日勝會之時，勾結作亂。因特咨請皖撫酌派營隊，分扎青陽、蕪湖兩縣與該山毗連各要地，并另派防營弁兵，駐守廟塔禪寺，以資彈壓，而備不虞。（《申報》一九〇七年八月二十四日）

八月，與兩江總督端方合奏籌議長江巡緝章程：長江水師自江蘇江陰起，至湖南岳州止，共有二十二營，前督臣曾國藩原訂章程，極爲周妥。臣文炳忝領水師，責無旁貸，且欽奉諭旨，諄誡諄諄，自當督同查明向章，實力整飭。現將江南劃分六段，派令各鎮將按段巡防，以杜推諉；并派奏調江南差委湖北候補道孫廷林爲長江水師督查營務處籌辦一切事宜。在於提標及瓜、湖兩鎮標酌撥師船三十艘，交給應用。水師舊有炮船，形式不免笨重，兹經江、鄂兩省撥給兵輪，由臣文炳不時赴上、下游督率巡查，一面多購綫勇，廣爲查探匪蹤，密拏務獲解報。所有整頓水師詳細章程，係臣文炳籌議，與臣端方等酌核，意見相同，擬即分咨鄂、湘、皖、贛等省，一律照辦。

附：長江艦隊巡緝章程

第一章　艦隊編制

一、南洋兵艦，向於巡緝一道，未有專責，現撥給南琛兵艦一艘，辰、宿、列、張魚雷艇四號，暫編爲一隊，以備巡緝之用。

二、艦隊司令官一員，統轄各艦，指揮艦内人員。

三、艦長四員。

四、每艦應派探訪員若干員，在陸地偵探。

第二章　艦隊區域

一、蘇省江面，自吴淞起，歷江陰、鎮江、金陵至安徽省界止，劃分四段，以辰、宿、列、張四雷艇，分任查緝其間要口，如徐浦、通州、張黄港、八圩港、天星橋、三江營、七濠口、瓜州口、大勝關、草鞋峽等處，均宜按日輪往梭巡，仍以南琛兵艦往來督率，以除匪患而靖地方。如上游蕪湖、安慶、九江等處，設有匪警，亦即駛往應援。

第三章　艦隊責任

一、蘇省界内，以及上游之蕪湖、安慶、九江等處，如有匪警，該艦隊立即開往撲捕。

二、遇有往來船隻，搭載□□，查明確有憑據，立即拏獲，并將船隻暫行扣留。如問明實不知情，及并無通匪情節，方可將該船釋放。

三、遇有船隻私運軍火，立即扣留，聽候核辦。

四、如已偵察或經人報告，某船有私運軍火，及裝載□□等情，隨時跟蹤追緝，毋任逃逸。儻相距甚遠，恐鞭長莫及，即電知鄰艦幫緝。

第四章　艦隊權限

一、商輪往來，有必須查緝者，應禀請總督，札飭各關道、艦隊司令官，會同關道查辦。

二、訪得匪黨蹤跡，及其軍火寄頓之處在陸路者，由司令官通知各該營縣及警察局查辦。

三、各該營縣及警察局，如訪得□□蹤跡，及私運軍火在大江一帶，即由各該營縣警察局，通知艦隊查緝。

第五章　艦隊機關

一、各艦每月之餉銀、煤糧。列字雷艇由吴淞南北洋海軍司令部支領；辰、宿、張三號均由南琛巡緝時便道代領，或專員赴滬具領。

二、艦隊通信機關，南琛開行時則在南琛主艦。此外沿江駐地及寄信處所，吴淞在巡防營内，江陰、鎮江在憲兵支部。

三、各該艦巡緝區域，停泊港口，不能駛入港内，隨時通知該處營縣，派令員弁，會同查緝，認真清港，俾使匪黨無所容留。

四、沿江各緊要口岸，均派有探訪人員隨時察訪。設有私運軍火消息，以及匪黨蹤跡，即刻報由就近各艦堵截，如已經闖入，則跟蹤查緝，務獲解究。

五、各該艦巡緝區内，應分設密探若干員，以輔助各口岸探該項人員之不足。

第六章　艦隊賞罰

一、該艦隊如拿獲著名匪黨，以及大宗軍火，保全治安者，分别褒奬。

二、平時巡緝得力，長江一帶異常安静，按年核計一次，分别記功給奬。

三、如有匪黨在沿江一帶出没無常，及私運軍火上陸，該艦隊漫不經心，有虧職守，分别輕重懲辦。

九月，整頓長江水師之布置。南京消息：江督端午帥，札行江南鹽巡道暨金陵機器局，略云：『照得遵旨會奏。籌備長江巡緝章程，聲明整頓水師各節。欽奉電旨允准，已行欽遵在案。兹准程提督函開：各標换炮之船，應添炮目水師，向章每船十四人，前以裁去二人，本不敷用。此項炮船，現須各添炮目一名、炮兵兩名，方能得力。炮目月餉約須七八兩，每標各船合爲一氣，專備征調。全船口糧，似當稍加。船中一應什物，不無多用，則雜費亦當稍添。計岳、徐兩標各二十號，提、湖、瓜各標，則有二十五號者，船數較多，需款較巨，能否一并照辦，尚祈裁酌。至炮架改造，爲目前所急，請早日竣工。其彈藥及種種炮費，擬請從寬發放，以資操練等因。查水師係經制，水兵薪餉費用，歷係按照奏咨成案，開支造報。今實力籌辦，巡緝各款，自當酌加。惟究需酌加若干，鹽巡道衙門經理水師餉項，有無餘款可撥？如不敷用，應如何設法籌備，均應由鹽巡道察情形，悉心核議詳情，奏咨立案。至水師各船既造炮架，照案應由水師兩船廠造辦報銷。今擬由商廠定造，似難照行，應否先由機器局造成式樣，發交船廠照造？抑即由機器局如數代造，再由船廠還款？應由鹽巡道會同滬、寧兩機器局妥議詳辦，事關整頓水師，務當詳籌具詳，以憑核明，奏咨辦理，毋稍延緩。』（《申報》一九〇七年九月二日）

同月，長江巡緝隊組織已成。漢口消息：長江提督程文炳軍門，目前由皖來漢，與鄂督面商長江一帶匪黨甚多，擬設探勇二百名，優給工食，作爲巡緝隊。常年軍食，約需一萬二千金。業已議定，由江、鄂兩省攤派。其探勇隸即干長，提督以便專事緝捕云。（《申報》一九〇七年九月七日）

九月二十九日，安徽、江蘇、浙江掀起收回築路權群衆愛國運動。十月三日，安徽鐵路公司召開股東大會，改舉程文炳爲總理。十月六日，安徽鐵路公司召開大會，反對向英國借款建鐵路，并力争自辦浦信鐵路。（《安徽省志·大事記·光緒三十三年（一九〇七）》）

《申報》一九〇七年十月二十六日消息：長江提督程軍門，以金陵省會係屬通商要口，值此江防多故，亟應厚集師船，常以梭巡，藉資策應。爰於瓜州鎮標、三江孟河營，各抽調舢板二號，瓜州、江陰各抽舢板一號，刻器駐寧擇要駐扎。即就近金陵營丁參將，統帶督率操練巡防，以資鈐束。并就近在寧换後膛快槍。現瓜州鎮、高鎮軍已准咨分飭各營，照撥舢板六號，開赴金陵駐防矣。

十二月，酌定巡緝辦法。南京消息：長江提臺程從周軍門，通飭各營略云：長江巡緝辦法，本軍門擬定分别單雙月，咨請各鎮親歷所屬各營，挨訊查察。并與岳洲、漢陽、湖口、瓜洲各鎮，暨本軍門會哨一次，面商要公，輪流周轉，間月一巡。并飭營將各員，按月輪巡放響之期，親自點驗，如有匪徒瀾跡、長江私運軍火，即迅密查拿。并查究窩囤之處，無論軍民人等，有能破獲私運軍火重案或知情報信，因而查獲者，訊明實屬，立予超拔，以示鼓勵。若知情放縱，私通匪黨，一經查覺，立正典刑。至各營辦公，本省經費、水師各弁兵，每月俸餉無多，迭經嚴飭各營，不准攤扣在案。值此江防緊要，尤應體恤。嗣後各營，不論提鎮出巡差使，概不准供給，以杜攤派。如違，定予參究云云。（《申報》一九〇七年十二月三日）

諭軍機大臣等：馮煦奏遵議長江防務等語。著端方、趙爾巽、陳啓泰、馮煦、岑春蓂、沈瑜慶、程文炳、夏辛酉會同妥商辦理。原片著分别抄給閲看。（《清德宗景皇帝實録》（八）卷五百八十五《光緒三十三年十二月下》）

同月，清政府與英、德銀行正式簽訂《天津浦口路借款合同》。

袁世凱入軍機處。

程恩培投資白銀二十八萬兩從上海購置榨油機器，在阜陽袁砦集東南隅開辦『裕興油廠』，由族人程華總管油廠一切事務。廠内聘技師一人，招工二百餘人。榨油機從投料到出油、出餅，計二十四小時，可加工黄豆五萬多斤，每塊豆餅五十斤。院内置油缸四個，直徑二丈五。磚井兩眼，直徑兩丈，取水不敷，後又配置一部抽水機。煙囱高二十丈，鳴笛聲響，周圍三十里内可聞。油廠收購原料，採用『彩票』獎勵辦法，每四百斤黄豆内設一張彩票。獎品有毛巾、雨傘、瓷盆、服裝等。原料（黄豆）主要由周口、沈邱收購，水運而來。裕興油廠對外發行紙幣，發行額無可考。民衆説是『片紙生鬼』。宣統二年（一九一一）油廠倒閉。社會輿論嘩然，有人説：『飛紙票了八百萬，傾家蕩産也不沾。』（《阜陽縣志·

工業·榨油工業》，黄山書社一九九四年版）

清末，阜陽城内有南北兩大當典（俗稱當鋪）：南當典由程文炳開辦，鋪名『裕豐』，設於阜城大隅首之程家公館（今阜陽軍分區），資金共有白銀三十萬兩，雇有員工四十餘人。北當典是山西巨商開辦的『世隆』，在阜城北關路東，資金有白銀二十萬兩，雇員二十餘人。兩當典均在宣統三年（一九一一）停業。

程文炳還在阜陽城設立『裕太』錢莊，與寧立齋的『恒聚』、蘇老秀的『永昌協』、邢元偉的『世興』合稱四大錢莊。另外還有『恒昌』、『協盛』、『協隆』、『協和』、『協裕』、『協聚』、『元隆』、『和太永』、『裕康』、『世太』、『和興』、『匯源永』、『寶豐』、『協生祥』、『裕慶』、『太豐』等十六個小錢莊。大小錢莊有雇員一百九十餘人，資金白銀二十四點四萬兩。宣統三年（一九一一），除『世太』、『和興』兩家錢莊外，餘均停業。

（《阜陽縣志》第十六章《金融》）

十二月二十三日，以創辦公司暨判辦實業，予程恩培、劉世珩、許鼎霖正二品封典。（《清史編年》卷十二光緒朝下）

是年，安徽阜陽裕興榨油廠名列當年國人投資廠礦五十八强之第十七位。（同上）

光緒三十四年（一九〇八）　七十五歲

正月，清廷將劉鶚革職，永不敘用。

劉鶚在南京組織『三洲地皮公司』。

二月廿三日至江寧（南京），劉鶚盛情款待。至廿九日乘船返太平（今安徽省當塗縣）。

二月，飭解製造炮彈經費。安慶消息：江督前日咨行皖撫略謂：皖省認籌製造長江水師炮架軍火經費二千餘金。現金陵機器局將此項炮彈開工製造，待款孔急，飭速籌撥，以應急需云云。馮中丞准咨後，即札飭財政局籌議具復，以便江解。（《申報》一九〇八年二月十五日）

三月，長江提督校閱各營次第。蘇州消息：長江提督程從周軍門，通行各營略云：本軍門現定三月初旬，由太平啓碇，浙江上駛，晉駐岳州。先閱岳標（岳州、沅江、陸溪、荊州四營），次閱漢標（漢陽、簰州、田鎮、巴河等營）。順道下駛，按閱湖標（湖口、華陽、吴城、饒州、安慶諸營），接閱本標（大通、裕溪、蕪湖、中營、金陵各營），再閱瓜標（瓜州、孟河、江陰、三江等營）。按營校閱水陸兩操官兵打靶。水操：必須槳舵靈捷，進退有方，并將大炮上子試靶；陸操：講求隊伍整齊，槍技純熟，總期精益求精，臨事把握有方。至野戰行軍諸操，暫行停止。并沿途查緝各汛境，有無匪類潛蹤。驗看各營炮船軍裝是否光明堅固，以定優劣，而示勸懲。計開：沅江營調與岳州營合操，荊州營調與陸溪營合操，華陽營調與湖口營合操，饒州營調與關城營合操，安慶營單操，大通營單操，蕪湖營調與裕溪營合操，提中營單操，金陵營單操，孟河營調與瓜州營合操，三江營調與江陰營合操。（《申報》一九〇八年四月十六日）

六月，劉鶚在南京被捕，程文炳派人探視并從中斡旋，未果，旋流放新疆。

九月，密查弁兵吸煙。蕪湖消息：長江提督程從周軍門查禁各員弁軍士食吸洋煙，尚屬嚴厲。日前又親乘民船至蕪湖、裕溪、大通等營，秘密查察，以絶根株。（《申報》一九〇八年九月二十一日）

十月，光緒皇帝載湉、慈禧太后先後陞遐。（《事略》）

毛慶蕃任甘肅布政使，護理陝甘總督印。

十二月，上諭：電寄端方等，朱家寶兩電均奏均悉。安徽營兵叛亂，虜傷營官，撲攻省城，實屬異常凶悖，亟宜迅速撲滅。著朱家寶重懸賞格，激勵將士，奮力剿捕，務期全行殲除，就獲匪犯。所供黨夥，或另有外應，均須立即認真追究緝獲，不准含糊了事。并電知各處嚴密防範。太湖所遣援兵，即日可到，諒不難克期肅清也。至沿江伏莽素多，人心浮動，并著端方、陳夔龍、岑春蓂、馮汝騤、朱家寶、王士珍、程文炳會商妥籌，切實嚴防，相機設法，安定人心，勿得稍涉疏虞。儻各省再有乘隙煽亂情事，以致牽動大局，恐該督撫等難當此事咎也。（《清德宗景皇帝實録》（八）卷五百八十五《光緒三十三年十二月下》）

十二月，劃分四鎮巡閱。安徽消息：長江提督程從周軍門，劃分四鎮巡閱冬操。本月初，由太湖起程，沿江上駛，晉駐岳州，先閱岳標（岳州、沅江、蘆溪、荆州四營），次閱漢標（漢陽、簰州、田鎮、巴河四營）。順道下駛，接閱湖標（湖口、華陽、吴城、饒州、安慶諸營），再閱本標（大通、裕溪、蕪湖、中營、金陵各營），再閱瓜標（瓜州、孟河、江陰、三江等營）。再畢，始行返轅。（《申報》一九〇八年十二月二十五日）

是年，江南新陸軍成鎮與鄂軍會操於太湖。

清溥儀宣統元年（一九〇九）　七十六歲

湖南巡撫岑春蓂奏：長江水師提督程文炳咨商江防辦法，所有兵輪，擬換快炮，分爲五標操練。報聞。（《清德宗景皇帝實録》（九）（附）宣統政紀卷六《宣統元年正月上》）

一月，長江水師增添營務處。安慶消息：長江水師提督程軍門，以江防重要，需人佐理，特加派江蘇候補道孫多祺，爲長江水師營務處，俾專責成，并奏明立案。及分咨楚、贛、蘇、皖各省督撫，一體查照，以期接洽。（《申報》一九〇九年一月二十六日）

二月，兩江總督端方奏：長江水師提督程文炳，因安慶兵變後，沿江一帶，人心動摇，親乘輪赴長江上下游，督飭各該處將弁，認真巡防。得旨：程文炳仍當不時巡緝，以靖地方。（《清德宗景皇帝實録》（九）宣統政紀卷八《宣統元年二月》）

五月，咨請飭局録報匪犯供詞。安徽消息：長江水師程從周軍門，以水師營汛有緝捕專責，并無訊斷之權，向來拿獲幫匪，以及陸路搶劫盜犯，均解交地方官收訊，一俟定罪，即行分别情節輕重，録取供詞，詳報查核，藉定營訊員弁勤惰考成。近來水師拿獲匪犯，雖均照便解究，乃各牧令不及理問，祇移取營汛拿獲匪犯臟物，草率結辦，或任意展延，并不詳報，以致無從明定賞罰，殊屬不成事體。昨特咨皖撫札飭沿江各州縣，嗣後水師獲解匪犯，務於擬定罪名後，隨時録供詳報，以重捕務，而定考成。（《申報》一九〇九年五月六日）

五月十八日，江南長江水師提督程文炳奏報巡輯長江水師布置并校閲營伍情形。五月二十二日，朱批：知道了。（清《軍機處檔折件》）

九月，巡閱下游。鎮江消息：長江水師提督程從周軍門以時事多艱，沿江伏莽繁多，防務不可不嚴，爰於日昨由太平起節，乘建安兵艦駛抵京口，下碇江心。軍門登岸，詣象山東碼頭各處查察一周，并閱沿江各營防務。是日午後，屬輪下駛，逕赴江陰下游各要隘巡閱，以靖匪蹤。（《申報》一九〇九年九月六日）

九月十二日，《申報》報道了程提督此次巡閱下游的詳情：長江水師提督程從周軍門，於日前由太平府起節，赴下游各處，嚴密梭巡。二十三日辰刻，軍門乘建安兵艦駛抵京口，下碇江心。維時城鎮文武各官，趕往六吉園碼頭迎迓，隨坐紅船，詣兵艦。晉謁軍門接見畢，即會舟登岸，至象山沿江各要隘，查察一周。二十四日簡閱瓜州鎮標水師五營合操，兼考察各營防務。午後二時，啓輪赴江陰、吴淞、上海等處巡閱。瀕行，水陸各營兵士，均列隊江干，鳴炮送行。（《申報》一九〇九年九月十二日）

九月十五日，《申報》安慶消息：皖省牙釐局詳復皖撫略謂：皖省財政困難，達於極點。所有奉撥認籌長江水師提督派駐皖省長江上下游師船經費一節，現在透盤籌劃，僅能認籌八隻經費。所有奉飭籌撥十七隻師船經費，委實無款可籌，理合詳情，批示送行。（《申報》一九〇九年一月十五日）

十一月四日，《申報》安慶消息：東西梁山各炮臺，無統馭之員，皖撫近因整飭江防，變通舊有營制，於攔江磯前江口、東西梁山四號各炮臺，舊設正副臺官，其下舊設有教習、管旗、修匠、號目、臺書、炮目、炮兵等。擬將各名目，一律酌量裁減。每臺改派哨官一員，駐臺看守，無分正副。每月給薪水二十兩。哨官以下設哨書一名，號兵一名，正兵十名。弁兵薪餉，均照巡防營餉章，一律支給。擦炮照舊開支。

舊教習、管旗、修炮匠一律裁撤。并將東西梁山隸歸南路巡防統領節制。攔江磯前江口，隸歸中路巡防統領節制。（《申報》一九〇九年十一月四日）

是年，革命黨人熊成基利用安徽新軍發動起義，程文炳趕赴安慶彈壓，義軍潰散。已而大通因商民震驚，謡言四起，警報至省，又立時下駛，當日抵達，人心方定。而湖南事起，又撥快炮師船二十隻防湘。旋折回皖。是役也，公以垂暮之年，攖哀痛之餘，倉卒應變，奔走二十餘日，口不言勞。論者以爲精力過人，出於天授。（《事略》）

同年，阜陽商會成立，程恩普任會長。（《阜陽縣志·大事記·清》）

宣統二年（一九一〇）　七十七歲

正月二十八日，乘南琛兵艦駛抵京口，午後二時，偕同瓜洲鎮總兵陶樹恩鎮軍、鎮江一路炮臺總臺官顧大令詣象山、雩山、焦山、崗山等處查勘炮臺，兼閱各營防務。二十九日，渡江校閱瓜洲鎮標水師各營水旱兩操。閱畢，啓輪下駛，徑赴江陰閱視炮臺及水師各營操。（《申報》一九一〇年二月二日）

長江水師提督程從周軍門於初二日抵江陰，先閱炮臺及水師各營操演事畢，之後隨乘建威兵艦，道出鎮江，暫停片刻即啓輪上駛，遄回太平。駐鎮各營兵士咸在江干列隊歡送。（《申報》一九一〇年二月七日）

三月，江南長江水師提督程文炳奏：本年長江水師各營防地緊要，擬請緩調春操，以資鎮撫。從之。

庚申，海軍處奏：江防重要，長江水師提督程文炳老成干練，擬請准其遇有重要軍務，專折奏陳，以期無滯事機。從之。（《清德宗景皇帝實録》（九）（附）宣統政紀卷三十三《宣統二年三月》）

又諭：電寄長江水師提督程文炳，據電奏，湘省謡言甚囂，各處人心浮動。調撥水師炮船，分赴寧益，并派師船保護洋商等語。長江上下游地方緊要，著即嚴密巡緝，加意防範，毋稍疏虞。（同上）

三月，整飭軍容，水師營員禁着長服。鎮江消息：瓜州鎮總兵陶樹恩鎮軍，現奉長江水師提督程軍門，扎開長江水師，久已改練洋操，都守以下各員有督卒操防之責。自應遵章短服戎裝。論各員陽奉陰違，并特重申禁令，除朝賀慶典，准穿花衣服外，平時無論晉謁官長、接見僚友，均着戎裝短服，身挂佩刀，以期靈捷而壯軍容。（《申報》一九一〇年三月五日）

三月十七日，軍機處寄長江水師提督程文炳電旨，請飭所轄各路師船，相機防剿，以免痞徒竄擾。（《長沙文史資料·庚戌長沙『搶米』風潮資料匯編》）

三月二十五日，出巡長江上游。蕪湖消息：長江提臺程從周軍門，以上年沿江大水爲災，近來糧價日昂，各處貧民搶米事情，日有所聞。誠恐匪人乘機造謡，有害治安。特於二十五日，由太平乘建安兵艦出巡，是日夜十一時抵蕪。次日午後，鼓輪上巡矣。（《申報》一九一〇年四月九日）

四月丙申，諭軍機大臣等：電寄長江提督程文炳，電奏悉。即著隨時梭巡，毋稍疏懈。（《清德宗景皇帝》（九）（附）宣統政紀卷三十五《宣統二年四月下》）

五月，感疾就醫金陵（南京）。稍愈，復巡江至滬（上海）。九月，疾頓增，牽發舊傷。（《事略》）

十月六日，卒於任所，以程允和爲長江水師提督。（《清史稿》卷二十五《宣統二年》）

先是，詔疆閫諸臣條陳時政，文炳洞見新軍症結，具疏未上。俄病篤，命繕入遺折中，分編兵籍、節餉糈、增額缺、造器械、變操法五事。上嘉其老成謀國，下所司行。優詔褒恤，予本籍及立功省分建祠，謚壯勤。（《清史稿·程文炳傳》）

《程文炳事略》曰：公自布衣至專閫，功名勳績，其雜見於公家紀載、私家著述者，比比皆是。公生平好善，賑災、興學諸事，動費鉅萬，不能并書。平居不事家人生産。迨病重，知不起，口授遺折數千言，彌留之際，令人背讀之。既竟，歎曰：『大局如此，奈何！奈何！』其神明不衰如此。

《皖志列傳稿·程文炳》記載：『（文炳）遺表以更定軍伍、節帑餉、造戰器、復古搏力勾卒嬴越之法，倡士勇敢。有詔厚恤，蔭子二官，謚壯勤。』

己亥，上諭：已故長江水師提督程文炳遺折内，條奏陸海軍應行籌辦事宜，老成謀國，瀕危猶不忘軍事，所言亦條理詳明，著該衙門隨時酌核辦理。欽此。

予故長江水師提督程文炳祭葬。戰功事績，宣付國史館立傳。原籍及立功省分，建立專祠，并予謚壯勤，子浙江候補道程恩培以道員即補。孫一品蔭生程傳鑣，以郎中用。（《清德宗景皇帝實録》（九）（附）宣統紀事卷四十三《宣統二年十月》）

宣統享國未久，而直隸、山東、河南、安徽祀程文炳，安徽及蒙古祀潘萬才，渦陽祀牛師韓。（《清史

稿》卷八十七《札六(吉札六)》

上海《申報》一九一〇年十一月二十四日蕪湖消息：已故長江水師提督程從周軍門靈柩，定於冬月初二日，由太平下河，取道清江浦，進淮河，運回阜陽原籍。

終葬於壽州白鶴山，即今淮南市八公山區妙凹林場(原山王鎮妙凹村)。

遵旨保奏武職人員以備任使謹繕單具陳折

光緒十三年閏四月十一日

裕禄

頭品頂戴湖廣總督奴才裕禄跪奏爲遵旨保奏武職人員以備任使謹繕單具陳，恭折仰祈聖鑒事。竊奴才承准軍機大臣字寄光緒十三年四月初八日奉上諭：各省提鎮大員，均有專閫之責，必須才略素優，方足以資整頓。邇來軍務敉平，尤應安不忘危，物色將才，用備任使。著各該省督撫，於軍營著績人員内，無論實缺候補，各就其人之才具，或長於陸路，或熟於水師，出具切實考語，分别保奏。其曾經引見，發往各省差委之提鎮各員，本欲令其練習營伍，以備緩急。并著隨時留心察看，如有才識出衆之員，一并奏保，聽候簡擢等因，欽此。仰見聖主整軍經武，延攬將才，跪讀之下，莫名欽服。奴才自光緒十一年荷蒙天恩，簡任湖廣督篆，受事以來，即於湖南、北兩省水、陸大小將領中，留心考察，迄今已閲兩年之久。所有共事武職各員，如現任湖北提督程文炳，久經戰陣，鈐略素優，馭衆嚴明，持躬廉約。平日才守戰績，久在聖明洞鑒。近則該提督閲歷益深，於邊防戰守、治兵練械、因時制宜各策，莫不刻意講求，嫻習曉暢。遇有緊要機宜，以之統率陸軍，其才略干濟，洵堪備獨當一路之選。其實缺鎮將及候補各員内，就奴才歷經試察，堪膺保薦者，共有五員，皆係久在軍營著績，才具優長，諳練戎事，堪備緩急之用。謹分别出具切實考語，繕列清單，恭呈御覽。伏候聖主採擇。此後遇有才識出衆之員，仍當隨時悉心察看，據實保奏，以期仰副朝廷委任責成之至意。謹恭折具陳，伏乞皇太后、皇上聖鑒訓示。謹奏。

朱批：羅縉紳等，均著交軍機處存記。

湖廣總督裕禄片

光緒十四年二月　　裕禄

再，據湖北提督程文炳咨稱，駐防襄樊馬隊，馬匹年久疲弱，不堪馳騁。歷經各前督臣咨請兵部給票，赴張家口外購買，回營挑换，并奏准免税在案。現在襄防鳳字營馬隊，所用戰馬，歷年已久，内多疲瘦，亟應採購挑换，以利操防。兹派盡先守備王廷珍、盡先千總宛廷瑞，前往張家口外，採辦膘壯戰馬一百六十四匹回營换用。請奏咨給票免税等情前來。奴才復核無異，除分咨兵部、察哈爾都統，并經過各省地方督撫臣查照外，相應請旨飭部給票，暨咨行張家口監督，照數查驗，免税放行。理合附片具陳，伏乞聖鑒訓示。謹奏。

朱批：兵部知道。

體察地方情形折

光緒十四年十一月十七日　　裕禄　奎斌

頭品頂戴湖廣總督臣裕禄、頭品頂戴湖北巡撫臣奎斌跪奏爲遵旨體察地方情形，湖北提督應仍駐扎襄陽，并現駐襄樊防營尚敷巡緝，毋須另行調撥，恭折據實復陳仰祈聖鑒事。竊光緒十四年七月十五日，承准軍機大臣字寄光緒十四年七月初四日奉上諭：有人奏請《將湖北提督仍駐谷城并抽撥省城防軍分扎楚豫交界》一折。據稱湖北提督原駐谷城，自咸豐初年移駐襄陽，谷城爲盗匪出没之區，宜有重臣彈壓，請仍移回駐扎，以資控制。暨襄陽等處爲楚北門户，現存防軍不敷分布，請於省城防軍抽撥數營分扎巡緝各節。著裕禄、奎斌體察情形，妥籌具奏等因。欽此。臣等當即恭録札行藩臬兩司，悉心察議。臣裕禄并於此次出省校閲營伍，往返襄、鄖境内，詳加體察，復與撫臣奎斌、提臣程文炳暨在省司道，公同商酌。伏查湖北提督設於嘉慶八年，當時原因，剿平三省教匪辦理善後事宜。陝、楚接壤之區，老林綿亘，山深箐密，搜捕餘孽，故以提督駐扎谷城，復於陝西漢中，增設寧陝廳鎮控馭險要，互相犄角。嗣後，平定日久，老林山地，大半開辟成田。民間耕鑿，相安情形，并非昔比。迨咸豐初年，粤逆闌入楚境，提督帶兵赴下游防剿。嗣後，捻逆由豫省南犯，提督遂駐襄陽，以固楚北門户，迄今二十餘年，相沿未改。現雖軍務久平，而襄樊距省較遠，地形四達，綰轂、中原、楚豫交界一帶，刀痞游勇仍多，根株未净，馬賊梟匪出没無常，全藉提督扼要駐扎，居中統馭，俾四路均得兼顧呼應。較靈谷城，蕞爾一邑，僻處山隅，治所既不濱臨襄河，兼非往來要道。就一邑而論，已有提標前營在彼駐扎，足資彈壓。即綜計全局，該縣距郡城僅一百餘里，於現在提督駐扎處所無殊，肘腋之間，迤邐而西，則又有均光、鄖陽、竹山各營，星羅棋布，與鄖陽鎮總兵，聲氣亦相聯絡。且提督駐扎襄郡，與道府同城，凡有地方要事，即可隨時面商，立見施行。若偏處谷城，同城文員僅一知縣，階秩相懸，遇事仍須函商道府，往返稽遲，多所不便。臣等悉心體察，在楚中上游門户襄樊，實爲衝要之途。而近日巡緝吃重，尤以襄樊東北楚、豫交界之東陽、新野等處爲最要。因時制宜，湖北提督似未可回駐谷城，應請仍令駐扎襄陽，以裨巡防而便統率。至原奏抽撥省城防軍分扎楚、豫交界一節，查省防勇營自光緒十一年裁減以後，本屬無多。襄、鄖一帶除緑營外，現有鳳字馬隊二營、健捷水師防勇二營、調防練軍步隊二營，扼扎襄陽各處。此外，鄖陽、竹山亦均有調防，馬步練軍擇要分布詳察，現時情形尚可，足敷巡緝，無須另行由省調撥。臣等惟仍當隨時督飭現駐水、陸各營及地方文武員弁，加意巡查，認真緝捕，并力行保甲，以靖閭閻。不敢稍涉松懈，據藩、臬兩司具詳請奏前來，謹合詞恭折具陳。伏乞皇太后、皇上聖鑒訓示。謹奏。

朱批：知道了。

恭報微臣兼署提篆日期叩謝天恩折

光緒十六年六月十六日

張之洞

湖廣總督兼署湖北提督臣張之洞跪奏爲恭報微臣兼署提篆日期叩謝天恩仰祈聖鑒事。竊臣於光緒十六年五月初十日，准兵部咨開，光緒十六年四月十六日奉上諭：程文炳已准來京陛見，湖北提督著張之洞兼署。欽此。當經恭録，咨會湖北提臣程文炳欽遵辦理。兹於六月十三日，准提臣程文炳委員賫送湖北提督印信前來，當即恭設香案，望闕叩頭謝恩，祇領任事。伏念臣久玷連圻，時虞短綆，兹復渥承巽命，俾其兼攝師干，自顧迂庸，尤深兢惕。竊惟政貴因時，故内輯外悠之并重；才防自囿，故左班右職之交資。此國家修明軍實之良謨，即聖主策勵臣工之深意。臣惟有申嚴軍律，體恤兵艱，董率干城，消除伏莽，江漢南紀，激揚洸武之人才，申息北門，鞏固方城之疆圉。不敢以暫時攝篆，稍涉因循，以期仰答高厚鴻慈於萬一。除恭疏題報外，所有微臣感激下忱，理合繕折叩謝天恩。伏祈皇上聖鑒。謹奏。

朱批：知道了。

恭報微臣交卸兼署提篆日期折

光緒十六年十二月初四日　張之洞

湖廣總督兼署湖北提督臣張之洞跪奏爲恭報微臣交卸兼署提篆日期，仰祈聖鑒事。竊臣於本年五月初十日欽奉諭旨，兼署湖北提督篆務。當經具折謝恩報明，接印任事，日期在案，玆准提臣程文炳函稱，現已陛見，請假回籍省墓，假滿自籍起程回任等語。并派委署提標中營守備蔣明榮，赴省賫請印信。復准電稱，該提督已於本年十二月初三日抵襄。臣即於十二月初四日將湖北提督印信、王命旗牌以及文卷等件，添派督標左營游擊竇麟，督同署提標中營守備蔣明榮，即日護送赴襄，交提臣程文炳接受。臣即於是日交卸，所有微臣交卸兼署提篆日期，除恭疏題報外，理合繕折陳明。伏祈皇上聖鑒。謹奏。

朱批：知道了。

附録

湖廣總督張之洞片 光緒十七年五月

張之洞

再，據湖北提督程文炳咨，駐防襄樊鳳字馬隊兩營應用馬匹，遇有疲弱不堪馳騁，均係隨時更換，以利操防。光緒十三、四年，疊經派員赴張家口採買。咨由前督臣裕祿，咨請兵部給票并奏准免税在案。茲查該兩營馬匹已歷四年之久，口老疲弱甚多，亟應採買挑換。現派提標中營千總顧殿元、儘先都司王嵩陵等前往張家口一帶，購買膘壯戰馬二百六十四，回營换用。請奏咨免税前來。臣復核無異，除分咨兵部、察哈爾都統并經過各省地方督撫臣查照外，相應請旨飭部給票，行知張家口監督查驗，免税放行。理合附片具陳。伏祈聖鑒。謹奏。

朱批：兵部知道。

湖廣總督張之洞湖北巡撫譚繼洵片 光緒十七年十二月初七日

張之洞　譚繼洵

再，防營更换管帶員弁及移扎他處，查照光緒十五年新章，應行具奏。襄陽鳳字馬隊兩營，原係現任湖南綏靖鎮總兵吴鳳柱在鄂時部勇，近年係湖北提督臣程文炳兼統。昨准程文炳咨稱，馬隊緝私事務紛繁，未能兼顧，咨請另行委員接統。當經飭委安襄鄖荆道朱其煊兼充鳳字馬隊營營務處，以便就近考察約束，勿庸另設統領。又，鼎字副營因省防空虚調省，即委督標中軍副將蔣澤斌管帶此營，駐防武昌省城，既不歸鼎字營統帶提督周得陞統轄，應即名爲武防營，以昭核實。又查，襄河水師健捷正營總兵陸成祖病故，近遺管帶現委記名提督謝得龍接帶健捷中營管帶。提督丁長春因老病請假回籍，現委記名提督劉鶴齡接帶。查此項水師，近來日形廢弛，查出缺額甚多，弁勇多不在船，捕務疏懈，實由汛地遼遠，不相統轄，無人考察之故。兹即委管帶中營之劉鶴齡兼統襄河水師五營，以資整頓而免虚糜。查向來襄河水師，名爲健捷五營，所分正、中、左、前、後字樣，亦與地勢不合，名目紛歧，令人淆惑。應即改名曰『襄河水師』較爲質實易曉。劉鶴齡駐鍾祥縣，地居襄河之中，即名爲襄河水師中營。謝得龍移駐漢口，距省最近，爲前營。參將張理玉，原駐老河口，距省最遠，爲後營。副將張國棟移駐岳家口，在中營汛地之左，爲左營。參將方杰原駐樊城，在中營汛地之右，爲右營。令其地段分明，名實相副，可以按籍了然，便於責成調派。所有另派馬隊營務處、鼎字副營營官更换，襄河水師營官各緣由，謹會同湖北巡撫臣譚繼洵附片具奏。伏祈聖鑒。謹奏。

朱批：兵部知道。

提督丁憂開缺請旨迅賜簡放以重職守折

光緒十九年六月初九日

張之洞

頭品頂戴湖廣總督臣張之洞跪奏爲提督丁憂開缺請旨迅賜簡放以重職守，恭折仰祈聖鑒事。竊准湖北提督臣程文炳咨稱，本年六月初一日接家信，本生繼母韓氏於本年五月十六日在安徽阜陽縣原籍病故。該提督係由長房承嗣三房，例應丁本生繼母降服憂，相應咨請奏報開缺等情前來。伏查湖北提督駐扎襄陽，爲楚省北門重鎮，統轄全省營務，任重事繁，員缺緊要，應請旨迅賜簡放，以重職守。所有提督印信暨王命旗牌、文卷，已由提臣封交署提標中軍參將方傑敬謹看守，提署日行公事，已由臣札委署提標中軍參將方傑暫行代印，代行其緊要公事。飭其隨時包封，暫送臣署核辦。惟查襄陽界接河南，伏莽素多，現正當查緝匪盜吃緊之際，提督統轄綠營，兼統襄陽練軍，關係甚重。竊恐簡放新任提臣，到任需時，亟應奏請派員，先行接署，以期有益邊防。查湖北鄖陽鎮總兵何長清，上年八月甫經到任，於通省情形尚未熟悉。宜昌鎮總兵傅廷臣現未到任。惟查有湖南綏靖鎮總兵吴鳳柱，樸誠勇敢，戰功卓著，辦事切實，威望素孚。歷經前督臣三次奏委，署理湖北提督，措置裕如，且曾帶馬步各營，駐防襄樊十五年，於襄陽一帶情形極爲熟悉。應否仍派該鎮吴鳳柱署理提篆，抑應另行委員署理之處，恭候聖裁。所有提督丁憂開缺，請旨迅賜簡放各緣由，理合恭折，由驛馳奏。伏祈皇上聖鑒訓示。謹奏。

朱批：另有旨。

閩浙總督邊寶泉片

光緒二十三年五月

邊寶泉

再，准福建陸路提督程文炳咨稱，前因舊證復發，咨請附片代奏賞假一個月調養。於本年三月二十九日，差弁賫回原片，奉朱批：程文炳著賞假一個月。欽此。仰見天恩高厚，感激難名。惟自三月以來，失眠愈甚，近復益以頭昏心跳，胸氣下陷之證，精神恍惚，諸事健忘。據醫者云，虧損已極，證類怔忡，非安心調養，不能見功。現在假期已滿，咨請據情代懇天恩，續假一個月。俾資調理等因前來。臣查該提督假期已滿，病難速痊，係屬實情。理合附片代陳，伏乞聖鑒訓示。再，該提督駐扎泉州，文移往返需時，是以辦理稍遲。合并陳明，謹奏。

朱批：程文炳著再賞假一個月。

閩浙總督邊寶泉片

光緒二十三年八月二十六日

邊寶泉

再，准福建陸路提督臣程文炳咨，前因病請代奏續假調理一片，本年七月初十日轉奉朱批：程文炳著再賞假一個月。欽此。天恩高厚，感激莫名。當即加緊醫調，因閩地寒燠不時，驟難見效。痞積失眠等證，仍未盡痊。伏念受恩深重，未報涓埃，際此時事艱難，海疆緊要，提督有統轄全省之責，防練諸軍，亟須親督訓練，但使精力稍可支持，何敢自耽安逸？現又假期届滿，惟有勉竭駑駘，力疾銷假視事，以冀報稱於萬一。咨請代奏前來。臣謹附片代陳。伏乞聖鑒。謹奏。

朱批：知道了。

提臣因病懇請開缺折

光緒二十四年閏三月二十八日　邊寶泉

頭品頂戴閩浙總督臣邊寶泉跪奏爲提臣因病懇請開缺，恭折代陳仰祈聖鑒事。竊福建陸路提臣程文炳，於上年春間因舊病復發，經臣代奏，蒙恩賞假兩次，在任調理期滿銷假後，仍復時發時愈。茲准咨稱，春初感冒風寒，舊疾轉劇，加以頭目昏暈，喘咳不休，晝夜不能伏枕，精神恍惚，有類怔忡。據醫者云，氣血俱虧，兼受潮濕，此間水土與病證甚不相宜，斷非朝夕療治所能見功。閩省地屬海疆，提督責任重大。若以病軀戀棧，萬一貽誤事機，罪戾滋重。咨請代奏，籲懇天恩開去實缺，俾得回籍調理。一俟病痊，即當泥首宮門，再求效力等因前來。伏查提臣程文炳久歷戎行，韜鈐素裕。自履任以來，整頓營伍，綏靖地方，訓練操防，不遺餘力。正資臂助，前聞舊疾復發，當即致函，囑其節勞靜養，毋遽求去。茲因病久未痊，咨請代奏，懇恩開缺，委係實情。如蒙俞允，所遺福建陸路提督一缺，并請旨迅賜簡放，以重職守。所有提臣因病懇請開缺，請旨簡放緣由，理合恭折具陳。伏乞皇上聖鑒施行。謹奏。

朱批：程文炳著賞假一個月，毋庸開缺。

提臣病難就痊懇請開缺折

光緒二十四年六月二十三日 邊寶泉

頭品頂戴閩浙總督臣邊寶泉跪奏爲提臣病難就痊懇請開缺，恭折代陳仰祈聖鑒事。竊福建陸路提臣程文炳，於本年三月間因舊疾增劇，經臣據情代奏，懇恩開缺，旋於五月初六日奉到朱批：程文炳著賞假一個月，毋庸開缺。欽此。當即欽遵轉咨，并專函囑其假期屆滿，即行銷假。茲准咨稱，自蒙恩賞假後，即上緊醫治，滿擬依期銷假供職，無如入夏以來，暑濕交攻，加以嘔吐，飲食少進，兼之協氣上衝，心忡頭暈，晝夜難安。泉州苦乏良醫，服藥毫無小效。伏念文炳受恩深重，當茲海疆緊要，方冀力圖整頓，稍效涓埃，無如假期已滿，病勢日增，仍請奏懇天恩，俯准開缺，回籍調理。如獲稍痊，即當泥首宫門，再求效力等因前來。臣查該提督自到任後，因不服水土，患病屬實，委非藉詞引退。如蒙俞允，所遺福建陸路提督一缺，應請旨迅賜簡放，以重職守。所有提臣因病懇請開缺緣由，理合恭折代陳。伏乞皇上聖鑒施行。謹奏。

朱批：程文炳著再賞假一個月。毋庸開缺。

提臣假期屆滿力疾銷假折

光緒二十四年

邊寶泉

頭品頂戴閩浙總督臣邊寶泉跪奏爲提臣假期屆滿，力疾銷假，恭折代陳仰祈聖鑒事。竊福建陸路提臣程文炳，前因病難速痊，復經臣據情代奏，懇恩開缺，於本年八月初二日奉到朱批：程文炳著再賞假一個月，毋庸開缺。欽此。轉移欽遵在案，兹准咨稱，仰蒙天恩賞給續假，當即加緊醫治，現在失眠、喘咳等證仍未盡痊，而假期已滿。伏念文炳受恩深重，未效涓埃。際兹時事艱難，不敢自耽安逸。惟有力疾銷假，照常視事，殫盡血誠，以冀報答於萬一。咨請代奏前來。臣理合恭折代陳，伏乞皇太后、皇上聖鑒施行。謹奏。

朱批：知道了。

太子少保頭品頂戴兩江總督劉坤一片

光緒二十六年十月十八日

劉坤一

再，臣接准總統五省援軍福建陸路提督程文炳咨，會光緒二十六年九月十三日奉上諭：前因吴隆海所統安徽一軍，沿途騷擾，當諭令端方前往查辦，兹據查明奏稱，該軍騷擾特甚，營官李思孝滋生事端，尤有確據。記名提督吴隆海，治軍漫無紀委，不勝統率之任，即著程文炳將吴隆海先行撤去統領，聽候查辦。仍迅速商明王之春派員接統，以資得力。其所部兵丁，如有老弱充數情弊，即著認真沙汰，毋稍遷就。將此由六百里諭令知之，欽此。欽遵咨照前來，仰見聖主整飭戎行，體恤民隱至意。跪誦之餘，莫名欽悚。伏查：行軍以紀律爲先，該統領提督吴隆海，湘軍夙將，程文炳亦稱其百戰餘生，乃失察弁勇滋事，負恩實深。仰荷鴻慈，僅予褫革。在聖明洞察下情，念其新軍未練，兵將未習，不惜法外施仁，而微臣以急不能擇，反勞聖心之憂勤，負疚曷極！所有安徽省武衛楚軍，臣與程文炳函電籌商，以該軍幫統候選道劉篤烈，英敏果敢，且係前新疆撫臣劉錦棠之子，士卒半係該故撫舊部，查前次滋事時，該幫統實已先期馳赴山西行在報到，身未在軍，致有此失。以之接統，實堪勝任。其一切訓練調度事宜，仍由程文炳隨時指示，期無貽誤。所有遵旨會商，選派統領緣由，業由提臣程文炳專折奏報。理合附片陳明。伏乞聖鑒。謹奏。

朱批：知道了。

查明長江水師提督被參各節據實覆陳折

光緒三十二年五月十二日

周　馥

頭品頂戴兵部尚書銜署理兩江總督山東巡撫臣周馥跪奏爲查明長江水師提督被參各節據實覆陳，

恭折仰祈聖鑒事。竊於光緒三十一年十二月二十六日，承准軍機大臣字寄光緒三十一年十二月十三日奉上諭：有人奏參長江水師提督程文炳因鐵路築造有期，私集洋股，攬買洲地，請飭徹底清查等語。著周馥按照所參各節，確查具奏，毋稍徇隱。原片著抄給閲看。將此諭令知之，欽此。遵旨寄信前來，并抄片到臣。遵即派員前往逐一確切查明。如原參長江水師提督程文炳，因浦信鐵路築造有期，輒於浦口地方私集洋股，攬買洲地至數十里之廣，俱用静樂堂字樣，并編立元、亨、利、貞、福、禄、壽各字號，初無買主姓名，係爲轉售洋人地步一節。查江浦縣沿江各口洲地，計共十有餘處，大小不等。其較著者有九袱、永生等洲之名。按九袱洲地段約廣一萬三百餘畝，跨居浦口河道東西兩岸，洲户向分十二大股，輪流執業，分股不分段。早年本有元、亨、利、貞字號，并非新編。地有肥瘠，每字三股，所有各股業户，静樂堂程傳鼎執一股零，徐、王二姓各執一股，劉姓、沈姓、於姓等執四股零，馬姓族衆及馬得陞共執四股零，内有一股原係救生局産，由馬得陞以磨盤洲産捐换。又，永生洲地畝，廣不及九袱洲之半，分爲三十小股，向亦分股輪執，原編福、禄、壽等字，兹係仍其舊名。股分則以静樂堂程姓爲多。查有程冰如，程心田、程永仁，俱名静樂堂，共執二十三股半。田姓、趙姓、鄭姓共執六股半。此外如柳洲、永定洲、雞心洲、棕子洲、荷包洲、大麥信洲、磨盤洲、蔣小洲、相府洲、秀才洲等處，均無程静樂堂置産。而静樂堂業户程姓等，訪聞均係程文炳之族，顯揭姓名，似非集有洋股。復遍詢鄉民，并詢取税書切結，咸稱本邑洲産，委無洋股集買情事。此江浦洲地，查無程文炳私集洋股攬買之情形也。

又如原參爲該提督出面代買者，係劣弁馬貢三，即馬得陞。該弁本無軍功，私買他人保札，朦混投標。平日凶横貪狡，甘爲鷹犬。該提督復爲營干，令署理浦口營都司，以酬其勞，兼爲照料洲地，以爲壓制本地商民之計一節。查馬得陞即馬貢三，籍隸上元，丁多族大，祖遺洲産浦境爲多，如柳州、永定洲、九袱洲各股内，半係馬姓及該弁産業。其平日居鄉行爲，訪查尚無凶横實跡。第以本地居人，一旦爲本地官長，不免稍自矜異，開罪鄉鄰。稔知静樂堂程姓等係程文炳近族，又稍買有該弁族衆洲産，更不免經手交結，欲存見好之心。雖查無藉以壓制等項劣跡，然究屬不知遠嫌。原參謂爲該提督代買照料，當即指此。此訪查程文炳族人買有馬得陞族衆洲産之情形也。

又，原參謂爲該提督招集洋股者，聞係鎮江人劉鶚，串通福公司及鎮江豐和洋行，均入該提督股分，自江浦之新江口、二漾口至六合之梅官營、卸甲店一帶，洲地俱已栽樹立石，勢非將江北要口，悉數售與外人，不足以填其欲壑一節。查静樂堂所置洲産，除江浦境内九袱、永生二洲，執有股分外，六合縣境并無程姓産業。惟梅官營至卸甲店一帶，查有静福堂、均福堂買地多處，樹石劃界，初無業户姓名，訪聞係由鎮江人茅姓以及卓姓、陳姓、劉姓等經手代買，飭查價銀共有七千三百四十兩，均由茅金聲經手，赴縣投税印契，當飭丹徒縣飭傳茅金聲到案訊明，有無洋股在内。旋據該縣以飭差查傳茅金聲未到，并准英領事函稱，據英商施德紀禀稱，茅金聲係伊行司事，該地是本國福公司所買，與茅金聲無涉。已詳請本國駐京大臣知照福公司出面聲明情節，請將差票取銷等語，申復前來。查洋商照約，不准在内地置産，六合係不通商内地，該洋商在該處買地，且以静福堂、均福堂朦混出名，又由華人茅金聲赴縣投税，并未聲明係屬洋人置産。事後始行出面争執，實屬有違約章，自應飭縣，駁復不認。至劉鶚係屬何人？訪查未得，或指執九袱洲股古風堂劉姓而言，然與六合之静福堂、均福堂置産相隔甚遠，實難牽合。此六合查有華人代洋商朦混置産，現已飭查駁復，與江浦、九袱等洲地無涉之情形也。

又，原參爲該提督遮掩劣跡者，則爲江蘇道員温忠堯與劉鶚豐和洋行均有交情，因該員影射洋商，恐被告發，創議設立拍賣江寧地皮公司，先從下關入手，托爲官招商股，兼可請領公款。其實該道托名之商股，仍屬該提督舊有之洋股，即如該弁馬得陞盗换江寧救生局善堂洲産，先經該府紳董在江寧府力阻争控有案。厥後卒由該府知府羅章朦混批准，聞皆温忠堯爲之道地一節。查江蘇候補中并無道員温忠堯其人，而江寧下關亦無温姓設立拍賣地皮公司。至馬得陞捐换救生局産一案，據江寧府知府查復係由該弁捐銀二千五百兩，以已置磨盤洲産互换，稟經該府批令救生局各紳議復，會委查明所换洲地，較原産每年可多收花息數十元，有益局款，衆紳公願始行照准。此查明江蘇道員實無温忠堯其人，江寧下關亦無拍賣地皮公司，及馬得陞捐换局産，出自局董公願之情形也。

伏查此案，初因築造浦信鐵路，擬在浦口發軌，兩旁隙地，均爲商賈行棧之區，而沿江洲地，正當其要。提督程文炳之族人程傳鼎等，所執洲股共名静樂堂，恰與六合縣之静福堂、均福堂置産名似實非，事爲江寧府屬京官所聞，遂有浦口公司之設，并刊有公司文牘册本，文内指摘其事頗嚴，核與原參情節相仿，但大半得之傳聞，初無實據。且静樂堂程姓洲産，姓名備列，與静福堂、均福堂俱無姓氏者迥異，其爲并無集合洋股，希圖影射情事，尚屬可信。且訪詢程姓，均係程文炳族人，集資置産，事所恒有。擬請毋庸置議。至静福堂、均福堂所置六合地畝，既經英商施德紀稱爲該國福公司所買，有違約章，已飭常鎮道督同丹徒縣，按照約章，駁復不認，以杜洋人在内地置産之漸。其九袱洲内劉姓股産，僅有劉古風堂名，是否即係劉鶚之産，容再飭縣徹查。但與六合洋商朦購之地，遠不相屬。至該弁馬得陞與其族衆，本執洲地多股，既有售與静樂堂程姓之事，則代買交結，自所不免。惟查并無欺壓等項劣跡，其捐换善局洲地，在馬得陞，係因地畝相連，得以合成片段，故肯捐銀二千五百兩；在局董，係因可使局産多收洲利，且獲捐資，是以會議允許，出自彼此公願，毫無勉强。但捐資易地，不知底藴者，不能不滋疑慮。該員前署浦口都司，業於上年十一月經臣撤任，應再隨時察看。至江浦設立之浦口公司，原爲振興農工商業起見，亟應紳商合力，以期早日發達。照章，華民無論何人，均准入股。應諭令九袱洲各業户，將就近合用之地，酌撥附股，以保公益。不得過分界限，已飭江寧府諭飭紳民，遵照至鐵路將來需用地段，無論官地民地，中外何人産業，照各國辦法及現在鐵路章程，均准收買應用，不得有所抗阻。除六合縣境洋商托名所置之産，飭令地方官徹查辦理，另行議結外，所有查明提督程文炳并無私集洋股，攬買洲地緣由，理合據實陳明。伏乞皇太后、皇上聖鑒訓示。謹奏。

朱批：知道了。

欽差大臣左宗棠咨呈劉秉璋李鴻章轉達撥營援浙并催程文炳軍渡臺電旨

光緒十一年二月二十日（四、五）

欽差大臣左宗棠文稱：

光緒十一年正月二十五日，准浙江撫部院劉（秉璋）、北洋大臣李（鴻章）轉電二十四、五兩日電旨各二道。除恭録分别咨行外，相應恭録咨明。爲此合咨貴衙門，請煩查核施行。

恭録電旨二道：天津來電（正月二十五日到）

左宗棠、楊制臺、曾宫保：密號。總署二十四日來電：『本日奉旨：「李鴻章、曾國荃電奏均悉。法犯鎮口被挫，據稱水陸棄臺船隻分泊浙、蘇洋面，意圖報復；浙防吃重。左宗棠、楊昌即飭委前撥五營克日前往，并再酌撥數營赴浙助剿，不准稍涉遲誤。劉秉璋、歐陽利見遵叠諭督軍實力堵剿，勿稍疏虞。法人去來無定，臺防萬不可松；趁此海道暢行，即可運兵、運餉。程文炳一軍，著仍遵前旨迅速渡臺。至法人是否全數退出臺灣？左宗棠等確查電奏。欽此。」』即轉電南洋左相、閩督、浙撫』云云。鴻。敬。

杭州來電（正月二十五日到）

左中棠、楊制臺：頃接總署電：『本日奉旨：「劉秉璋請飭程文炳一軍赴浙等語，程文炳已赴泉州，著即趕催隊伍渡臺援剿，不得再有游移。浙省援兵，著左宗棠、楊昌仍遵前旨，酌撥五、六營迅速前往。應由何路行走？并著酌奪辦理」等因，欽此。理合電請欽遵。』璋。漾戌。

（輯自《中法越南交涉檔》一五五三（二七八三頁））

旨寄卞寶第　傳知程文炳募勇援閩電

光緒十年六月二十日

旨：據彭玉電報，請飭彭楚漢就近募勇助閩防，飭程文炳募勇順流下長江助江省防，江、鄂籌餉較易亦較速等語；甚是。法人堅索巨款，萬難允許。本月十八日，臺北基隆炮臺被其攻占，殊堪髮指，閩防萬緊，著穆圖善等傳知彭楚漢迅即募勇成營，豫籌戰守。漳、泉兩郡之人强悍可用，宜切實訓練，以資得力。并著卞寶第、彭祖賢傳知程文炳，或選帶湖北防營，或另募新勇，克日乘輪船由長江順流而下至江西，會商潘霨與前調江西陸兵合力前進。赴閩應援所需餉項，著卞寶第等力籌接濟，并與曾國荃會商撥給軍械。刻下軍情緊迫，務當妥速辦理。

（輯自臺灣文獻叢刊第一百九十八種《清季外交史科選輯》（二））

全權大臣曾國荃致樞垣擬調章部援臺程部援閩電　光緒十年七月初一日

曾國荃

奉敕已竭力撥濟省三軍械并協餉二萬，雇船徑送淡水，後日抵臺。臺人能戰，有餉械，可就地募兵。吳宏洛守長泰，無可代撥。竊思章鎮高元即銘軍親兵，章部二營到臺，餘八營現扎江陰，皆曾隨唐定奎渡臺者。此八營不惟銘部，且恰是章部，若抽數營由滬賃船援臺，地熟將習，尤相宜。昨電旨派程文炳由江西援閩，路遠難達，若令章部援臺，程部扎江陰，自漢口下，三日可到，似便。再，温州鎮吴鴻源曾隨左相駐臺熟悉，現病居厦門，可否令吴募數營援臺，或赴臺募勇數隊？管見請商之。

（輯自臺灣文獻叢刊第一百九十八種《清季外交史料選輯》（二））

諭曾國荃程文炳一軍如離閩尚遠著即北來電　光緒十年九月初六日

上諭：『前諭曾國荃傳知程文炳無庸赴閩，即率營改駐崇明。現據該督電稱「崇明無須屯扎重兵」等語，程文炳一軍如已入閩境，即迅赴臺灣援剿，周盛波新募各營改赴天津北塘一帶助防。如程文炳所帶各營離閩尚遠，折回較易，即著統帶北來，歸李鴻章節制調遣；周盛波仍赴臺灣。該督即電知曾國荃遵照辦理。」

復程從周 九則

劉坤一

其一 光緒十八年二月十八日

月示云云，未免過慮。香帥雖有崖岸，尚非深險之人，陽與周旋，陰相傾軋者。況以方今事勢，正在倚重英賢，詎肯自棄良輔，致形孤立？前席研香宮保，頗有疑於左文襄，弟曾以此喻之，卒爲所料。香帥之於執事，亦猶是矣！至香帥於各處公牘私函，往往遲久不復。上年沿江哥匪情形吃緊，弟電詢機密重件，催至三次，延至兩月，始得回音。其餘可以想見，非獨於尊處爲然，盡可冰釋也。東南專閫，祇此數公。朝廷自有權衡，非外間敢參末議。襄樊形勝之地，瓜代亦不易得人。萬望仰體九重倚畀之意，萬姓愛戴之忱，耐久勉留，勿以乞身爲請。

其二 光緒二十年正月十四日

珂鄉自改州爲府以來，迄今百有餘歲。以州學爲府學而縣學，黌宮尚屬闕如。鉅典攸關，亟宜及時興建。承示闔邑紳董欲仿照積穀之法，計畝均收，爲建立學宮之用。民捐民辦，極爲善舉。敝處先據蕭令，禀牘當以事關，按畝輸捐，批飭安藩司核議。此事將來仍應由撫院主政，一俟該藩司議復，自當與中丞妥籌辦理，以副執事重道崇儒、振興學校之至意。

其三　光緒二十年九月十四日

飛電往還，如親偉度藉，審慷慨長征，聲威遐播。舊時袍澤之士，莫不争先恐後，效奔走於大纛之前。非執事義膽忠肝，有以淪浹其性情，而激發其志氣，曷克臻此！敝處前接總署來電，貴軍行抵天津，一切進止，聽候諭旨遵行，自應欽遵辦理。届時即由臺端電請總署，代奏請旨。至加撥二萬金一節，力所能及，不敢不勉。當經飭局，照數撥交轉運，委員趕速匯運，以資支應。目下吉林等處，望援甚殷。絡繹北上各軍，一切布置，惟貴部爲最密，紀律亦惟貴部爲最嚴，威惠兼施，用能指揮如意。伏願益宏遠略，懋建膚功。祖豫州誓清朔冀，霍嫖姚志滅匈奴，不能不專望於執事已。

其四　光緒二十年九月十七日

貴軍餉項，前據支應局折呈，按照營制，十營滿餉，每大建月共支湘平銀二萬八千九百二十二兩，小建月共支二萬八千二十四兩六錢。若有馬隊，尚應減支，其統費、雜項，無從懸擬。業經該局咨查，冰案尚未見復，兹承惠示，每月約需三萬五千之譜是，月餉之外，計多六千餘兩，未知統費等項，究需若干？敝處現未接准，大咨應候尊處册報，再行飭局，按照向章，核明辦理。至轉運一節，鄙意仍交貴軍委員收解爲宜。現在敵氛日熾，薄海同仇，各該州縣具有天良，自應妥速照料，以資軍食。儻敢稽延貽誤，盡可由臺端咨請該省主政，查明參辦，似不致呼應不靈，抑或由鄧道設法匯兑，尤爲便捷。此間各軍絡繹北上，支應局實難兼顧，尚希諒之。

其五　光緒二十一年三月二十四日

連日停戰，期内前敵各軍，静守以待，均無戰事。澎湖不守之後，倭奴并力攻臺，旋因該處時疫大行，敵艦悉數遁回，不知所往。唐薇卿、劉淵亭諸軍，備禦亦甚周密，方謂全臺可以保全，不意迭得津電，謂合肥在馬關將訂和局，彼酋肆意要求，索地索償，悉如所欲，臺灣全省、遼東等處一并割與，且賠兵費至三百萬萬之多。中國既有割地之羞，亦安得如許金錢爲和戎之用？目下關内外屯兵十萬餘人，又安見其不能一戰而遽出此？昨以兵尚可用，和可暫緩，電請軍務處代奏。頃聞廿三和約業已畫押，則時事更無可言已！

其六　光緒二十一年八月

頃三少君來津，出示惠書，誦悉一一。所需快炮、快槍及無煙藥彈等件，當即查照來指，商請夔帥，如數撥發，以利師行。獷氛飄忽靡常，追勦包抄馬隊，必不可少；但須兵力稍厚，方足以供指揮，而輔步勇之不逮。吕鎮以五營爲少，續經督辦處改調陳鎮鳳樓一軍，昨已欽奉電旨，飭令該鎮隨同麾下前往。唯查陳軍五營，本有漕標兩營在内，已於上月先撤回防。所餘三營，原留兩哨在清江、山東一帶護送北洋餉項，現在所部，實祇兩營三哨，合計六百五十四，尚不如吕軍之多；而陳鎮又因病請假，不能遠征，必須由執事另派接統，庶免貽誤。業經據實電復，未識督辦處如何調遣。儻仍用陳軍，務請臺端迅速派員前來，方可克期開行。連接董星五軍門電，所部已過洮河，屢獲勝仗，軍事似已得手。再得大軍進發協剿，則西疆底定，當在指顧之間。少君器局俊爽，氣度安和，雛鳳清聲，益徵德蔭。可勝豫賀！

其七　光緒二十一年十一月

甘肅軍事，近日甚爲得手。兵力既厚，不難刻日蕩平，自可無煩大軍前往。全隊既扎衛輝，將來或別有調度，或就地遣散，督辦處必有權衡，執事盡可在京商辦。至於悠悠之口，何代無之？雖古名臣有時不免。吾輩受恩深重，當以竭誠圖報爲先，但求心地之坦平，即不計浮言之毁譽。所謂『禦寒莫如重裘，止謗莫如自修』者，竊願與執事共勉之也。時艱孔亟，宿將寥寥。求其材略冠時、文武兼備如麾下者，誠不數覯。即使時局大定，裁撤勇營，而八閫提封，朝廷方隆。倚畀乞退一節，目下尚未易言。

其八　光緒二十二年六月二十五日

查淞滬蘇鐵路，先經香帥奏歸官辦，提存巨款二百五十萬金，并委洋員錫樂巴勘丈繪圖，刻期開局。唯自江浦以至保定左右，言之津津，并以大義責之，鄙人不敢不勉副盛意。第計里太遠，爲費不貲，一經舉行，便難中止。而區區於工程，非所素習，不能妄贊一詞，應請尊處先與李運同切實考求，自江浦至保定，經過何省、府、州、縣？共若干里？擬於何處渡黄？沿途山川若干？橋梁若干？約共需費幾何？以及如何集股？欽遵諭旨：不許洋人干與。華商有無此種財力？誰總誰分？務須確有把握，明定章程，而後呈請具奏敞署。唯候察酌，能有成規，即依諄囑，爲之入告。此外無能爲役，高明諒之。承示大稿，甚妥。未審福少帥以爲然否？

其九　光緒二十四年十二月初一日

本年皖北等屬，被水較重，秋成歉薄。當經飭委，分投查勘，酌量賑撫。雖庫儲奇絀，籌款維艱，而民瘼所關，不得不竭力設法。隨與筱赤中丞，往返函商，奏明酌提漕折正項銀十萬兩，匀撥各處，以資散放。阜、潁、霍、渦四屬，較之鳳陽、五河一帶，災情稍輕，亦於奏提款内撥給銀二萬五千兩。有此巨款，似可暫濟目前，與來指一律施賑之意相符。念此哀鴻，誰非赤子？而限於款力，博濟爲難。當局權度重輕，不得不統籌辦理，惟是災區既廣，爲日方長，撫恤或恐未周，又苦無從挹注。安得好善紳士，量力捐助，以輔官力之不逮耶！

（以上輯自沈雲龍主編《近代中國史料叢刊》第二十六輯《劉忠誠公遺集·書牘》，臺灣文海出版社一九六六年版）

咨覆程軍門鳳字馬隊兩營現委丁季陞兼管并檄巡緝

光緒十七年

七月初七日　張之洞

爲咨復事。案准貴軍門咨稱：『本軍門自接統鳳字馬隊，兼理緝私，時蒞數載，前以精力差强，勉矢督率，惟自去歲患有痞疾，停滯在胸，飲食難化。今年入夏以來，屢次發動，兼時患頭目暈眩等證，自覺精神短少。查馬隊、緝私兩務，責任綦繁，病體驟難大愈，督飭照料，深恐不周，擬請另行委員接統馬隊，緝私差使，亦并委人接替，俾資調養，實爲公便』等因，到本部堂。准此，查襄陽一帶查緝潞私事務，自貴軍門兼理以來，督率馬步各隊，巡緝認真，官銷漸見暢旺，深資協助之力，本難照辦。惟來咨病體尚未大愈，馬隊、緝私兩務，責任綦繁，自係實在情形。查本年夏間以來，沿江匪徒生事，教案迭出，奉旨嚴加防範，武漢人情浮動，根本尤關緊要。省垣防營，不敷分撥，當經飛調原駐麻城一帶之鼎字副營，來省巡防。惟該處緝私地段，過形遼闊，北私不免乘間闌入，銷售漸絀。昨准兩江鹽督部堂劉咨：『麻城等處，北私偷越，緝營單薄，請再調撥，以顧緝私』等因。并准電同前由。查楚省勇營，止有此數，殊難另行調撥，正費籌維。適於六月間，豫省邊界商、固、光、息一帶，謡言四起，以致麻城、黄岡、黄陂等處，聞風擾動生事，居民紛紛遷徙。漢口亦多謡言，而其時并無陸隊可以派往彈壓，焦急殊深。以後豫邊巡防，亦難置之度外。查潞私漸已斂跡，而北私日見鴟張，且襄陽尚有練軍，足敷緝私之用。又有豫省南陽鎮、府協辦查禁，自應移緩就急，以期兼顧。准咨前因，應即審酌事勢，分别如咨辦理。所有鳳字馬隊，擬由本部堂另行派員接統，另行分派地段，刻即分撥，馳赴麻、黄、羅田一帶，彈壓巡防，兼管巡緝北私事宜。此時統帶，尚未得其人，即暫委馬隊營務處參將丁季陞，暫行兼管該兩營事務。該營一切事宜，即由該兩營官參將丁季陞、游擊楊紹文，徑稟本部堂核示辦理。要事由營務處稟請核辦。至襄陽緝私事宜，近年以來，經貴軍門督察巡緝，不憚勤勞，并會商豫省文武籌辦，私鹽各店，概行撤退，聲威遠播，成效昭然，自未便更易生手，致棄前功，盡可一面督率籌辦，一面從容調養，以後仍希督飭貴標練軍，懸賞購綫，認真巡緝，實深企望。除分行外，相應咨復，爲此合咨貴軍門，煩爲查照，分别辦理，飭令馬隊營務處丁季陞等遵照，仍希將緝私事宜，督飭襄陽練軍，認真巡緝，望切施行。

（輯自《張之洞全集卷一百六·公牘二十一·咨札二十一》，河北人民出版社一九九八年版）

致北京湖北提臺程

光緒十七年八月十六日發　張之洞

滬函十四電悉。賤恙已愈，承念感謝。敬賀覲喜。尊寓電示。諫。

（輯自《張之洞全集卷一百八十五·電牘十六》）

復程從周 三則

曾國荃

其一　光緒十年十月

奉上月二十七日瓜步舟次賜書，知登瀛州、威靖兩船先後報到，貴軍中、後兩營業經分起成行，引領旌幢，以爲欣慰。至槍炮爲行軍利器，誠不可不預購待用，承示已囑湯道等代辦黎意快槍及過山鋼炮各件，并已將價銀解送寧局存儲，以備應付。既佩事前部署之藎籌，復感格外體恤之厚誼。惟以月餉挪爲購械之款，係屬萬不得已辦法，想鄂中接到續發之函，當能多方設法，不令執事獨爲其難。敝處當於折便附片代爲奏明，俾大部據以立案，以爲將來銷款之地，亦使鄂中知事在已行，或得從速接濟，無誤餉期也。謹竭愚忱，以報臺命。此外力不能及之處，想荷鑒原。

其二　光緒十年十二月

奉十一月二十七日河口賜書，知途次得奉廷諭，即舍舟登陸，兼程前進。忠勇之概，令人欽佩無已，目下當已安抵榕垣矣。法酋近來於海面偵邏我船，其勢更緊。傳聞吴鎮鴻源之勇乘坐民船東渡，有被該酋牽去之事。而此間五輪甫經於此月初九日出洋，旋得楊石帥、劉省帥信，知該酋亦有欲於洋次邀截之意，下私懸繫之至。

執事一軍，關係甚重，應如何設法應援，尚望與石帥從長計議，務出萬全，是爲至要，國家聲望所繫，不但爲執事一人計也。餉項未能應手，殊代焦灼。竊意兩湖固當急謀釜庚之益，即閩中亦難坐聽庚癸之呼，諸公體國之忠，似不至令貴部枵腹荷戈，重煩宸廑。所苦者該兩處均非充裕之況，不知侯相四百萬洋款已借得否？循誦來書，可勝扼腕。

（輯自《曾國荃全集·書札·光緒十年》，岳麓書社二〇〇六年版）

其三　光緒十一年

再肅者，展誦另箋，具徵大君子嫉惡之義，甚佩甚佩！惟不揣冒昧，尚欲爲執事更進一解也。自庚辛以後，爲寺人貂、爲中行説者，實繁有徒，此誠我輩疾首痛心之事。第平心而論，教養無素，馴致走胡走越，爲民上者，固亦與有過焉。若夫售賣煤、糧等事，蚩蚩者氓，不以爲接濟也，直以爲貿易之常事而已。

漢武時，匈奴入塞，民坐與互市論死者數十家，汲黯之言曰：愚民無知，市賣長安中，而文吏以爲闌出財物與邊關乎？其言甚痛，武帝不之罪也。且事定之後，與民更始之時，而非除惡務盡之時也。王郎之變，光武取將吏所與私書盡焚之，曰令反側子自安。又，袁、曹相持於官渡，曹軍將士有通袁者，事定後吏請按之。魏武曰：『當袁氏盛時，孤尚不能自保，況他人乎？』遂盡置不問。

嘗歎帝王之大度，足以服人，即奸雄坦易之處，亦復可愛，抑執事第就吾民言之耳。當法事熾時，各國陰持兩端，規鷸蚌之利，而任牛馬之走者不一而足。吾民可治也，以治吾民者治外人，目下度尚非吾力之所能及，勢將同罪異罰。置彼論此，是曲法而法存，持法而法亡也。且即所謂吾民者，城社依托，枝節横生，固亦有不能盡行吾意之時，或網漏呑舟而株累者累累，更將奈何？

張志均、張志瀛一案，近已奉到恩旨，吾輩所當仰體德意以從事，若夫食葚懷音，則更有道焉。聖人所謂『子爲政，焉用殺』也。因素叨摯愛，不敢以委蛇之談，上負垂教苦心，知大君子不以爲罪也。

（輯自《曾國荃全集·書札》光緒十一年）